上海发布 权威报告 每年新版

2018年
上海精神文明发展报告
2018 Shanghai Spiritual Civilization Development Report

谢京辉 王泠一 主编

序

牛犇：火红的霞光见证初心品格

王泠一

中国共产党建党97周年前夕，徐汇区老居民、新党员、电影表演艺术家牛犇同志收到了习近平总书记的贺信。贺信中对牛老几十年如一日以党员标准要求自己、始终把党比作母亲和为人民奉献艺术才情的精神，给予了充分褒扬和积极鼓励。这不仅是牛老个人的荣誉和财富，而且是对上海艺术界以及所有共产党员们的节日贺礼。所以，中共中央政治局委员、上海市委书记李强同志，号召大家向牛老学习。

牛老83岁了，长期以来一直居住在田林街道、工作在有民族电影摇篮之称的上海电影制片厂。笔者熟悉他的舞台形象是从《红色娘子军》开始的，那是一个配角，演的是娘子军连指导员洪常青的警卫员。而大家熟悉的牛老舞台形象，也主要是配角。在艺术创作工作中，我们敬爱的牛老只争朝夕而不争待遇，只琢磨剧本角色而不计较出境率；在家庭生活中，他悉心照顾一同在年幼时参加革命，也一同加入共青团的老伴，直至生命的尽头；他在邻里之间更是慈眉善目，与大家友好相处，有口皆碑，对于社区的事务总是热心参与，也给予了社区年轻人极大的鼓舞。

牛犇老师，毫无疑问是个大写的人。让我和其他知情者感动的是他晚年的精神追求，主动、积极、对标、追梦！除了为电影事业鼓与呼、亲力亲为地参与公益演出，他还拿剧本中、舞台上正能量角色的奉献精神与卓越贡献作为范本，对照自己，并形成自己的学习热点和前进动力。如在参加公益剧目《邹碧华》的演出之后，牛老毅然向上影集团党组织递交了入党申请书，再度明确了自己的理想和信念，并鲜明地表达了对于目前中国梦时代的发展信心和老有所为的拳拳之心。

牛老的晚年是非常充实的,如他认真学习了习近平总书记在十八大以来所有的重要讲话,且形成了要入党、要成为"一名新兵和同志"的境界。而让笔者感慨的是:以往都说夕阳是从容的光,晚霞是不迫的红,那主要是强调顺其自然。从人生70古来稀,到人均寿命世界第一的83岁;上海成了当之无愧的国家长寿之乡。然而,总是有人担心老龄化社会的负担,习惯于从消极面看待长寿成果。

其实,上海的发展印证了科学社会主义的道路自信。无论是前来考察的联合国的高级官员,还是西方发达国家的社会学家,或者是来沪留学生以及专题采访的海外记者们,无不对上海老年人口的幸福生活、心灵归宿、社区融合、单位关怀等西方所稀缺社会化的元素表示钦佩。而在牛犇老师的世界里,还有信仰的光芒。

信仰的光芒,可以照亮全部的人生,可以鼓舞内心不断强大,并且可以为有信仰者心中的某种重大目标提供指引性的力量。连日来,习近平总书记写给牛犇老师的勉励信引发了社会各界的高度关注,更在文艺界掀起了学习热潮。沪上的文艺工作者们纷纷表示:"牛犇和老一辈德艺双馨的艺术家一起,为我们做出了杰出榜样。在中国共产党领导的社会主义文艺发展史上,我们见证了一代代艺术家倾尽一生对党忠贞不渝的动人事迹,也曾经一次次为老一辈文艺大家的人格魅力、高尚情操所感动。如今牛犇入党的经历以及总书记的勉励信,亦是再一次提醒当下的青年文艺工作者:做一个有信仰、有情怀、有担当的人,是应有的初心品格。"

其实,"有信仰、有情怀、有担当",是我们每一个共产党员都应该追寻的初心品格,而且应该是"人的一生如何度过"的当代解答。今年的牛犇老师已83岁了,他在座谈会上还表示要为上海电影事业的发展注入新的发展元素。他的入党介绍人之一的秦怡老师更是96岁高龄了,依然在为上海如何成为国际文化中心城市而建言献策;而我近年遇到她,她也都会强调文艺工作者必须德重于山和为人民服务不停顿的新时代文艺课题。这是一个令人尊敬的高雅群体,这是一个有情怀担当的信仰高地。很荣幸,我们能够披着他们的霞光,去迎接新的挑战!

目录 | Contents

序　牛犇：火红的霞光见证初心品格　　　　　　　　　　　王泠一 / 001

总报告一　王战：中国改革开放 40 年的十大"窍门"
　　　　——在青年汉学家研修计划上海班的演讲　　　　王　珍 / 001

总报告二　抵御安比：解放日报·上观新闻 72 小时融媒体
　　　　大直播及效应分析　　　　　　　　　张　奕　顾予宸 / 010

总报告三　智库建设：上海社会科学院精神文明创建工作评估报告
　　　　　　　　　　　　　　　　　　　　　谢京辉　王泠一 / 017

总报告四　关于嘉定区基本公共文化服务标准化试点的调研报告
　　　　　　　　　　　　　　　　　嘉定区文化广播影视管理局 / 027

总报告五　二百年祭：复旦大学留学生眼中的马克思与《资本论》
　　　　　　　　　　　　　　　　　　　　　　　　要　英 / 036

总报告六　让有历史底蕴的龙华和魅力西岸的组合妙不可言　帅　影 / 048

城区活力篇

色彩的梦想：立邦中国的城市印痕　　　　　　　　　　　王泠一 / 061
同心家园：静安寺社区慈善文化影响力管窥　　　　阮汝麟　刘颖娜 / 070
静安自治案例：社工智慧管理流浪猫狗的故事　　　　吴霄雯　方　莹 / 077
曹家渡街道：有效提升居民区群众自治和服务水平　　　　王燕锋 / 084
吕飞舟：从骨科名医到有温度的管理者　　　　　　　　　孙蓓莹 / 090

从"凌云生态家"的延伸看如何培育社区学习品牌　　杨海英　袁圣华 / 096

汇学之光篇

构建红色基因的记忆场和教育场　　姚　虹 / 103
我的观察：徐汇中学工程素养的实践与成果　　居务恒 / 106
门唯一
　　——怀着一颗赤诚之心的援藏教师　　龚子安 / 114
一棵幼苗的茁壮成长离不开最适合它生长的土壤
　　——在徐汇中学2018届高中毕业典礼上的演讲　　王欣然 / 119
马相伯铜像前的告白
　　——科学的春天正波澜壮阔　　王泠一 / 124
从化学看科学起源和发展的本质始终是人性的　　顾春兰 / 128

基础教育篇

援藏日喀则：是付出是挑战也是神圣任务　　郑静洁 / 135
古镇一隅：乡愁就在那个地方　　杨思颖 / 142
卜玉华：闵行新基础教育的守望者　　王泠一 / 147
芬兰体教结合的基本经验及对我们的相关启示
　　——对话南模教育集团理事长、特级校长高屹　　宋霞峰　王泠一 / 151
篮球文化：新时代南模校园的精、气、神
　　——对话南洋模范初级中学校长许晓芳　　诸文捷　黄奇美 / 157
金山中学：如何保护一颗难得的文心？　　林蔚雯 / 162

金色年华篇

寒假的履痕：从外滩的腊八节到湖州的除夕夜　　方文轩 / 169
祖国各地的人情味和那些跨越年代的友情记录　　王淇仪 / 175
心的钥匙：打开二十年后上海的未来之门　　郝心榕 / 187

诗情画意张马村：在朱家角遇见千年悠扬的乡音　　　　　　　徐彩红/192
雷锋伴随着开放的力度正成为新的中国梦元素　　　　　　　要　英/199
"绣花针"让我对徐汇的未来充满憧憬　　　　　　　　　　　陈铱婷/202
课外活动记：观科普系列片《我们需要化学》有感　　　　　　欧昊芸/205

聚焦金山篇

修身润德：以市民修身行动滋润金山文明乡风　　　　　　金山区文明办/209
关于加强新的社会阶层人士统战工作的实施意见
　　　　　　　　　　　　　　　　　　　　　　　　中共金山区委统战部/215
亭林：有效推进城市管理精细化暨"三个美丽"建设　　　　　张伟东/222
张斌：关于枫泾特色小镇建设基本轨迹的口述
　　　　　　　　　　　　　　　　　　朱　滔　高巍巍　吴银飞/230
廊下笔记：一间民宿和两代人的"思想碰撞"　　　　　　　　俞惠锋/237
暖心大茫：这里的一切都留得住你的乡愁　　　　　　　　　徐　吉/241

鲁迅知己篇

回答柚子之问：鲁迅先生那个时候吃蛋糕吗？　　　　　　　王泠一/251
奋斗一百年：从吃人的旧社会进化到吃蛋糕的新时代
　　　　　　　　　　　　　　　　　姜　颖　管敏晖　林国海/254
用更加活泼的形式来传承鲁迅的精神
　　——在向阳小学"鲁迅知己社"揭牌典礼上的演讲　　　　乐　融/262
读鲁迅的书，永远把脊梁骨挺得笔直笔直　　　　　　　　　许蕴章/265
暑假里的收获：了解那位替孩子着想的鲁迅爷爷　　　　　　张朝竣/270
致敬夏靖词老师和十二年后依然怀念的《少年闰土》　　　　郑善匀/277

天平德育篇

让童谣成为孩子快乐成长的心灵源泉　　　　　　　　　　　张敏薇/283

以新时代体育观践行马克思"人的全面发展"理想
——徐汇区第一中心小学成立"东方体育日报中队"
                   刘晓艳 黄海君 / 290

高安路第一小学举行全国首家新民周刊班挂牌仪式   余思易 / 293

党建引领 育德育心
——南洋中学党的建设成果初探   杨承龄 / 298

天平德育圈集会隆重纪念马克思诞辰二百周年   王泠一 / 305

文明观察篇

梦的共振:从芝麻开门到"一带一路"   金 姬 王泠一 / 311
在上海,见证中医的神奇和良医的密码   黄 祺 / 317
茹素:关于生活方式转向健康安排的个案分析   高永良 / 322
复旦留学生:以中国人的视角触摸上海   要 英 / 326
旗忠村:回眸那股将改革进行到底的劲儿   赵 韵 / 340
改革开放初期上海的"青年服务队"   陆静宜 刘 建 李成浩 / 345

跋一 《改革开放初期上海郊区文明村建设状况回顾》一文的补充
                 刘 建 余俊俊 朱 辉 / 352

跋二 学从商,有德易行
    ——记我的创业导师李长虹先生   肖其会 / 358

跋三 花开新时代的舞蹈人生   张羽凡 / 360

总报告一
王战：中国改革开放 40 年的十大"窍门"
——在青年汉学家研修计划上海班的演讲

王 珍

今年是中国实施改革开放40周年,中国取得了令世界瞩目的历史性成就。有着13亿人口的中国,为什么可以保持40年的经济高速增长和社会平稳发展呢？这背后有着哪些秘诀？年中在2018青年汉学家研修计划（上海班）的专题讲座中,上海市社会科学界联合会主席王战教授作了一番梳理,总结出10个"窍门",并将其与"一带一路"建设结合起来,这些"窍门"对于我们今天的发展和深化改革依然有着积极的指导意义。同时,对当前中美贸易战等热点话题,王战教授也表达了自己的观点;他的独到见解,值得关注。

一、中国改革开放是从自己的"一带一路"做起的

习近平主席提出"一带一路"倡议5年来,王战教授访问了将近30个国家。在这些国家,经常被问到两个问题：一是为什么有着13亿人口的中国,可以保持40年的经济高速增长？二是中国提出"一带一路"的政治动机是什么？他的答案是,中国改革开放就是从自己的"一带一路"开始做起的。

1978年,改革开放总设计师邓小平提出建立深圳特区,此后花了10年时间,我们建立了沿海经济带,包括14个港口城市的开放和5个经济特区的建立。沿海经济带的延伸就是今天讲的海上丝绸之路。到了1990年,邓小平又提出上海浦东开发开放。从浦东开发开放以后,差不多也是10年时间,长江经济带发展起来了。长江经济带是中国经济最发达的地方,因为长江

是世界上唯一一条有2000多公里内河航运的大河。长江经济带往西延伸就是现在讲的丝绸之路经济带，即通过从新疆一直到欧洲这条线。这就是中国的"一带一路"。

正因为有着这样的"历史巧合"，所以，王战教授就把中国的改革开放路径和"一带一路"的倡议结合起来，以此来告诉大家，中国在这个问题上是怎么考虑的，希望对大家有所帮助。同时，他还梳理和分析了关于中国改革开放的10个"窍门"，其中有6条间接地对各个国家的发展提供参考，还有4条可以直接为"一带一路"建设提供借鉴。这些核心观点，如同以史为镜。

二、国家要发展，必须要让老百姓富起来

有人说，中国现在搞的是国家资本主义，这其实是错误的理解，因为他们没有考虑到中国最基本的土地制度。

第一个"窍门"是理论创新。

比如，贫穷不是社会主义。现在大家对这句话可能觉得习以为常了，但是当年说出这句话可不简单，因为当时这关系到是搞社会主义还是搞资本主义的问题。作为中国改革开放的总设计师，邓小平说，你们不要争论，因为中国现在还不是马克思讲的那个社会主义，而是处于社会主义初级阶段。这样就避免了争论。既然是初级阶段，市场经济中的很多东西就可以用，同时我们也坚持了社会主义原则。有人说，中国现在搞的是国家资本主义，这其实是错误的理解，因为他们没有考虑到中国最基本的土地制度。世界上只有中国的土地是属于国家所有和集体所有的：在农村，我们的土地不是私人所有的，是集体所有的；在城市，我们的土地是国家所有的，也不是私人所有的。这一条，40年来没有变过，所以从基本的生产要素角度来说，中国到现在坚持的还是社会主义，只是我们是处在社会主义的初级阶段，而不是马克思所说的充分发展了的社会主义。类似这样的理论创新还有很多，这解放了人们的思想，为中国当初的改革开放乃至今天的发展打开了一条路。

第二个"窍门"是人口红利。

经历了长期战乱，1949年以后中国人口生育率是很高的，到了20世

70年代后期,这些人的年纪差不多正好是二十几岁,所以中国当时享有了很大的人口红利,这个阶段是全世界没有的。现在在一些"一带一路"沿线国家,比如印度、印度尼西亚,年轻的劳动力很多,但是他们还少了一条,那就是中国在70年代开始实行计划生育政策,在一段时间内带来老人扶养系数减少,于是计划生育政策和年轻劳动力多两者叠加在一起,使人口红利加倍。现在人口红利在中国逐步消失,用什么能替代?那就是要把我们的产业升级成知识密集型、技术密集型。而且中国还有一个优势,那就是我们的东部、中部和西部发展处于不同的阶段,当东部劳动力成本高的时候,到中西部还是有发展机会的。

第三个"窍门"是中国农村特有的家庭承包制。

家庭承包制使中国农民有了劳动的积极性,有了生产的积极性。之前,中国搞的是人民公社制度,在这样的制度下农民不愿意干活,因为他看不到劳动成果怎么归自己。实施农村家庭承包制以后,土地是集体的,但是30年的使用权交给农户,生产的东西,除了上交集体的,多出来的那部分是自己的。外国学者不明白,这对中国的改革开放有什么意义?意义很大。实施家庭承包制以后,在5年当中农民的收入每年提高16%,中国有10亿农民,如果每个农民一年增加几百块钱,对中国的轻工业发展就不得了了,因为市场的购买力出来了。有了市场购买力以后,工厂加紧生产并开始盈利,工厂盈利了,就要对设备进行更新,重化工业发展也就有了基础。所以,中国的改革开放是从农村改革起步的,农村改革解决了最大的问题,使中国10亿人口有了货币购买力。这给我们今天带来的启示是:如果"一带一路"相关国家要发展,必须要让老百姓富起来,使老百姓有更多货币购买力,这才是发展最重要的一条。

三、中国是通过开放来促进改革的

中国对外开放是让大家共赢的,所以不知道美国国家安全战略报告怎么得出"中国侵略了美国"这样的结论。

第四个"窍门"就是开放和改革。

我们一直讲中国的改革开放,我要倒过来讲,其实是开放改革,中国是通过开放来促进改革的。比如深圳，它首先是因为开放才带来了改革，深圳靠香港很近，它的开放很容易把市场机制引进来，由此来推动改革原来的体制。如果进一步引申，比如中国改革为什么会成功？事实上，在中国改革以前，苏联改革了，匈牙利改革了，波兰改革也早于中国10年以上。为什么这些国家改革了，最终却都没有成功？因为它们的改革是封闭的改革，而不是开放的改革，没有引进市场机制。而中国的改革没有在全中国一下子推广，而是从沿海的港口城市开始，从深圳开始，从开放开始改革，这样使我们很容易找到市场参数，也就是说，可以用市场绩效来衡量改革成功不成功。改革涉及利益关系的调整，必须要引进市场机制，才能真正推动改革。

从大环境来说，我们最成功的是赶上了世界经济发展比较好的时代，即世界经济长周期的一个繁荣期。怎么解释繁荣期？战后那一轮科技革命带来的很多产业，最早是在发达国家做的，但是到了成本竞争阶段，因为劳动力成本提高而出现转移，这个时期正好是20世纪70、80年代，中国改革开放赶上了这个时期。这里想提一点，今天美国说中国经济侵略它，搞研究的人心里很清楚，我们曾经有二十几年时间对外资企业实行的是超国民待遇，给外资企业的税是"两免三减半"，即两年是免税，三年是减半征税，我们对外资企业的税从来没有超过20%。就是因为这样的优惠待遇，很多外资企业在中国形成了产业链。对中国来说，对外开放创造了很大的就业，有2.7亿人口从农村来到了城市，农村的规模经营也扩大了，城市里的消费者增加了。但是，如果和跨国公司比较利润，我们其实得到的很少。中国对外开放是让大家共赢的，所以不知道美国国家安全战略报告怎么得出"中国侵略了美国"这样的结论的。

第五个"窍门"是园区模式。

40年中，中国形成了各式各样的园区。从最早的特区，到经济技术开发区，再到后来的工业园区、出口加工区、保税区、高新技术园区等，可以说，中国城市的发展、制造业的发展，是依托园区在发展的。"一带一路"相关国家也有很多园区。为什么在发展中国家，最初引进外资的时候要搞园区？这是很值得研究的。当然，并不是所有地方搞园区一定会成功。从经济学定义来说，园区是一种简易的城市化模式。在一个国家不发达的情况下，它的城市化系数很低，中国在1978年的时候，城市化系数是18.6%，100个人当中只有18.6个人是住在城市里的,上海当时的城市建成区将近有1 100万人口,但是我们的中心城区是150平方公里,就是说每平方公里至少住了4万—6万人。这时候大量的外资要到这里投入,需要道路,需要水、电等各方面的基础设施,不可能凭空造一个城,最可行的办法就是建造园区,园区里面有道路、有自来水、有电,各种类型的园区满足外资企业到中国来投资的需要。

四、世界不能靠打贸易战、靠战争来解决问题

中国的发展不只解决了13亿人的温饱问题,同时也带来了世界经济的繁荣,我们也希望通过"一带一路"带动欧亚大陆的发展,进而为世界经济带来新一轮的繁荣。

第六个"窍门"是最重要的,可惜并不是每个国家都能学的。

大家如果对中国的发展有所了解,就会发现有一点比较奇怪:1978年中国人均收入只有200美元,为什么有这么多钱去投资建设城市?这是因为我们用了非常重要的政策,就是允许国有土地、集体土地可以用于有偿使用,即转让它的使用权。前几年有个估算,从土地有偿转让当中,国家和各地城市一共得到了30万亿元的建设资金。最好的案例就是上海的浦东开发开放。

浦东开发开放,中央没有给上海多少钱,而上海的财政收入当中,每年交给中央政府120亿元,所以上海本身也没有钱投入到浦东新区建设中。浦东新区的建设和深圳特区的建设有很大的区别,当时深圳是一个小渔镇,人口只有20万,不需要向中央交财政收入。那么,浦东开发开放,第一笔钱从哪里来?广东是财政优惠政策,而上海用的就是金融政策,金融政策第一笔本金的来源是土地批租。此后,上海逐步形成了证券交易所、期货交易所、外汇交易市场、黄金交易所、钻石交易所、石油交易所等,金融要素都集聚在上海,把我们的金融充分发展起来了,所以上海现在成了金融中心。

第七个"窍门"是非均衡发展模式。

也就是,让一部分地区一部分人先富起来,再带动其他地区、其他人的

发展。中国最早发展是从东部沿海开始的,因为它的开放条件最好,运输成本最低,东部发展了,再带动中部地区和西部地区的发展。这一条对于今天"一带一路"建设也是有借鉴意义的。可以从最有条件、安全性好、经济成长性好、经济位置比较重要的国家与城市先做起来,形成比较好的案例,继而推动整个"一带一路"的建设。这也符合我们提出"一带一路"倡议的初衷。世界不能靠打贸易战、靠战争来解决问题,战争只会使人民的生活越来越痛苦。中国的发展不只解决了13亿人的温饱问题,同时也带来了世界经济的繁荣,我们也希望通过"一带一路"带动欧亚大陆的发展,进而为世界经济带来新一轮的繁荣。

五、只有保持一定速度,才能逐步学会驾驭自行车

美国人和我们打贸易战,对我们经济的影响有限,因为出口对中国的GDP贡献率已经降得很低,中国经济增长主要动力来自国内消费的增长。

第八个"窍门"是财政政策。

中国刚刚开始改革的时候,采取的政策是财政包干制和分税制。分税制是1994年开始实行的,参考了法国的财政政策开始实行的。之前的财政政策是怎样的?因为中国在1978年以前以国有企业为主体,所以我们没有税收概念,企业创造的所有利润都要交给国家,国家再分配给地方政府与企业。中国的改革之所以能发展起来,是因为中央政府给了地方积极性。积极性是什么?交给中央政府的是固定的,除此之外,创造出的更多收入就是地方上的,地方就慢慢富裕起来、发展起来了。但是很快问题又来了,包干制很容易导致分散,中央政府对各地的统筹协调权在下降,有些省市特别是中西部没有开放的机会,还是很穷,中央政府要转移支付,但是中央政府手头上的钱非常有限,如果不能协调地方,就会出现问题。于是,到了1994年中国开始搞分税制。分税制和原来的财政包干的区别在哪里?就是地方收入增长,中央收入也在增长,因为是按照比例的。这样既保证了地方的积极性,同时随着地方收入的增长,中央财政收入也获得增长。

分税制对推动中国制造业的发展起了很大的作用。中国制造业的发展

取决于三大因素：第一个因素就是开放,外资企业大量进来。第二个因素就是我们在制造业当中实行了分税制,企业交税可以进项抵扣了,税负下降,企业发展得很快,所以中国的企业真正高速发展是在1994年。2000年后加入世界贸易组织是第三个因素,放在后面讲。在这个过程中,中国本土的企业开始成长起来,最重要的标志就是,原来我们讲跨国公司,一直认为只有发达国家的公司才有,但是从20世纪90年代后,中国自己冒出来一大批本土的跨国公司。

不只是制造业,我们在2012年开始对第三产业实行分税制,促进了中国第三产业的高速增长。2008年金融危机以后,中国经济速度从最高14%一路下来,10%、8%、7%,现在是6.7%,但是中国经济之所以能够保持中高速增长,其中一个很重要的因素就是,当制造业速度在下降的时候,中国的第三产业增长速度上去了,实行了分税制以后,第三产业的增长速度始终保持在10%左右,这样就为我们制造业进行产业结构调整提供了时间。对此,中国人用一件事情来形容：骑自行车不能骑得太慢了,不会骑自行车如果还骑得慢,车子是要倒的,只有保持一定速度,才能逐步学会驾驭自行车。因此,中国在结构调整当中的特点是,制造业逐步在走缓,这和国内调整以及当前的国际贸易形势都有关系,但是由于第三产业增长速度上去了,由此带来中国国内的消费力上去了,原来最低的时候国内老百姓消费率只占总消费的38%,现在我们已经增长到70%。因此,从这个角度来说,美国人和我们打贸易战,对我们经济的影响有限,因为出口对中国的GDP贡献率已经降得很低,中国经济增长主要动力来自国内消费的增长。

六、改革开放最初为什么不搞广州特区、上海新区？

当年波兰的改革是请了美国的一个教授作顾问,这位美国教授给波兰设计的就是价格改革一步到位,苏联东欧改革都有这个倾向。而中国的改革却不一样,我们不讲求"一步到位",而是实行渐进式改革。

第九个"窍门"就是加入世界贸易组织(WTO)。

当初中国没有加入关贸总协定,因为各个国家和中国谈判的要价都很高,我们觉得要价太高,所以没有进去。1995年关贸总协定转化为WTO以后,又进行了一轮谈判,之后我们发现要求更高,中国政府的判断是,如果我们现在再不进去,以后的开价还会更高,所以还是进去。当时不少做研究的人较悲观,认为如果我们加入WTO以后,中国的农业会垮掉,因为中国的农业一个农民只种几亩地,和美国农业、欧洲农业不能相比;还有人认为,中国加入WTO以后,中国的汽车产业会垮掉。现在看来完全是杞人忧天,但是当初我们加入WTO确实是因为担心今天不加入,以后加入成本会更高,而不是我们加入以后会得到更多好处。但恰恰是加入WTO以后,中国增长速度是最快的。如果说,沿海港口城市开放搞特区是第一步开放,那么加入WTO就是中国的第二轮开放,进一步推动了中国的深化改革。王战教授相信,中国推出"一带一路"倡议以后,会迎来中国第三轮的全面开放。因此,他始终认为中国的发展是开放在推动着改革。

第十个"窍门",中国的经验是渐进式改革,而不是激进的改革。

在这里,可以把中国的改革和波兰的改革作一下比较。当年波兰的改革是请了美国的一个教授作顾问,这位美国教授给波兰设计的就是价格改革一步到位,苏联东欧改革都有这个倾向。而中国的改革却不一样,我们不讲求"一步到位",而是实行渐进式改革。用邓小平的话说,不知道这条河的深浅,就摸着石头过河,把石头踩准了就跨一步,踩不准就回来。"摸着石头过河"成为中国改革的重要方法论。改革开放最初为什么不搞广州特区,而是在深圳这么小的地方设立特区?就是因为考虑安全性问题,如果试验成功固然好,即便不成功,损失也不会太大。为什么建浦东新区而不搞上海新区,也是同样的道理。这些都是中国渐进式改革,我们在自己的实践过程中不断地总结经验。比如,中国人原先不懂得市场经济,如果跨得太急,就会犯很大错误,而通过40年,我们逐步积累了搞市场经济的经验,从方法论上解决了这个问题,这是中国改革成功很重要的经验。

以上中国改革开放的10个"窍门",也是中国为什么会成功的10条经验。其中,也做了一些比较,特别是中国的改革和苏联东欧国家的改革,存在什么差异?又造成了什么结果?同时,还对"一带一路"相关国家的发展也提出一点建议。中国的改革开放正好是在世界经济开始走上坡路、处在相对繁荣的长周期里面,我们利用了其中的20年时间,取得了快速发展。现在国际形势已经发生了很大变化,世界经济处于相对衰退期,在这个过程当中的发展,特别是"一带一路"相关国家怎么发展,每个国家都要结合自己的情况做分析和研究。在这方面,中国经验或许能提供一些有益借鉴和参考。

(作者单位:解放日报社)

总报告二
抵御安比：解放日报·上观新闻72小时融媒体大直播及效应分析

张 奕 顾予宸

自1949年以来直接登陆上海的第三个台风，也是29年来首个直接登陆上海的台风——"安比"，于2018年7月18日20时生成，历经3天16个小时30分钟，于22日12时30分登陆上海崇明。为将"安比"对上海城市运营、人民生活的影响降到最低，上海各级部门根据市委书记李强同志的指示和市委、市政府的精密部署，枕戈待旦，做了充分的预案准备。其间，解放日报·上观新闻充分发挥主流媒体的舆论导向作用，第一时间迅速传播市委、市政府的全局性决策信息，全过程关注台风和沿海地区的相关动态，并于7月20日凌晨起，启动72小时不间断融媒体直播，积极展现了上海各条战线众志成城防范台风，确保城市安全有序运营的精神面貌，传递权威信息、报道感人细节，更为全市人民众志成城应对灾害天气营造了良好的舆论氛围和及时的信息依据。以下是相关片断：

一、融媒体指挥中心指挥协同作战

本年度"安比"台风刚刚生成之际，即7月19日，解放日报·上观新闻已上线气象稿件《申城"水晶天"将暂落幕！》，彼时，气象部门预测的台风登陆点还不在上海，但已经引起读者们、水务防汛部门和街镇一线干部的重视。随着对"安比"路径及危害程度预测的不断精准，市委、市政府高度重视，要求坚决贯彻落实习近平总书记关于防汛抢险救灾工作的重要指示，全力做好当前防汛防台工作。市长应勇在相关布置工作中,还明确提出"不怕十防九空"的抗台防汛原则。

7月20日凌晨02:06起,上观新闻相继上线《紧急通知!上海市政府办公厅要求:切实做好台风"安比"防御工作》等3篇稿件,拉开了长达72小时的台风"安比"直播序幕。这是非常及时的战术预告和战斗动员,前线已进入战备化。

而对于本次融媒体滚动报道,解放日报社主要领导高度重视,在每天的融媒体指挥中心值班会议上,不断部署最新的报道安排,指挥协同各频道各部门记者编辑融合作战。7月20日,解放日报社总编辑、当周融媒体指挥中心总值班长召集当周及下一周融媒体指挥中心值班长、财经、区情、政情、视觉、编辑中心、总编办等部门负责人和相关负责人,部署迎战"安比"报道方案。派出融媒体采访小组驻守市防汛指挥部、市气象局、浦东、奉贤、金山。7月21日,报社领导又召集两位值班长、总编办、要闻编辑部,现场坐镇融媒体指挥中心,指挥报道,并视台风走向,增派采访小组蹲守崇明。这是一个十分重要的决策,等于在重大战役的关键时刻直接判断出主战场,为集中优势兵力进行决战奠定了基础。

从20日凌晨开始,财经、区情、政情等频道就抵御台风"安比",从各个条块、多角度密集发稿,至22日24时,发稿200多篇,全面反映了上海各级政府部门、各区各行各业抵御台风的精神面貌以及方方面面积极、精细排除安全隐患和风险的工作。各现场采访小组来自市防汛指挥部、气象、公安武警、公共场所、交通、教育及市场供应等重要区域,工地、泵站、小区等重点地段,新鲜信源、生动文字和现场图片如潮汇入。从奉贤、金山、浦东、崇明以及浙江宁波、舟山等沿海海塘、港口、大桥、学校以及各居民安置点,也传来各个前方报道小组抵达后马不停蹄的最新报道,每条似乎都带有风雨欲来的前沿气息。

二、多平台滚动报道的及时准确与直观

本次融媒体大直播的特点是,报社内部主动打破部门藩篱,文字、摄影、

视频记者联合出动、融合作战。在彼时的市防汛指挥部和市气象局里,财经频道、互动频道4位记者一天24小时驻守,抢发最鲜活、保证最权威的新闻信息。公共空间栏目刊发的《12时30分,台风"安比"登陆上海崇明!》《上海今天16时解除台风橙色预警,下周三起有5到7个高温天》均为全网首发稿件,准确直观。财经频道另有3名记者,从路政交通、铁路机场、商业一线发回鲜活报道。

视觉中心指派4位摄影记者、4位摄像记者,配合区情频道4位主力记者组成了4个采访报道小组,分赴崇明、浦东、奉贤和金山,作为定点报道的基准力量,后方同时安排两位成熟导播昼夜值班,随时准备启动视频直播。为尽量增大覆盖报道面,3位摄影记者负责市区防台新闻的拍摄。4路报道组在赶赴各自定点目的地途中就开始不断发稿,将沿途所见防台素材以短新闻、图片、短视频方式传回上观编辑中心"抵御安比"图文直播编辑小组,及时传播抵御台风的一线扎实举措、完备预案和工作劲头。为了全面反映一线防台工作实况和相应效果,21日18时,各采访小组协同进行了一次串联式视频直播,在这一个半小时的时间里,各小组轮流、多点播报防台工作的最新进展。22日在台风登陆崇明之时,又临时决定由崇明采访报道组立即进行视频直播。这次直播虽然持续时间只有40分钟左右,但至22日晚间,总观看量(包括直播视频回看)已经超过110万人。

事后统计,在7月21—24日的《解放日报》中,上述采编人员共刊发新闻图片19幅,另外还有两个版面、20张图片的专题画刊。新媒体方面,在做好两场视频直播、制作了两段"短视频"和发布3篇"上观新闻·视觉·见识录"栏目稿件的基础上,还为上观新闻台风专题图文直播提供了总计77幅的新闻图片。

值得指出的是:区情频道4位奔赴四区的记者中,有3位记者参与了视频直播,成为出镜记者,其他记者自7月20日开始,密切联系区里的防台抗台动态工作,在上观和报纸发了大量报道。政情频道派出多路记者跟随市领导赴一线现场指导防汛抗台工作,并分赴上海市公安局、静安公安分局、杨浦公安分局和上海市消防总队了解相关准备情况。从上海市公安局指挥中心和消防总队,崇明、黄浦、长宁等公安分局既及时发回动态直播报道,也对面上服务信息及时跟进。原点栏目还派出记者奔赴舟山,采访"安比"沿线鲜活新闻。与此同时,报社后方、上观编辑中心和《解放日报》要闻编辑中心两个编辑部,开足马力,做好两个平台的稿件编辑工作。上观编辑中心除了不间断编发前方记者发回的文字和图片,还尝试整合直播内容形成稿件增加传播,如《什么是"魔都结界"?请问陈林娟,问宫修阳,问王明华……问整个上海》。《解放日报》要闻编辑中心,则在20至23日4天内,编发了11个与抵御台风"安比"相关的头版、要闻版、要闻专版、视觉版。

除了在上观新闻APP上即时刊发图文直播、视频直播内容,《解放日报》还在微博微信等新媒体矩阵上,及时编发相关稿件。报纸内容纪实、有效且注重导向。如,开设了"切实做好台风'安比'防御应对工作"专栏报道、"迎战台风'安比',众志成城确保城市安全平稳有序运行"专版报道、视觉专版,"解放论坛"还配发首席评论员文章《一起努力,愿城市通过"大考"》《精细化管理的一颗试金石》,"新科普"专栏刊发报道《关于"安比"这个自1949年以来直接登陆上海的第三个台风,还有这些需要知道——每一个台风都绝不该被"低估"》,很好地起到了释疑解惑、引导舆论、鼓舞士气和普及气象科学的积极作用。

三、关于传播效能接地气、鼓士气的案例分析

在以往的媒体传播效能调研中,我们就发现徐汇区的干部、群众对《解放日报》和上观新闻相当喜爱。本文以徐汇区为案例,进行抗台信息传播分析。在"安比"台风登陆预警发出后,徐汇区立即启动防台风应急预案,全区上下共同排查安全隐患,相关负责人员在第一时间加班加点,全方位地在最大程度上保证了市民的安全。

7月20—22日,连续3天72小时,解放日报·上观新闻不间断地进行媒体全方位的即时报道,从台风可能路径到对上海各区的影响都实时更新,做到了让市民心里有底,让市民放心。虽然徐汇不是"安比"台风最后入境的地区,但是以区委书记、区长为首,基层干部一线值守,市民积极配合,依然高度重视抗台工作部署。

首先,区绿化市容部门安排巡查小组,加固广告牌、出风口等易遭台风

袭击的高危设施，同时，对树木也进行了检查和加固。电力部门更是做好了供电线路的检查，处置了安全隐患。在市建交委安全通知发出后，全区152个建筑工地做好了加固工作，工程在当天晚上全部停工保证了安全。其次，水务部门对黄浦江沿线水闸进行了全面排查，确保排水设施正常运行。在市民居住的小区，房管部门和环卫部门共同协作，督促楼宇落实了防汛应对措施。再者，在各街道和居委负责人的领导下，各方面均备齐备足了队伍物资，安排好车辆进行调运。街镇和居委也通过网络媒介或者社区告示的方式提示居民减少出行，收起花盆等物品避免砸伤行人。

由于正逢暑假，区教育局在第一时间通过徐汇教育政务网和校长书记微信群，及时地传播解放日报·上观新闻的"安比"路径信息报道；同时，将加强安全迎击台风的工作要求迅速传达布置到每一所中小幼学校（园），并得到积极响应。如田林中学顾炜校长在接到任务后，不顾刚从外地返沪的劳累，立即赶往学校，召集总务后勤部门负责同志和相关老师，安排每个岗位环节的抗台工作。顾校长和总务主任俞老师先来到操场翻修工地，听取工地管理负责人介绍为抗台所采取的措施，接着实地检查，看到工地上所有的建筑材料都已经厚厚地覆盖了一层挡雨油毡，操场四周的排水沟没有任何阻拦物。他们又逐一检查了全校所有教室、办公室门窗，在最高层一间教室，顾校长特别指着去年曾经严重漏水的一个教室天花板说："这个教室要特别留意，夜间值班同志要加强巡查，虽然上半年刚刚查漏修补过，但不能大意！"他还亲自从后勤部门拿来两个塑料桶放在去年漏水部位下面，然后再三关照值班同志后才离开现场。最后顾校长到学校暑期工程施工工人驻地，提醒大家注意安全，减少外出，暂停施工。其间，顾校长不断转发解放日报·上观新闻有关"安比"的报道。

值得一提的是，防范"安比"台风的重点区域之一，即徐汇滨江所属的龙华街道，在第一时间召集各方办事处主任、市容所、应急抢险队伍开会，要求各部门各司其职，加强协作，第一时间做好台风防御工作。街道宣传部门则根据解放日报·上观新闻的"安比"报道的权威信息，进行社区公众号再发布以告示居民。除了各居委张贴温馨提示并发放防汛沙袋给老人、残疾人外，更是派遣交警三大队在龙耀路隧道出口和龙吴路固守岗位，对车流进行疏导，同时也不忽略对违法行为的纠正处罚，保证了交通的顺利通畅。在这期间,三大队交警还帮助一位因对于道路不熟悉而耗尽燃油的司机,将其车辆拖至加油站,确保道路畅通,疏导车辆顺利通行。穿着荧光色制服的社会化管理队伍更是积极处理了一批违规停放的共享单车,增强了街道的整洁程度,也拓宽了人行道,进一步为抗台做好了准备。随后,龙华街道的领导前往各个居民区进行了检查,对小区内抗台薄弱环节作了二次排查以及处置。例如,在对丰三居民区二次排查时发现树木断枝,他们及时联系龙华应急抢险队排除了隐患。

即使后续台风应急响应等级已经降低,上海各区各部门也并未松懈安全防范,而是仍然将安全放置首位,精心组织落实相关措施,进一步做好宣传引导工作。同时也落实了防汛防台的评估工作,进行了优化和强化。在这方面,解放日报·上观新闻的即时报道起到了积极的作用。对此,读者张健慈(徐汇区委研究室主任)谈了她个人的看法:"于我个人而言,也在第一时间看到了居委会根据解放日报·上观新闻的相关提示,张贴在一楼公告栏上的抗台指示,有不少业主围在跟前阅读注意事项。我所居住的楼层非常高,原本有业主将花盆和少许杂物放置在公共阳台上,可我回家时也看到这些物品被归置在远离窗台的地面,可见大家的防台安全意识很高。而我也随手将楼道里的窗户关上,以避免大风暴雨影响楼层的卫生整洁。"她还认为"在徐汇抗台过程中,大家不仅对此高度重视,仔细排查细节,而且从制订计划到落实富有效率,在短短几天时间里高效地开展了抗台工作"。

在事后的效能调研中,我们还发现徐汇各类新闻评论区的民众也纷纷表示上海的抗台工作做得很好、解放日报·上观新闻的相关提示和报道让人信任,极大地增强了市民的安全感;而魔都作为历年来台风的"结界",这一次市区内依然躲过了"安比"的袭击,让人欣慰的是看到了各方的努力,没有因上海之前都不受台风侵袭而放松警惕,这是值得极大的赞扬的,也使解放日报·上观新闻的公信力大大增强。

值得一提的是:有一位叫李翔(空军转业干部)的《徐汇报》资深编辑,抗击"安比"台风是他传媒工作的最后一战,之后他就退休了。作为一贯喜爱解放日报·上观新闻的忠实读者李翔告诉我们:解放日报·上观新闻向来具有打大仗意识,站在全局高度,此番关于"安比"的报道,显然看得出报社领导是高度重视及提早策划、积极行动;同时,在抗击"安比"的过程中,为做好即时报道，记者们甘冒风雨、不顾疲劳、连续采访，体现了极高的职业素养和奉献精神。通过对诸多稿件、图片的品读、转发和再传播，李翔还认为：解放日报·上观新闻的各频道在"战斗期间"做到了守土有责、相互补位、几无差错；展示了充分有效的协作精神和战斗作风，应该为此优质追求、共同拼搏精神点赞！

（作者单位：解放日报社；浙江传媒学院）

总报告三

智库建设：上海社会科学院精神文明创建工作评估报告

谢京辉　王泠一

上海社会科学院党委高度重视精神文明创建工作，积极贯彻市委宣传部关于创建工作的基本方针，努力落实各项具体的工作要求，使得精神文明创建工作成为社科院参与区域化党建、发挥党员先锋模范作用、体现国家高端智库服务水平、创造性地承担社会责任及加强社科院自身文化凝聚力的重要抓手。现择要报告如下：

一、已经完成的创建相关工作（2017—2018年6月）

上海社科院各相关部门在院党委领导下和院领导积极指导下，群策群力、精确探索，坚持理论联系实际，从中增强创建力度，已经圆满完成了以下主要工作：

1. 全面学习贯彻落实党的十九大精神

在院党委领导下，社科院认真组织深入学习党的十九大报告，把握领会报告的重要思想、重要观点和重要判断。如2017年10月18日即十九大召开当天，全院72个支部以集中收看、分组交流、微信讨论等多种形式开展学习。结合入党积极分子专题培训、机关党务干部培训、党外人士座谈、专题组织生活等各类活动，深入领会中央、市委精神，研究新时期新阶段新一轮工作重点。全院21位局级领导干部、47位处级干部参加市委和市委宣传部组织的领导干部学习贯彻党的十九大精神专题培训。

习近平总书记所作的十九大报告,是一篇光辉的马克思主义文献,对于我们国家今后的长远发展和中华民族的伟大复兴,具有中流砥柱的作用和指路明灯的意义。党的十九大报告体系完整严密、内容丰富精彩,其中关于思想文化领域的纲领性论述集中在报告的第七部分——"坚定文化自信,推动社会主义文化繁荣兴盛"。报告提出,在全面建成小康社会的基础上,分两步走,在21世纪中叶建成富强民主文明和谐美丽的社会主义现代化强国。文化繁荣和加强社会主义思想道德建设,成为这一目标的不可或缺的重要内容。毫无疑问,培育人民具备坚定正确的信仰是加强思想道德建设的核心。通过十九大精神的学习,社科院党员和干部深刻领会了:"文化是一个国家、一个民族的灵魂。文化兴国运兴,文化强民族强。没有高度的文化自信,没有文化的繁荣兴盛,就没有中华民族伟大复兴。"

2. 以智库论坛为平台,服务区域化发展

文化,是思想道德之母。过去,争取民族解放和国家独立,成为一代一代中国人的追求与信仰,并在上海这块英雄的土地上演出了一幕幕历史的活剧。今天我们的思想道德建设,同样应该以激励人民为实现国家富强和人民幸福为共同信仰,立足岗位为实现中华民族伟大复兴的奋斗目标而努力。上海社科院作为国家高端智库和上海理论工作的一面旗帜,对于群众性、实践性思想文化战线的这一奋斗目标而言,当前的工作着力点就是原原本本地推进十九大精神的深入学习和认知深化,并以此推进新时代各项事业的持续进步和增强群众的幸福感与获得感。

智库论坛,就是社科院在新形势下发挥社会主义新型智库作用,积极推动社科知识的普及与理论宣讲,积极参与区域化党建的一项新举措。通过智库论坛,社科院相关学者运用深入浅出的语言,解读党的最新大政方针政策,将抽象的理论变成言之有物的实在话、明白话,让市民喜欢听、听得懂、记得牢、用得上,深受居民群众的欢迎。同时,社科院也精心设计打造了一批适应面广、接地气的精品课程并制作菜单式课程清单,供区域内单位进行自主选择,以发挥社科院科研服务社会、服务基层党建的作用。智库论坛成立至今,已经先后在瑞金二路街道、淮海中路街道、南京东路街道等组织了

10余场讲座,取得了良好的社会效果。

3. 发挥科研优势以拓展党建理论研究

党的建设,是党组织加强自身凝聚力、战斗力的重要法宝;上海市委主要领导和市委宣传部一贯注重基层单位党建工作的与时俱进。上海社科院的党建工作在于信汇书记、王玉梅副书记的指导下,除了在组织层面、党性教育、干部素养以及统一战线等领域取得了一系列成果,还在文明创建和理论研究上取得了突破。尤其是通过相关课题的设计和研究分析,以及和优秀基层党委的积极合作,社科院发挥了学术积累方面的专业工具优势,也在文明创建方向上找到了新的节奏感。

如2017年11月,社科院与黄浦区委组织部、宣传部联合举办了"基层党建与非公企业发展"媒体学术沙龙,采用实地参观介绍、专家解读、企业党组织负责人介绍、交流互动等方式,与境内外媒体交流了非公企业党建的内生动力、做法经验和主要成效,促进了非公企业党组织之间的互相学习借鉴,扩大了黄浦区基层党建的影响力。2018年,社科院党建研究会与淮海中路街道党工委共同组织了"淮海+"党建品牌建设专家咨询交流会,与淮海中路街道、瑞金二路街道合作,分别共建"城市党建研究基地""党建研究合作基地"等,共同研究新形势下城市基层党建工作新模式,开展党建课题研究合作,为街道搭建咨询智库平台提供支撑。而社科院文明办则与徐汇区天平街道党工委结对共建多年,成果丰硕。

4. 城乡结对帮扶活动中取得良好效果

2018年,正逢改革开放40周年。上海社科院的很多资深学者都参与了改革开放之初的农村经济状况调研,深知改造农村经济和社会发展面貌的艰巨性与持久性。打破平均主义、注重点面突破,曾经是农村改革得以推进和取得脱贫成就的一个基本经验。然而,发展中的问题总会不断出现,城乡发展的不平衡就是非常突出的一个例子。即使在上海这样的沿海发达城市,也会出现这种不平衡。因此市委从战略高度,持之以恒地推进城乡党组织结对帮扶工作,社科院责无旁贷。

社科院党委的结对帮扶对象是奉贤区柘林镇王家圩村。院党委和王家圩村的结对帮扶工作,既是智力帮扶,也是资金帮扶。院党委先后委派经济、法律、社会治理、新闻等各个方面的专家学者参与帮扶活动,利用社科院的智力资源为王家圩村的全面发展组织研讨、进行调查,寻求科学的发展途径。同时,王家圩村的基层党建工作和社会治理、经济发展模式等,也为社科院的高端智库研究提供了鲜活的实践样本。在资金帮扶方面,社科院为王家圩村的重阳节活动、改建党员活动室、老年活动室和医务室等共帮扶22万元,使得王家圩村的硬件建设得到较大提升。在社科院党委帮扶的同时,院经济研究所党总支与程和浜村支部、世界经济研究所党总支与灵芝村支部、社会学研究所党总支与陈家村支部、新闻所党支部与洪庙村支部的结对帮扶工作也同时开展,最近一段时间以来,双方立足各自的实际与特点,本着"立足当前、着眼长远、量力而行、尽力而为"的原则,有组织、有重点地围绕城镇化、精准扶贫、基层党建、拆迁、村民就业、收入、医保、困难补助等各个方面,做了多方面的探索。新闻所党支部还联合《文汇报》等新闻媒体党组织,为该村募资60万元,该所强荧书记个人更是捐助3万元,将村民们一直梦想的洪庙村排水改造工程——"水沟计划"终于变成现实。

二、相关创建工作的特色和亮点

2017年以来,上海社科院的文明创建工作在党委领导下和各部门共同努力下,取得了相应的进展和丰富的成果。回顾这些工作,我们认为其特色并不复杂:

首先,坚持从国家高端智库视野而非从单位自身角度来谋划文明创建工作。即我们的创建工作更具有公共属性,体现了理论的凝练作用、调研的分析作用。

其次,坚持从群众中来、到群众中去,即向基层取经,也具体指导基层工作。所有的经验都有相应的环境约束和局限性,我们在探索中努力寻求最大公约数。

再次,坚持联系学校、服务未成年人德育工作。这是社科院的传统,我们长期以来一直关注青少年和社会事务研究。且近年来的实践和合作,更加具体深入。

第四，把握重大纪念性时间节点，展开相关传承活动，且在传播正能量方面坚持线下线上互动。如安排2017年建军80周年、香港回归20周年等活动，并积极加以实施。

此外，我们坚持面对重大题材、核心选题、热点话题，积极撰写和发表理论联系实际的文章，这方面得到了主流媒体的积极支持，也对基层是个很好的鼓励。

这些特色，基本上反映了我们的现有能力。关键是坚持不懈，故获得些亮点：

首先，坚持推出年度性智库报告《上海精神文明发展报告》，从理论思维和实践角度，全方位、高水准地评估、分析和预判上海在文明创建领域中的突出成就、基本现状和发展需求。该书每年10月由上海社会科学院出版，首次出版为世博会之后的2011年；该书目前是上海社科院文明创建工作的拳头产品，属于"人无我有"的成果表达方式，每年出版后深受基层欢迎；由谢京辉、王泠一同志担任主编，也是社科院对外学术交流的一个软实力品牌。《2017年上海精神文明发展报告》于当年10月出版，及时地反映了一批全国文明单位、道德模范的先进事迹，通过案例调研的形式体现了一批上海市基层党委和部门在文明创建工作中的作为和经验。我们在调研成果的撰写、修订中既表达原汁原味，也帮助基层笔杆子适时提高理论认知，尤其是对中央和市委相关精神的准确理解。社科院专家也直接深入基层、参与调研，并就社会转型期的教育诉求、医患和谐、城乡一体化等涉及文明创建深层次结构的突出问题，进行破题，在书中起到了引领性作用。

其次，坚持在《上海精神文明发展报告》出版之后的一个月内，随即趁热打铁，召开当年的上海精神文明论坛。论坛，最初就叫上海社科院精神文明成果发布会；从2012年起命名为首届论坛。论坛的前5届都在上海社会科学院上海社科国际创新基地举行；由社科院文明办承办，邀请专家、学者、领导和全国文明单位代表、劳动模范、道德楷模等一起研讨。与会者主要围绕上海文明创建工作中的热点、挑战、需求和方法，进行面对面的积极探讨与交流；也有案例式的剖析和课题式的陈述，是理论和实践之间的有效融合，主流媒体在会后多有即时的新闻报道和跟踪式的专题报道。论坛吸引了有创全需求的有关各区文明办领导的积极参与,如徐汇区文明办领导就曾多次参与研讨、了解创全的最新态势和文明工作的理论热点。2016年11月,上海社会科学院和徐汇中学在多年友好合作的基础上,正式签订了精神文明共建结对关系。经充分协商和密切合作,第六届上海精神文明论坛于2017年11月在百年老校徐汇中学成功举行,获得广泛赞誉。

再次,上海社科院"少年中国梦"孵化工程,从理论集成充分走向实践状态的徐汇中学"少年中国梦"孵化基地。这对于上海社科院、徐汇中学两家单位来说,都是有里程碑意义的文明创建成果。上海社科院作为国家高端智库,在"少先队学""青少年核心价值观""未成年人成长的社会环境"等方面的学术研究一直享有盛誉;徐汇中学是座1850年成立当时就施行新式教育的著名学府,近代著名爱国人士和教育家、复旦大学的创始人马相伯先生,就是徐汇中学的首届毕业生。2016年6月27日(即当年七一前夕),在上海社科院文明办的支持下,徐汇中学"少年中国梦"孵化基地正式挂牌。随后至2018年6月的两年期间,徐汇中学选拔出来的优秀学生们和社科院文明办组织的专家们,一起就城市形象、文化软实力、核心价值观等课题进行了积极的探索和走访。其走访的对象有中国科学院院士、工程院院士、全国劳模等杰出人物,其成果经社科院文明办推荐在主流媒体得以刊登;他们中间也出现了市优秀共青团员和学生干部。

第四,天平社区"三十分钟德育圈"从地图到实践的不断升华,有助于促进红色基因传承的理论研究。2014年6月,上海社科院王泠一博士和时任上海五十四中学校长杜育敏联合在《文汇报》发表相关时评文章——《美丽心灵的时代源泉》;正式提出了社区除了打造"医疗圈、绿化圈、体育圈",也可以打造社区三十分钟(步行)德育圈,以发挥社区固有德育资源的教化作用和传承价值。因康平路上的五十四中学地处天平社区辖区,天平街道党工委积极推进了这一设想的调研行动和德育实践;并有时任街道办事处副主任、现中共徐汇区委政策研究室主任的张建慈同志和王泠一博士对接。不久,在他们以及五十四中学300多位学子和街道各居委会干部的努力下,天平社区"三十分钟德育圈地图"正式出版,其主要线路和景点涵盖了全社区的红色与人文资源;随后上海主流媒体进行了充分报道,社区各中小学、幼儿园等教育机构积极参与并在德育方面屡有收获。至2017年,喜逢盛会的德育圈学子纷纷投入十九大精神的学习;并派生出了天平党建圈。

第五,发挥老干部、老同志的政治优势和学术优势,是推进文明创建工作的有效抓手。任何单位尤其是局级单位,都拥有自身的老干部资源;这是国家的财富,也是党的宝贵资源。上海社科院成立于1958年,拥有红军将领、八路军资深干部、新四军老战士、地下党骨干等丰富的老干部资源;和其他单位有所不同的是,社科院老干部往往在1949年之前就有很好的教育履历,在1949年之后则成为各个领域的权威专家,是很多学科的创始人和带头人;这对社科院的智库建设和红色基因文化积淀来说是不可替代的宝贵财富。因此,社科院党委在文明创建工作中就非常注重合理开发老干部资源,如一方面由文明办、院史办和老干部办通力合作,于近年开始整理、挖掘首任院长雷经天和首任书记李培南(他俩都是参加长征的红军将领)的革命事迹和学术贡献,并通过积极寻找,成功地与其后人建立了工作联系,得以从中吸取思想养料。另一方面,我们在老干部体能状况允许的前提下,安排他们通过社区、学校和少先队员与共青团员结对,完成了一批访谈。

三、在纪念建党97周年的日子里

2018年7月6日,上海社科院院党委在淮海中路社科院总部大礼堂开展"初心咏动,岁月如歌"庆祝建党97周年主题党日活动,院长张道根、院党委书记于信汇、副院长谢京辉和市委宣传部基层处处长郑英豪出席。上海社科院全院党员、在职职工、离退休老干部以及研究生代表600余人,参加了此次主题党日活动。于信汇书记在大会上作题为"不忘初心、牢记使命"的主题党课报告。他从共产党员的初心是什么、为什么要坚持不忘初心以及如何牢记使命这三个重要的方面,为全院党员同志上了深刻的一课。他要求大家认真学习电影表演艺术家牛犇同志的先进事迹和习近平总书记的贺信;于书记还特别强调,全体党员要心中有信仰、工作有措施、学习有榜样,才能以更加良好的精神面貌共谋社科院的发展。

大会对2018年上海社科院"两优一先"集体和个人进行了表彰,世经所第一党支部、国际合作处党支部、财务处党支部、生态所党支部获先进基层党组织称号,信息所轩传树、院办杜海燕、文学所任洁获优秀共产党员称号,新闻所党支部陈骅、历史所党总支张秀莉、机关党委秦伟获得优秀党务工作者称号。在本次主题党日活动中,各基层党组织认真组织、积极参与,以诗歌文艺党课的形式开展学习,全场活动包括"岁月如歌""我爱你中国"和"自豪的社科人"三个部分,采用诗朗诵、情景剧、配音、阿卡贝拉等多种形式,展现了社科院19个基层党组织积极向上的精神面貌。大会充分体现了上社人初心和使命的代际传承。老同志们《不忘初心》的歌声、各支部在职党员们结合本职岗位的原创课件和研究生台上台下全场互动的阿卡贝拉,生动显示出党组织的凝聚力和向心力。本次主题党日活动由院党委组织部、研究生院党委和院团委共同承办。大家一致认为,本次活动形式新颖、意义深刻、学习成效显著。而市委宣传部基层处郑英豪处长勉励大家"记住最初的美好",不忘初心。党员同志们则纷纷表示将会把这种积极的氛围带到工作中,牢记作为一名党员和上社人的初心和使命,继续不断奋斗。

2018年7月13日,上海社会科学院与遵义市社会科学院共建"国情调研(党性教育)基地"签约授牌仪式暨座谈会在遵义召开。这是上海社科院党委组织的2018中青年骨干赴遵义学习培训的重要行程之一。此次培训由社科院院党委副书记王玉梅带队,院组织部、统战部副部长陈庆安及院12名中青年骨干参加。

遵义市委常委、市委宣传部部长郑欣会见了我院青年骨干,王玉梅副书记与遵义市社科联主席、市社科院院长邓彦同志签署了共建国情调研(党性教育)基地合作协议,王玉梅为基地授牌。值得指出的是:自2013年党中央确定上海与遵义的对口帮扶以来,沪遵两地社科界积极响应、互相学习,合作领域不断扩展并走向精心耕耘。目前,上海社科院已先后有两批中青年骨干到遵义调研,遵义的理论界干部也赴上海社科院接受培训;今后我院与遵义市社科院将在课题协作研究、干部人才培训、组织专家授课、智库咨询服务四个方面展开深入合作。签约仪式后,双方与会人员展开了热烈的交流,遵义市委政策研究室、市人民政府研究室、市委党校、市委党史研究室、市对外协作办公室、社科联负责同志以及遵义各高校代表列席并发言;会议由中共遵义市委宣传部副部长冉世勇主持。

此次社科院中青年骨干培训班赴遵义的学习和调研,收获成果颇丰。

早在出发前一周，培训班就进行了一次预学习，大家沟通了解了此行的目的和意义，进行了合理的分工和充分的准备。历时5天的行程包括红色教育、现场教学、国情调研、与会座谈等多种形式和内容。值得铭记的是，遵义会议纪念馆副馆长王志力为学员们做了"长征与遵义会议"的专题讲座，他用丰富的党史资料，生动讲解了遵义会议的来龙去脉。在遵义红军烈士陵园，学员们向革命先烈敬献花圈，重温入党誓词并向红军英烈墙致敬，详细了解了红三军团参谋长邓萍烈士的光辉事迹，以及"红军坟"和红军雕像背后感人至深的军民鱼水情。学员们还参观了遵义会议会址和遵义会议纪念馆，实地了解了遵义会议的历史背景和光辉历程。

此次骨干班的学员来自社科院全院9个研究所以及部门机关，行程中学员们热情高涨，在相互切磋中加深对彼此了解。在座谈会上，大家敞开心扉，结合自身的学科专业特点，畅谈未来的研究规划和希望。应用经济研究所副研究员曹祎遐从文化产业的角度分析了沪遵如何共同挖掘红色文化内涵、发展文化产业合作；文学研究所副研究员毕旭玲从民间信仰的角度，阐释了遵义会议红色文化的传播与社会意义；世界经济研究所助理研究员周大鹏分享了他在调研过程中看到的遵义革命事迹和脱贫攻坚的努力成果，提及了交通物流对贵州经济发展的作用；哲学研究所副研究员赵琦回顾中国共产党的奋斗历史，强调坚持正确的马克思主义方法论对当前工作的重要性；法学研究所助理研究员姚魏提到了遵义法制与治安建设的先进经验，两地法学研究者可以开展立法合作；新闻研究所助理研究员方师师表示遵义丰富多样的红色文化资源可以帮助深化理解习近平新闻思想，上海媒体也能够帮助挖掘遵义的先进事迹。随着"国情调研（党性教育）基地"的正式签约和培训班的圆满完成，参加的学员们初步体会到了我国区域发展的各自特点和明显差别；他们纷纷表示：要以遵义会议精神为指引，坚定信念，实事求是，独立自主，敢闯新路，不断提升自身科研水平，结合上海与遵义未来发展的实际需要，为我院高端智库建设贡献力量，为新时代中华民族的伟大复兴而继续"长征"。

2017年以来上海社科院的文明创建工作，虽然在相关方面取得了一些令人可喜的成绩，但也确实面临着来自实际的挑战，需要加以破题。具体的挑战有：

1. 通过和科研人员的面对面交流,党建课题研究成果虽然出色,但发表有困难。

2. 随着时光的流失和老干部高龄化现实,老干部资源正在逐渐地萎缩,尽管倍感惋惜。

3. 理论学习存在轻浮轻率的问题,如一图读懂十九大、三分钟党课等,效果呢?

4. 功利化因素的社会存在及痼疾,使得阅读尤其是未成年人的阅读相当碎片化。

5. 娱乐化和形式主义在影响创建,尤其突出的是有挂牌无后续、有微信无互动。

这些挑战主要属于社会现象,是需要顶层设计破题的。下一步,我们打算是:

1. 深入学习习近平总书记人类命运共同体思想和"一带一路"倡议,研究中国文化的国际魅力和文化自信、文明互信的国际视野;抽样调研在沪留学生的对华新见识。

2. 深化理解上海市委关于"四大品牌"和城市未来竞争力的战略思维,结合2018年9月上海社科院建院60周年华诞的学术庆典,进一步明确国家高端智库的社会作用。

3. 继续编辑、完成年度性的《上海精神文明发展报告》,按惯例于10月底出版。

4. 在精神文明发展报告书出版基础上,按惯例稍后举行当年上海精神文明论坛。

5. 鉴于2018年为改革开放40周年的重要纪念节点,将根据中央最新精神和总书记重要讲话的指导性、宏观性意见,组织好对农村、对文化等工作的专题调研。

6. 根据以往实践经验和专家意见,课外活动是未成年人德育工作的有效舞台。我们将进一步推进和向阳小学、建襄小学、南模初中、徐汇中学等文明共建学校积极合作;在课外活动设计、红色基因传承、图书精选阅读等方面给予相关配合。

(作者单位:上海社会科学院)

总报告四
关于嘉定区基本公共文化服务标准化试点的调研报告

嘉定区文化广播影视管理局

嘉定区是上海历史文化名城,近年来,嘉定区公共文化服务发展日益完善,公共文化设施网络体系基本建立,公共文化服务品牌知名度和辐射面不断提升,人民群众的精神文化生活不断改善。作为上海市首个公共文化服务体系示范区,近两年,嘉定区在建设"覆盖城乡、便捷高效、保基本、促公平"的现代化公共文化服务体系上取得了不俗的成绩。

以标准提升品质,以标准引领文化,以标准打造服务。标准化试点工作开展以来,嘉定区文广局认真贯彻落实习近平、李克强同志有关标准化的重要论述精神,按照国家和上海市关于标准化工作的重大部署,坚持标准引领,积极开展标准化建设创新实践,率先成为全国公共文化服务标准化试点单位,圆满完成试点的各项任务,取得了初步成效,有力促进了公共文化服务的能效升级和创新发展。

一、坚持创新实践,构筑标准化建设的新局面

标准化试点工作开展以来,嘉定区面对人民群众日益增长的精神文化需求的新态势,以标准为引领,把标准化建设作为持续推进公共文化服务创新发展的重大举措,积极探索标准化建设创新途径,推动标准化建设全面发展。

1. 整体规划，确立标准化建设新机制

嘉定区各级领导高度重视标准化工作，把标准化建设作为长期性、基础性、创新性的战略任务抓紧抓实抓好，从整理上统筹布局，形成了标准化建设的新机制。

一是总体构想，明确标准化建设的工作目标。一方面将标准化工作确立为创建国家公共文化服务示范区及建立嘉定区现代公共文化服务体系的重点任务；另一方面，将标准化工作纳入近几年嘉定区工作要点以及年度工作考核指标，从顶层设计上明确了标准化建设的目标，确保了标准化工作的有力展开。

二是总体设计，形成有效的工作规划。在试点之初，嘉定区认真研究制定了标准化工作规划，形成《嘉定区公共文化服务标准化试点实施方案》，明确主要任务和时间节点，并按方案要求开展标准化建设，为标准化建设的持续推进提供了有力保障。

三是有序推进，逐步实现标准全覆盖。面对公共文化服务范围广泛、边界模糊的特点难点，我们采取了逐层推进的办法，先在区级及部分街镇级公共文化设施推行标准化，并逐步将标准推广至全部街镇和社区（村）的公共文化设施，通过分批推进逐步实现了标准在区、镇、村三级公共文化设施的全面覆盖，做到分阶段、分步骤、分主次地有序展开，确保标准化建设步步深入，精准发力。

2. 体系创新，建立标准化建设新局面

嘉定区文广局以发展创新为动力，把标准化建设作为提升公共文化服务质量的着力点，立足满足人民群众文化需求，全面形成适应公共文化服务现状和特点的服务标准体系、组织体系和实施体系。

一是建立GB/T24421服务标准体系。按照服务标准体系构建要求，坚持"实际、实用、实效"的原则，从标准的系统性、程序性、规范性、先进性着手，构建了服务标准化体系总体结构，以及通用基础标准、服务保障标准和服务提供标准3个子体系和19个子类，完成了体系内201项企业标准的编制与实施，逐步形成"科学合理、覆盖全面、重点突出"的嘉定区基本公共文化服务标准体系,满足日常管理和服务的需要。在体系构建过程中,一方面对区、镇、村三级公共文化设施原有的规章制度进行了彻底、系统的梳理,分批向标准转换;另一方面引入标准编制的"TCS"软件,提高了标准编制的效率和质量;同时将部分公共文化设施贯标的质量管理体系与服务标准体系进行整合,形成以服务标准体系为基础的贯标体系。

二是建立标准化组织体系。针对嘉定区公共文化服务外延广、涉及单位多、分布零散、层级不均衡等难点,积极推进全区性的组织体系建设。建立了以嘉定区基本公共文化服务标准化工作委员会为决策机构,标准化办公室为组织机构,以区、镇两级公共文化场馆标准化分室为办事机构的嘉定区基本公共文化标准化工作网络架构,形成了由主要领导挂帅、分管领导主抓,标准化工作机构归口管理、职能部门指挥协调、全员参与的标准化建设组织新体系。

三是建立了标准实施体系。为推进标准的全面实施,嘉定区根据公共文化服务实际,创建了由《企业标准化管理规定》《标准实施监督检查程序》和《标准化工作评价与改进程序》等组成的标准实施体系,将自上而下的监督检查和各单位、各职能部门的自我检查有效结合,确保了标准实施体系纵向到底和横向到边,覆盖嘉定区5家区级公共文化设施、12家街镇社区文化活动中心以及254家社区(村)综合文化活动室。对照国家、行业、地方标准和行业成功做法经验,开展标准体系的适应性、符合性、充分性比较,将相关规范要求及时转化为公共文化服务标准,目前纳入标准体系的国家标准共47项、行业标准7项、地方标准9项,形成标准体系与国家地方行业标准的良好衔接,满足公共文化服务发展的需求,以标准体系的全面发展提升公共文化服务水平。

3. 服务创新,建立标准化建设新途径

为适应公共文化服务的新发展,嘉定区文广局以提高服务品质、创新服务内容为理念,提高了对标准化"支撑、服务、推动"3个作用的认识,营造了重标准、用标准的良好氛围。

一是确立促进公共文化服务发展的创新理念,突出标准化建设的推动作用。面对公共文化服务转型发展的新形势、新任务、新要求,通过标准化建设,使服务内容和管理方式制度化、规范化、程序化,促进服务、管理以及

创新成果向"标准"转化，不断释放标准化工作的活力，显现标准化带动公共文化服务创新发展的能力，推动公共文化服务水平整体提升。

二是根据公共文化服务的新需求，积极创新公共文化服务新模式。围绕公共文化数字化、社会化等新的发展理念，一方面对嘉定区特色公共文化服务项目"文化嘉定云"开展深度研究，形成以"文化嘉定云"特色服务为核心的公共数字文化服务系列标准；另一方面，加快标准与公共文化社会化步伐相衔接，鼓励民非公共文化设施主动对接标准，形成《公共文化服务社会化购买管理规定》《我嘉书房运行管理规范》等相关标准。目前，首批纳入嘉定区PPP公共文化项目的"我嘉书房"已开展标准化管理。

二、抓好标准实施，形成标准化建设新常态

嘉定区公共文化服务体系，从内容上涵盖公共图书、群众文化、文博艺术、数字服务各方面；从层级上涉及三级四层400多个公共文化设施，数量多、范围广。为确保标准实施到位，嘉定区文广局在标准化建设过程中，通过实施机制、工作机制、激励机制等方法，始终将标准的实施运行放在标准化建设的首要位置。

1. 全面建立标准化实施机制

一是建立标准实施的人员机制。以《标准化管理规定》为基础，明确标准化工作委员会、标准化办公室及标准化分室的决策、组织、协调职责。由各单位主要负责人担任标准化分室主任，同时确定一名兼职标准化专员负责标准化工作的实施推进。在分工负责上，明确各单位、各部门的管理职能，明确各级各类管理人员的管理责任，明确各级标准化员的工作要求，逐级抓落实。

二是建立标准实施的工作机制。确定明确的标准化工作计划、工作检查制度、培训计划、标准实施评价和改进制度等，并使其成为工作常态。建立标准化室自上而下检查与各单位自我评价相结合的全方位监督检查制度，形成自我检查、定期检查、持续改进相结合的常态化标准实施工作机制。

三是建立完善的激励机制。将标准化工作考核与奖惩制度写入标准，

将各级公共文化设施的标准化工作纳入年度绩效考核体系,每年评出标准化工作优秀组织奖、优秀实施奖、优秀宣贯奖及标准化工作先进个人;制定《标准化工作评价与改进程序》,建立标准化工作考核指标19个;建立了标准化经费保障制度,制定《标准化经费管理规定》,设立标准化建设专项经费,每年投入55万元。此外,通过"嘉定区文化发展资金",对成绩优秀的各级公共文化设施标准化示范点予以奖励。各街镇文化部门也分别将标准化项目纳入财政预算予以保障。

2. 全面推进持续改进

一是日常改进。标准化室每月抽取基层单位实地检查,发现问题当场开具不合格报告,限时整改。各单位每月开展自我评价,发现问题记录在案,及时改进。坚持问题导向,针对检查中发现的问题,对解决问题进行跟踪,确保发现问题有人处理、及时纠正,纠正措施和纠正时间记录在案,并有单位主要负责人签字。建立标准化工作自我评价制度,外聘专家开展标准实施的评价,形成自我评价报告,并针对薄弱环节进行改进。

二是重点改进。嘉定区公共文化服务标准化试点于2017年5月通过市级验收后,针对专家提出的进一步梳理标准体系、整合完善体系标准、增加标准之间协调性等改进建议,我们制订了改进工作计划。2017年下半年,标准化办公室工作人员对区、镇、村三级公共文化设施开展了近30次走访调研,根据调研结果对各级公共文化设施的标准进行全面梳理,在标准体系上,根据GB/T24421服务标准体系构建要求,完善"嘉定区基本公共文化服务标准体系框架图",形成调整后的GB/T24421服务标准体系分类明细,按照"统一、协调、适用、一致、规范"的编制要求,新起草发布企业标准45篇,修订标准26篇,废止不适用标准2篇,确保标准体系覆盖更全面,适应不断发展的公共文化服务体系。

三、加强基础管理,形成标准化工作新方法

基础管理是决定工作质量的关键。我们不断加强标准化建设载体、丰

富形式，形成标准化常态管理模式，有效提升了标准化精细管理水平。

一是加强信息建设。充分依托信息化系统，建立公共数字文化服务等办公自动化工作流程，通过企业文档共享管理平台（KASS系统），实现区文广系统内各公共文化设施、公共文化部门的文件统一管理和协同分享，确保标准执行过程文件存档、文件签署及实施监管等操作的规范统一。

二是加强制度建设。制定《标准化工作管理规定》《企业标准编写规则》等标准，规范标准化工作。制定《嘉定区基本公共文化服务标准化（国家级）试点实施方案》规范标准。定期开展标准化工作会议，形成会议记录；规范台账管理，由标准化办公室定期收集各级公共文化设施的实施记录进行归档和检查。收集日常工作中的经验、成果，组织专业人员总结编写成标准，形成可复制、可推广的经验，为标准化建设工作奠定了扎实的基础。

三是加强培训管理。在培训形式上，通过"请进来，走出去"的方式，一方面邀请专家来嘉定，组织全员覆盖的标准化基础培训、专项培训、资质培训，另一方面，组织标准化工作人员到标准化先进工作单位进行参观和调研，学习先进经验。在培训内容上，组织机构及办事机构层面以标准基础理论、人员资格培训等为重点，组织标准化工作的基础性培训；公共文化设施层面以标准的学习、应用和操作为重点，确保各岗位工作人员认识标准、熟悉标准、按标准操作。目前，嘉定区文广局已有25人获得标准化上岗资格证书，基本适应标准化建设的需要。

四是加强宣贯管理。将标准宣贯作为标准有效实施的重要手段，让标准化工作落地有形、内化于心、固化于行。嘉定区开展了为期3年的"以标准化为引领的"构建现代公共文化服务体系行动，自上而下有力推动公共文化服务标准化工作进程。通过《嘉定文广简报》内刊、文化嘉定云微信公众号、公共文化设施电子宣传屏等媒体，广泛宣传标准化的工作经验及活动信息；编制《嘉定区基本公共文化服务标准读本》400册，发放至各单位组织学习；拍摄标准化建设相关宣传片，在各大公共文化场馆电子屏幕进行滚动播放；组织全系统开展专题培训，各单位利用职工大会、部门例会等场合深入宣贯标准，举办宣贯培训80多场，使"标准成为习惯、习惯符合标准"成为工作人员的价值理念，用标准确保公共文化服务水平达到新的高度。

四、凸显试点效应,实现标准化工作新超越

两年多来,标准化建设给嘉定区公共文化服务带来了全面和具有持久效应的变化,嘉定区公共文化服务面貌焕然一新。

1. 公共服务理念与服务品质全面提高

通过制定与执行嘉定区基本公共文化服务标准,将服务项目、服务条件、服务方式和服务评价均纳入标准化流程,基本实现了公共文化服务从经验管理向科学管理的转变,达到"四个实现":一是实现公开服务。服务对象可以从服务大厅公示栏、电子显示系统和触摸屏查询系统,随时了解服务人员、服务规程和服务要求。二是实现规范服务。包括实行首问负责制等规范要求,明确服务投诉处理、意见反馈等处理规程。三是实现文明服务。从服务人员的服务礼仪到工作流程,都提出了规范要求,并逐渐成为服务工作人员的自觉行动。四是实现安全服务。制定了公共文化设施突发事件应急处理标准,明确了服务过程中可能遇到的硬件故障、治安事件、灾害事故、服务对象突发疾病等突发事件的处置程序,并通过不定期演练增加标准使用的有效性。

据第三方机构"上海零点市场调查有限公司"对我区公共文化服务公众满意度的调研表明,2017年年底嘉定区公共文化服务满意率达96.57%,比2016年的95.81%和2015年的89.28%分别上升了0.76和7.29个百分点,有较大幅度提升,达到优秀水平。

2. 公共文化服务能级不断提升,公共文化资源形成品牌

2017年,嘉定区举办各类文化活动2.6万场次,参与者达215万人次,分别比前一年同期增长5%和7.5%。在年度相关评定中,各街镇综合性社区文化活动中心中,3个中心被评为示范性中心,一级中心4个;上海市街镇图书馆示范馆4个、优秀馆3个。在公共文化服务硬实力和软实力上都有了较大的提升。全区形成了一系列有影响力的公共文化服务品牌与亮点,如嘉

图讲座、爱赏嘉定·文化寻宝、嘉定百姓系列文化艺术节、安亭汽车城达人秀、江桥杯异乡风采才艺大赛等,满足了群众多层次、多样化的文化需求。

3. 公共文化产品创新能力不断提升

在阵地服务稳中有进的情况下,进一步加强文化创新工作,鼓励各单位及个人积极参与各项赛事评比,展现嘉定文化风采。2017年,全局共获得市级以上奖项112个,其中综合类21个,舞台类62个,平面类9个,广播电视类13个,其他奖项7个。

4. 推广经验,社会影响力得到提升

2016年12月,由嘉定区文广局承担的"基本公共文化服务标准化"项目,成为2016年上海市第一批社会管理和公共服务标准化科研项目之一;2017年11月,主要由嘉定区文广局起草的上海市地方标准《公共数字文化平台基本规范》通过上海市质量技术监督局的标准立项;2018年4月,由嘉定区文广局起草的《公共文化服务规范 公共图书》《综合性文化服务中心布局建设要求》和《社区(村)综合文化活动室服务及管理规范》三项标准,经嘉定区市场监督管理局批准,入选嘉定区区级标准,进一步扩大了公共文化服务标准的社会影响力。

五、坚持全面深化,明确标准化建设的新任务

在近两年的时间里,嘉定区已基本实现了标准化全面建立的建设目标,在未来的几年内,标准化建设面临的任务将更为艰巨和繁重。在体系建设上,我们将围绕公共文化服务设施标准全覆盖的要求,开展对民办公共文化设施的调研,尝试将其纳入标准化体系;在标准编制上,坚持"统一、协调、使用、一致、规范"原则,围绕实际实用实效的需求,强化标准制修订管理,整合优化标准体系,加强标准研发;在标准实施上,健全统分结合的责任机制、协同推进的运行机制、常态化管理的工作机制及自上而下和内部自查结合的检查机制,确保标准实施的常态化运行;在能力提升上,深入开展全员培训,

将全系统培训和各单位内部培训有机结合,将理论培训和实操培训有机结合,提升人员素质、标准研发、日常管理及对外服务等能力,培育标准化工程师。积极参与"上海市社会管理和公共服务标准化技术委员会"的工作,提高嘉定区公共文化服务在国际国内标准化工作中的影响力和辐射力。

总报告五
二百年祭：复旦大学留学生眼中的马克思与《资本论》

要 英

2018年5月5日，是无产阶级的革命导师卡尔·马克思诞辰200周年纪念日。这是一位影响世界历史进程的思想巨人，也深刻地影响着中国社会的发展以及中国对外文化交流的内容。尤其是在中国特色社会主义进入新时代之后，对马克思的认识也可以更加丰富。笔者所执教的复旦大学国际文化交流学院汉语言专业商务方向2015级本科生，通过阅读原著以及中央党校副校长王东京的《工人阶级的圣经》，走近马克思，并由此激发了他们对于资本主义与社会主义的再认识。这群风华正茂、活力四射的留学生，用汉语记录了自己的读后感。这些文字或灵动形象，或朴素自然，或深沉理性，立足于当今社会，穿越200年历史，从理论根源和现实社会出发，重新解读马克思的《资本论》，当然它们也是一份献给马克思的特殊生日礼物。以下就是部分同学的心得：

一、李旼禧（韩国）：到底需要什么主义呢？

马克思把资本主义的性质和生产方式仔细分析出来写在《资本论》这本书上。通过这本书，无产阶级和全人类收到解放途径的钥匙。资本主义使生产规模不断扩大而且生产日益社会化。另一方面，积累下来的资本都归于少数的大资本家。如此一来资本主义引起尖锐的矛盾。

我是大韩民国的国民。我们国家是资本主义国家。从前我以为资本主义是具有市场经济体制,非常自由的制度,然后社会主义是计划经济体制下僵硬的制度。可是通过这一单元,学到了每个制度都有各自的利与弊。

资本主义的核心就是商品。在商品社会,用货币来表现商品的价值,叫价格。衡量价值主要看劳动量,简单说是看劳动的时间和长短。劳动时间指生产某种商品所需的社会平均劳动时间。商品的价格受供求关系的影响。供不应求时,价格会提高,反之则下降。上述的劳动价值理论就是《资本论》的基石。

在资本主义社会,劳动者为了赚钱,他们给资本家干活,资本家雇佣工人,给他们钱。看起来好像公平,因为是普通的交换,可是用马克思的劳动价值理论来看的话,的确是有问题的。

劳动者又称工人,通过劳动已经创造出价值给资本家。资本家已经收到了应当的报酬。可是资本家用钱买下来了"劳动力量"。这是很特殊的能力,所以他们通过这些想获得剩余的价值。好像吸血的蚊子一样,资本家掠取劳动者的能力想创出更多价值。吸收方式很简单,延长劳动时间。他们得到剩余价值之后,不挥霍光,积累下来资本。这就是资本家赚钱的方法。

蚊子吸血液肚子会饱,可是人心不足蛇吞象。资本家为了创出更多利润,借助社会科学技术的发展。资本家依靠一天比一天发展的技术,自然而然对劳动力的需求渐渐减小。实际上,目前已出现无人超市、无人奶茶店等,随着日益提高的人工智能技术,对单纯劳动的需求减少。资本家利用机械来代替劳动力的话,出现了两个问题:一是失业率提高;二是资本家的投资收益率下降。资本家为了防止破产与倒闭,他们向更有钱的人借钱。这样分享自己的剩余价值,减少了剩余价值的来源。但这样的话,工人就没有地方可获取基本的生活来源。

分析资本主义生产方式,可知人分成两类,就是"资产阶级"和"无产阶级"。他们是互相对立的关系。究其根本,竟然是,资产阶级本身就是吸收工人阶级的血而长出来的一棵树木。所以无产阶级对待马克思的《资本论》像《圣经》一样尊贵。他们之间开始掀起共产主义的风潮。这风潮可真大,没人能阻挡得住,从而世界开始了"社会主义"新的时代。

劳动者与资本家之间的交换其实不公平。劳动者付出巨大劳动还是原地踏步,可是资本家越来越富有。在韩国经常出现这种现象。我觉得就是因为能劳动的人很多,而拿着资本做什么的人比靠劳动力的工人少得多,尽管资本家极其不正当地榨取劳动者的剩余价值,但劳动者还是给他们干活。马克思论述到,资本有一种能力,能够吞噬人。虽然没有深入学过社会主义的有关理论,我觉得资本主义不能实现完全公平。制度换成社会主义,人还是会向着财富奔跑。我觉得我们的社会要"拿来主义",要自由市场,也要社会主义的计划性和公平性。

二、金泰希(韩国):资本主义偷走了我们的梦想

《资本论》是马克思在当时资本主义盛行的英国执笔的著作。当时,英国是世界上最富有的国家。英国变成这么富裕国家的原因也是资本主义。如果普通人看到英国的样子来写书的话,也会陶醉于资本主义的华丽面貌。但是写《资本论》的马克思却写了相反的观点。他说,因为资本主义,很多人都会变穷,很多孩子在工厂工作,所以不能上学。他还说,人们逐渐失去自由,成了某个人的工具,为了他一直干活,失去了生命。他是不陷入资本主义外表的第一位经济学家。

马克思在分析资本主义时关注了商品。随着文明的发达,人们变成与商品无法分开的关系,他们认为只有创造更多的商品才会变得富有。这样的想法与我们重视经济增长相似。因为经济一旦增长,就可以在富裕的环境中生存下去。那么这种商品是怎么做成的呢?

其实这个问题很重要。因为在资本主义社会,商品是财富的象征,而且制作商品的原理跟怎么制造财富的原理差不多。在资本主义社会,所有的东西都变成了商品。

过去,人们不会花钱买饮用水。但是现在饮用水成了很普遍的商品。在我看来,这就是马克思所说的,资本主义社会会出现一切商品化的现象。在资本主义社会中,商品的价值是使用价值与交换价值结合出现的。饮用水有交换的价值,也有使用价值。但并不是说,有使用价值就能有交换价值、就能实现商品化。最具代表性的就是空气。我们没有空气就不能活下去,但是在袋子里装了空气,谁也不想买。因为没有交换价值。

所谓交换价值，马克思认为商品的交换价值取决于商品的"社会劳动时间"。没有人用1台MP3与1台电视交换。只有10台MP3才能与一台电视机交换。制造1台MP3，花费了1个小时。制作一台电视机花费了10个小时。不是劳动时间，而是社会劳动时间。这是因为初学者和熟练工人的劳动时间不同。就是说平均技术的水平。如果制造MP3的人多的话，那么市场就会被平均收取。在这个市场上交换的比例是这种劳动时间决定的。

用货币买商品，把商品再卖出去又变成钱。最终可以看出商人通过货币得到利润。这时候用的货币叫作资本。但是对于劳动者来说，这是一个问题。利用劳动者来生产物品的资本家有利润的时候，那个利润里存在"剩余价值"。剩余价值越多，利润就越多。剩余价值可分为两种，即绝对剩余价值和相对剩余价值。绝对剩余价值是增加劳动时间，保留劳动者的份额，生产剩余价值。相对来说，剩余价值是劳动时间不动，但缩减薪水的剩余价值。比如说，商品的价格要降低，给劳动者的工资也要降低。但是绝对的剩余价值对资本家有利，所以资本家更盘剥劳动者的劳动力。虽然，劳动者也想赚很多钱，但是资本家也要赚很多钱。所以只能互相争斗。劳动者和资本家为了自己要赚很多钱，生活在资本主义社会，为了金钱人们渡过很难的时间。

我读《资本论》以后，问自己，难道金钱越多才能幸福吗？

答案是，我还不知道怎样才能不受金钱的拘束而幸福地生活下去。

大人们常常问孩子的梦想，然后他们评价孩子们的梦想或者改变孩子们的梦想。大人们希望孩子们能够拥有一些在社会上得到尊敬的职业，这也可能与孩子们的想法无关。当然，有些孩子们也为了满足这样的期待，决定了自己的梦想。学习好的韩国孩子的梦想是成为赚钱最多的医生或律师之类的。不知道孩子们有没有想过，那样的职业会做什么样的工作？而且为什么我们为此活得这么辛苦呢？

我觉得梦想是引导自己人生的指南针。指南针只能告诉我要走的方向，不告诉终点。但在资本主义社会生活中，我们的梦想是到达终点，就是说有职业，以后要活下去的人生是平坦的，但是这是错误的指南针的使用方法。

想一想吧，有人想一辈子去旅行。另外一个人，可能喜欢写作，一生都愿意写文章。他们如果成为旅行者或者作家做自己喜欢的事情来挣钱,那当然不错,反正自己做自己想做的事情是重要的。问题是,在资本主义社会,人们并不这么想。普遍想的是,既然要干什么,就一定要赚钱。评价某人的梦想就是:能赚钱吗?可见,资本主义偷走了人们的梦想。斯密早在手工工业时期就发现了工厂内部分工对工人、对整个英国民族素质的毁坏,要求国家举办教育来提高工人的全面能力,消除分工造成的技能片面化带来的全面素质的下降。马克思希望未来的社会能使人们自由地调换工作,使人得到"自由而全面的发展"。

马克思写作《资本论》的出发点就是,让每一个人开始追逐梦想的人生,而不是开始没有梦想只有金钱的人生。马克思是一个热爱人类的伟大的人,他想要把被资本偷走的梦想还给人类。

三、斯维塔(俄罗斯):把世界搅得天翻地覆的一本书

2018年是卡尔·马克思诞辰200周年。马克思是科学共产主义的创始人,国际无产阶级的领军人物。他不仅是天才的思想家,也是不屈不挠的革命战士。他阐明了社会发展的规律,向人类指出了建设共产主义世界的道路。

《资本论》是卡尔·马克思最重要的著作,也是人类历史上最有影响力的哲学、社会科学、经济学著作之一。《资本论》首版出版于1867年9月14日的德国汉堡,那时候谁都没有想到这本发行量仅1 000册的哲学经济书会把世界搅得天翻地覆。1872年俄语版的《资本论》在沙皇俄国出版。那时,因为沙皇政府认为马克思的著作老百姓难以理解,所以《资本论》通过了相关机构的审核顺利出版。令政府官员没有想到的是,沙俄的老百姓十分努力地研究《资本论》,而这本著作在沙俄也成为革命运动和工人运动的催化剂。当沙俄政府醒悟的时候,《资本论》被禁止出版,连拥有它都成为犯法行为,而老百姓却开始更加努力研究这本书。19世纪俄罗斯的老百姓究竟在研究这本书里的什么呢?

《资本论》一共有4卷。在第一卷中,马克思分析的是剩余价值的生产问

题,在第二卷中,分析的是剩余价值的实现问题,在第三卷中,主要讨论的是剩余价值的分配问题,而第四卷则是关于剩余价值理论发展历史的研究。其实,马克思逝世后,他的朋友、德国哲学家恩格斯编辑出版了《资本论》的第二卷和第三卷,但恩格斯没有出版第四卷。

研究《资本论》之前,我们首先需要了解资本是什么。根据马克思主义政治经济学的观点,资本是一种可以带来剩余价值的价值,它在资本主义生产关系中是一个特定的政治经济范畴,它体现了资本家对雇佣工人的剥削关系。那雇佣工人、剩余价值以及剥削关系是什么意思?

马克思指出,在资本主义社会,雇佣工人是劳动者,他们给资本家干活,然后资本家向他们支付工资,换句话说,资本家购买工人的劳动力。每个工人都有劳动时间,他们的劳动时间分为两部分,一部分叫必要劳动时间,用来再生产工人的劳动力价值,另一部分叫剩余劳动时间,用来创造新的价值。所创造的新价值,就是剩余价值。而剩余价值是指剥削工人劳动所创造的价值和他们工资之间的差异。

那什么是"剥削"?剥削是人类主体之间交往过程中的不等价性。剥削可以分为两种:一种是"权力剥削",另外一种是马克思所阐述的"资本剥削"。资本剥削,即凭借对资本的占有而无偿地剥夺他人的劳动成果。也就是说,本来剩余价值是工人劳动的生产物品,但是资本家为了发财致富,便凭借对企业的所产权独占剩余价值,使得劳动者无法得到它。

另外,资本家的目的是赚更多的钱。为了达到这个目的,他们需要加强对工人的剥削,这样才能赚取更多的剩余价值,从而赚更多的钱。有两种加强剥削的方法:第一个叫绝对剩余价值的生产,是指强迫工人延长劳动时间,绝对地增加剩余劳动时间。另外一个叫相对剩余价值的生产,是指通过劳动的机械化,缩短工人的劳动时间,相对延长剩余劳动时间。假如相比两种方法,我认为,第二种方法对资本家来说比较好。比如,一个工人的剩余劳动时间是3个小时。一台设备的剩余劳动时间是6个小时。如果一个工厂的老板买5台大型设备(5台大型设备的剩余劳动时间就是30个小时),同时,他辞掉5位工人(工人的剩余劳动时间有15个小时),那就很明显,剩余劳动时间会增加两倍。所以资本家赚的钱也会增加。

了解剩余价值、剥削关系以及资本的意思之后,我们可以对《资本论》进行更深入的研究。可是马克思的《资本论》在现代世界是否具有现实意义?

从19世纪70年代到现在,整个世界和社会都发生了巨大的变化。但马克思《资本论》中很多理论对现代的哲学、经济学、社会学、政治学依旧具有重大意义。2008年的经济危机开始之后,越来越多人买《资本论》,并且很多有名的生意人向学经济的学生推荐好好研究《资本论》,在采访时,常常援引马克思《资本论》里的话。如今不仅在社会主义国家,而且在欧洲、亚洲、美洲的许多国家的各大出版社都仍在出版马克思的著作。所以马克思的《资本论》肯定是有现实意义的,也是值得研究的一本书。

四、黑琦美雪(日本):《资本论》的思想来源、影响及日本的解决方案

《资本论》于1867年9月14日在德国汉堡出版。该书是卡尔·马克思撰写的,也被工人阶级视为圣经之书。该书出版的年代,正好也是资本主义世界爆发经济危机的年代。在马克思写作《资本论》之前,他说过"在洪水发生之前,要把问题搞清楚",可见马克思已经料到了资本主义的经济危机。

马克思创作《资本论》之前,有两位伟大的经济学家的理论给马克思的剩余价值论做了铺垫。首先,《国富论》的作者亚当·斯密在他提出的劳动价值论指出"商品的价值取决于劳动"。也指出,在资本的积累和土地私有化之后,利润和地租也是决定商品价值的一部分。其次,《政治经济学及赋税原理》的作者大卫·李嘉图也同样提出了劳动价值论,但他的理论没有完全支持亚当·斯密的劳动价值论。大卫·李嘉图认为资本的架构会影响商品的价值。马克思继承了亚当·斯密和大卫·李嘉图理论的科学成分,在劳动价值论的基础上提出了剩余价值论。

《资本论》主要讲述了劳动价值论是科学体系的重要组成部分,同时剩余价值是资本主义生产的唯一的目的和动机。在上述提到的时代背景中出现的问题在《资本论》中给出了答案。上述提到的理论背景成了《资本论》的主要基石。马克思提到,商品是经济的细胞。商品的价值主要分为两部分,一个是使用价值,另一个是交换价值。马克思认为,该价值主要是由劳动的

时间长短来决定的。但是按照这个说法,为什么会出现资本家越来越富有,劳动者越来越贫困呢?马克思补充说明了这一点。他指出,资本家购买的并不是劳动者的劳动,而是劳动者的劳动力。它的使用价值在于它的创造价值,并且它的创造价值远大于它自身的价值。同时,在马克思的理论中,雇佣价格(劳动力)被视为可变资本,原材料被视为不变资本。因此,商品价格减去雇佣价格与原材料价格之和等于剩余价值,该剩余价值也就是资本家的净利润。那么资本家会为了得到更多的剩余价值,会在雇佣价值上做手脚,如延长劳动者的劳动时长,不付劳动者延长劳动时间的费用等。如此一来,也就形成了资本主义越发展,生产规模越是不断扩大,生产日益社会化;在资本积累的过程中,生产资料逐渐集中到少数的大资本家手中。

《资本论》中提到,资本的最大问题在于贫富差距导致无产阶级联合起来抗议,发生起义。在上述也提到,资本家会为了扩大他们的剩余价值,延长劳动者的劳动时间,这将会导致劳动者无法接受平等的教育,那么劳动者越来越难获得教育的机会,导致劳动者更加缺少文化。而资本家就更容易利用劳动者。这一连串的循环导致资本家与无产阶级间产生了更大的差距。我们怎么去解决这一问题呢,现在的很多资本主义国家采取从资本家手中收取税收的方式来平衡资本家与无产阶级之间的差距。目前据我所知现在的日本也采取该方式,超过收入1 000万日元以上的年收入的资本家要被收取50%的税收。

五、知久晓广(日本):融合社会主义制度和市场经济为一体的是中国

1867年9月14日,一部巨著《资本论》问世,该著作对"资本主义生产方式的运动规律""无产阶级和全人类解放的途径"给出答案的同时,成为工人阶级的"圣经"。读完《资本论》之后人们不得不想起一部巨著——1776年亚当·斯密的《国富论》。斯密认为一国经济不应该让政府去干预,应该听任市场调节来得有效。《国富论》从面世至今,已经有两百多年的历史,斯密提出的"看不见的手"成为后世发展的指路灯。但《资本论》告诉人们,这个资

本主义经济使资本家想要得到更多的财富，他们取得剩余价值之后，保留一部分资本，进行扩大再生产，这样下去资本家为了一己之利，不知不觉地产生了生产过剩、工人失业、资本家破产等副作用。于是，马克思在《资本论》中提到了资本主义经济的危险。那时候，有很多国家经济萧条，有很多失业者。

为了解决社会差距和市场的寡头垄断问题，在世界各国，很多国家按照马克思主义理论建立了社会主义国家，比如，列宁搞一场革命而建立"社会主义"的苏联，毛泽东建立"社会主义"的中华人民共和国，他们坚定信仰马克思主义，都认为市场自由化不是很好的经济体制，应该采用计划经济，人民才能过上每天都能吃饱的日子。

现在的中国，具有公有制占经济主体的"社会主义制度"和"市场经济"这两个优势，虽然现在有一些贫富差距等问题，但相信中国能利用这两个因素的长处，使人民过上美好幸福生活。

六、王爱雯（泰国）：给迷茫的无资产阶级答案的书

1867年9月14日在德国汉堡出版的《资本论》，是卡尔·马克思编写的书。编写这本书的时代背景正好是资本主义世界爆发了经济危机的年代。

当时很迷茫、不知道之后该往哪里发展的老百姓，在这本书能找到了答案，因而被称为工人阶级的《圣经》。《资本论》主要提到的内容是"资本主义"。资本主义英文是 *Capitalism*，是资本属于个人所拥有的经济制度，以私有制为基础。马克思从资本主义的经济细胞开始研究，商品是经济细胞，也把商品的价值分成两种，一是有用性或者叫使用价值，二是交换价值。马克思认为工人的劳动创造了商品的使用价值，不同的商品具有不同的价值，想要衡量价值量就要看劳动时间的长短。劳动影响商品价值，商品价值影响商品价格，人们都用货币来表现商品的价值，这就是商品的价格。商品价格的波动总是围绕着商品的价值来进行。

如果说劳动者的劳动创造了商品的价值，他们的劳动就是商品的价格，那么为什么资本家会这么富有呢？马克思指出，资本家购买的并不是劳动

者的劳动,而是劳动者的劳动力。它的使用价值在于它能创造价值,并且它创造的价值远大于它自身的价值。马克思说,生产商品的原材料是不变资本,因为原材料不能自己增值,直接能转移到商品里,但劳动者的花销是可变资本,因为它们可以给资本家带来剩余价值。剩余价值和可变资本的比率就是剩余价值率。资本家想得到更多的剩余价值,他们往往会延长劳动时间或者继续加大劳动强度。

  资本家获得剩余价值后会分成两部分,一部分是会流动,另一部分是保留当作资本,进行扩大再生产,这个过程叫资本积累。随着社会的经济发展,市场竞争越来越激烈,科技越来越进步,资本家的投资比例会不断增加,为了获得更多的生产量,很多工作会选择机器来代替,需要的劳动力会减少,这种情况就会带来两个大问题:一是剩余价值率降低,资本家投资收益率也会下降;二是过剩的劳动人口的增加。因为市场上不仅有劳动者、消费者和资本家。资本家还可以分为产业资本家和商业资本家。这两种有什么区别呢?首先,产业资本家是指在商品生产领域按资本主义方式经营的资本家。工业、农业、交通运输业等生产部门的资本家都属于产业资本家。以上所说的资本家就是产业资本家。另外,产业资本家如果单独办事,没有人支援,只依靠自身积累来扩大生产,这是非常艰难的事情,所以才会有商业资本家出现。商业资本家的作用就是给产业资本家借贷营生。马克思通过对资本主义生产方式来分析,他表示资本主义社会可以分成两大阶级:资产阶级和无资产阶级。手里有货币的人成了资本家或者叫资产阶级。天天努力工作,用自己的劳动力来换钱是劳动者,就叫无资产阶级。

  对我而言,我觉得马克思在《资本论》中提出的资本主义利弊都有。它的好处就是商品生产会发展到极高的阶段,成为社会生产普遍的和统治的形式,劳动力变成了商品。但由于资本家生产的目的是创造利润,所以他们会用雇佣劳动的方式剥削工人阶级,导致资本家越来越富有,而劳动者越来越贫困。因为资本主义是以私营经济为主,市场竞争或者价格竞争都由市场自己来控制,没有政府干预或者政府干预很少。我认为资本主义面临的问题有两个:一是资本主义存续期间会发生经济危机;二是无产阶级会一直反抗。由于是市场控制商品的价格,商品价格的波动很难预计,政府不能出控制商品价格的政策,所以如果哪些商品的价格过度提升就很难控制。

另外,资本主义社会会出现资本家越来越富有,劳动者一直很贫困,天天要努力工作,一休息就没有收入,没有钱可花。这会导致社会差距太大。对于无产阶级来说,是不可接受的事情。

七、李哉勋(韩国):被铭记的马克思到底说了什么?

1818年在德国出生的伟大人物马克思,他的学说对社会学、哲学、政治学、经济学等诸多学问都产生了极大的影响,也是在现代论文中被引用次数最多的一名学者。1867年9月14日,在德国汉堡马克思写出了他最重要的著作《资本论》。从此,历史揭开了新的篇章。

劳动价值说。古典学派的经济学家认为需求和供给决定某商品的价值,但马克思认为商品的价格不是由供给和需求决定的,而是以生产商品的"劳动量"来衡量商品的价值,不管什么商品,其商品是通过工人的劳动、资源和机器(道具以及技术)来生产而成的,根据马克思的主张,挖掘资源也需要人类的劳动有可能转化为劳动力,用劳动制造的原材料以及资源制造机械(工具),机器也可以用劳动取代,所以马克思认为,所有商品的价值是以生产商品时投入的劳动量来决定的,就是说看劳动时间的长短,即商品的"价值等于劳动"。通过提出这样的问题,马克思的《资本论》诞生了。

马克思从资本主义的经济细胞商品开始了他的探索征程。马克思主张所有商品具有两种价值。第一是使用价值,物品拥有的固有属性创造商品的价值,这价值一般是起到满足人类需求的作用。第二是交换价值,用劳动价值说赋予物品的交换价值。简单地说如果我有一瓶水,这水的使用价值就是给人们解渴,但这水的价值是非常主观和相对的,所有比起对已经喝过水的人,在沙漠里一整天没有喝过水的人,这水的使用价值就会增加,即用使用价值来衡量商品价值的话,有可能是又不客观又不合理。

但是当代的人没有意识到某个商品对不同的人会有不同的价值,人们的物物交换让马克思觉得非常奇怪,因而马克思认为所有的商品有"共同"和"客观"的标准,这就是"交换价值"。

人类从很久以前开始进行商品交易,马克思把交易简化为"商品—钱—

商品",卖商品挣钱,用挣来的钱买自己需要的商品,钱是商品和商品之间的交换媒介。马克思又介绍了另一种交易方式"钱—商品—钱",用钱来买商品后,再卖商品得到利润,为了卖给别人而获取利润,就是投资行为,钱不停地追求更多的钱,这交易的钱成为增加财富的手段,叫"资本",因此马克思认为在这一关系里的钱是不当的,失去交换价值的正当性。马克思从这关系里发现了资本主义的矛盾。工人给资本家的劳动力是"交换价值"的劳动力,资本家给工人的报酬是"使用价值"的,也就是资本家给工人的报酬应该是劳动总量要相等,但资本主义社会的资本家给工人的报酬不是交换价值的报酬,而是使用价值的报酬,所以"剩余价值"就生产出来,资本家就富裕了。

马克思是帮助工人实现社会主义社会的革命家,是科学分析资本主义社会的经济学学者。

(作者单位:复旦大学国际文化交流学院)

总报告六
让有历史底蕴的龙华和
魅力西岸的组合妙不可言

帅 影

为深入贯彻落实党的十九大和中央经济工作会议精神,按照习近平总书记关于加大营商环境改革力度的指示要求,全面贯彻落实(上海)市、(徐汇)区两级政府对优化区域营商环境的工作部署,结合徐汇滨江建设,龙华街道所辖区域,目前基本实现了以基础设施和公共环境建设为主的形态开发阶段向功能开发和产业发展并重阶段的转型。按照徐汇区"一体两翼"的营商服务新体制部署,龙华街道在2017年成立了优化营商环境工作办公室,全力打造更加优良的营商环境,全力推动新一轮改革开放,全力促进更好更快发展、惠及市民百姓。

为进一步凝聚共识、扩大社会影响、公开办事理念,2017年7月13日,徐汇区龙华街道党工委、办事处,上海徐汇滨江地区综合开发建设管理委员会办公室与上海西岸开发(集团)有限公司,共同主办了龙华街道优化营商环境工作推进大会。出席本次大会的嘉宾有:徐汇区副区长陈石燕女士、徐汇区发改委主任程伟、徐汇区商务委主任华欣、徐汇区龙华街道党工委书记顾莺女士、徐汇区市场监管局副局长毛洁女士、徐汇区税务局副局长王向阳、上海西岸开发(集团)有限公司党委书记兼董事长李忠辉、龙华商会会长(暨上海金馨拍卖有限公司董事长)刘建民、上海民航龙华机场党委书记王纪恩、浦银租赁财务总监李洁女士、沪杭铁路客运专线股份有限公司副总经理陈尚平、上海联影智慧医疗投资管理有限公司副总裁司京玉。参加会议的还有龙华街道班子成员、营商办成员单位领导及企业代表,并首先由龙华街道办事处主任戴礼浩介绍龙华街道优化营商环境工作方案。

一、龙华街道：从"九个一"着手推进营商环境工作

1. 按照全区统一部署，成立龙华街道优化营商环境领导小组。街道党工委书记顾莺，党工委副书记、办事处主任戴礼浩担任领导小组双组长。街道办事处副主任邹文矜、上海西岸开发（集团）有限公司副总经理干瑾共同担任副组长。领导小组成员单位由街道党政办公室、社区党建办公室、社区管理办公室、社区服务办公室、社区平安办公室、社区自治办公室、社区发展办公室、社区专项办公室、龙华派出所、徐汇交警三大队、滨江（龙华）市场监督管理所、税务局徐汇分局第四所、龙华城管中队、城管滨江执法队、龙华绿化和市容管理所、龙华住房保障和房屋管理所、龙华社区学校、社区卫生服务中心、滨江经济发展有限公司组成。领导小组下设龙华街道优化营商环境工作办公室（设立在社区专项办公室），办公室主任由街道办事处副主任邹文矜担任，副主任由社区专项办主任火金栋兼任。办公室下设联络部2人（主要职能为对接功能公司及楼管会等，整合社区资源），综合部1人（主要职能为办公室日常工作、信息报送、平台填报、电话接听、信访处理等），社会部2人（主要职能为日常证照办理、对接商会、企业的日常联系等）。

2. 打造一个综合信息数据平台。拓展"网格化+X"功能，依托网格化、信息化平台设立街道营商环境工作数据中心，整合街道范围内企业信息和资源，汇总公共服务和公共管理等的信息，统筹教育、卫生等各类资源信息，更好地为企业发展、人才安居提供服务。运用大数据分析，全方位对接企业需求，为优化营商环境新决策提供决策依据。全面增强企业发展的活力和区域经济发展的后劲。

3. 整合一网畅通诉求渠道。以"大调研"为契机，引入第三方评估问效，使企业"投诉有门、有求必应"，借助"12345"网格化管理平台公布辖区内企业服务热线以及街道营商工作体制内所有领导和部门电话。健全营商环境诉求和建议渠道，设置营商工作热线，形成企业通过正常渠道反映情况、解决问题、依法维护自身合法权益的常态长效机制。

4. 推出一本宣传手册。设计制作一本集龙华街道公共管理、公共服务、

公共平安、社区党建为一体的宣传手册。包括徐汇区优化营商环境改革的10个新行动、10个新变化、10个新体验举措,徐汇区服务企业相关政策,龙华街道资源菜单、服务网点、联系方式等服务企业的举措。深入宣传徐汇区优化营商环境以及龙华街道落实相关便民措施,使改革新举措尽人皆知,扩大企业、居民的知晓度。

5. 形成一批凝聚企业、服务企业的品牌。在党建联建引领下探索凝聚企业、服务企业的品牌工作案例。依托社会化组织延伸企业服务触角,探索为企业提供最有效最直接服务。发挥商会功能,引商、稳商、兴商,挖掘辖区内外省市地区商会会长单位企业资源,建立商会沙龙,定期开展活动,加强企业间交流合作,推动资源共享、融合发展。依托滨江商业楼宇资源探索"楼管会"制度,以党建为引领推广"楼管会"模式,为新企业引进、存量企业发展提供资源保障。搭建企业和社区协同发展的平台,依托"邻里汇"建设开设企业服务区域,结合"益加艺"、社区发展基金等平台,实现企业回馈社会的功能,使有意参与公益活动的企业更方便加入到公益活动中来,营造政府参与、企业发展、居民共享的共治环境。

6. 营造一个安全、干净、有序的城区环境。梳理各职能部门、基层站所行政执法项目及时间节点。统筹协调综合执法部门,确保提高执法效率,同时减少对企业的打扰。做好社区治理和生态环境的改善,打造优质宜居宜业的社会公共环境。同时由平安办牵头督促企业做好隐患排查治理,提高企业安全生产意识和管理水平。为企业提供劳资纠纷矛盾化解、法律咨询服务等,为企业发展保驾护航。推进标准化管理网格全覆盖,强化社会治安和风险防控,真正做到少打扰、严监管、多服务。为企业发展营造安全有序的城区环境。

7. 健全一套营商环境工作制度。建立"营商工作例会制度",每月定期召开营商工作例会,解决前段时间的营商工作难点和问题,推进下阶段工作开展。建立"营商工作联系企业走访制度",指派专人从企业设立开始跟踪联系,同时按照企业规模、行业划分,指定街道领导进行走访。关注企业运行动态和发展需求。建立企业联络员制度,实施"六必报六必应",加强企业动态信息管理,做到企业设立必报、企业重大投资必报、企业数据波动较大必报、企业困难必报、企业投诉必报、企业重大人事变动必报。根据上报内容街道将分级由相关领导进行回应协调处理。通过相关制度的建立,掌握企业常态化统计分析经济发展情况,优化公共载体配套服务,努力为企业解决实际问题,提升企业对区域的满意度和认同感。

8. 打造一支业务精湛、作风优良的营商干部队伍。街镇选优配强社区专项办工作力量,将业务素质突出、工作经验丰富的同志选拔任用到社区营商办岗位,增配若干名社会工作者,专人专岗专职负责优化营商环境具体工作。专职人员将通过在岗的学习,加强与西岸功能区的联络,力争成为为企业服务的全才。积极对接滨江,为"全程代办"提供有力保障。专人联系滨江,对其在代办过程中碰到的问题街道将第一时间联系相关委办局进行协调处理。保障其招商工作的顺利开展。建立健全激励和容错纠错机制,将干部在优化营商环境工作中的表现作为考核的重要依据,建设一支政治强、业务精、纪律严、作风正的干部梯队。

9. 强化一体化综合监督机制。优化营商环境工作要按照中央八项规定精神,由监察室全程加强内控管理,制定营商工作经费使用规定,规范经费使用以及投诉处理。街道将把营商工作考核纳入部门和个人年度考核中。全街道上下要进一步严明工作纪律,全力抓好机关作风建设,坚决做到依法行政、公开透明、诚实守信。坚决杜绝不作为、乱作为、慢作为等不良现象。特别是在服务窗口、办事大厅,更要强化纪律要求,增强服务意识,提高服务效能,切实把综合受理点和社区服务大厅打造成优化营商环境,提升政府的前沿阵地和重要窗口的形象。

戴礼浩还强调,"路漫漫其修远兮,吾将上下而求索",营商将是一项艰巨而又持久的工作,我们将从实际出发,解决企业所需,为企业的建设助力,共同推进社区的发展。他的讲话,引发了与会者共鸣,李忠辉先生就是其中的突出代表。

二、西岸担当:从优化营商环境到打响"四大品牌"

上海西岸开发(集团)有限公司党委书记兼董事长李忠辉先生在发言中指出:很高兴能够参加龙华街道优化营商环境推进大会。上海市已经把优化提升营商环境作为改革开放再出发的一项突破任务,区委、区政府也高度重视,年初专门制定了徐汇区着力打造卓越全球城市最优营商环境改革行动方案,展现出"刀刃向内"自我革命的决心和勇气。听了戴主任介绍的龙华街道优化营商环境工作方案,倍感振奋,也深感肩负使命的重大,徐汇滨江以建设全球城市卓越水岸为目标,当前已迈入到功能开发、产业招商、文化发展、城区管理全面提升的新阶段,从优化营商环境到打响"四大品牌",西岸要有自己的担当。他介绍了自己的想法:

1. 对标最高标准、最好水平,建设全球城市卓越水岸

作为上海市重点功能区、上海2035总体规划确立的高品质中央活动区,服务国家和上海战略,我们始终坚持"规划引领、文化先导、生态优先、科创主导"的理念,对标巴黎左岸、伦敦南岸等国际一流滨水区,努力将徐汇滨江地区打造成为全球城市卓越水岸。滨江开发历经10年磨砺,整体面貌已经焕然一新,围绕2020年决胜全面建成小康社会,通过近3年的努力,将重塑龙华地区的辉煌,我们已经做好了准备。一方面,建设世界级滨水开放空间,我们抓住世博和贯通工程契机,已建成总长约8.4公里"最透气"的亲水岸线、50万平方米滨水公共开放空间,并将继续向南延伸、向腹地拓展,形成网络,以最生态的基底构建令人向往的卓越水岸;另一方面,打造亚洲最大规模艺术区,加快实施"西岸文化走廊"品牌工程,我们引入龙美术馆、余德耀美术馆、西岸艺术中心等国际顶尖文化场馆,"美术馆大道"已初具雏形,同时举办西岸音乐节、艺博会、食尚节等系列品牌文化活动。至2020年,星美术馆、油罐艺术公园、西岸美术馆、上海梦中心剧场群落等20余座高品质公共文化设施将陆续建成开放,而其中大部分场馆将集中在龙华地区,届时单就上海梦中心区域将拥有6座核心剧院、可容纳近1万个观众座位。

2. 主动面向全球、面向未来,打造国际创新创意产业群

面向全球面向未来提升上海城市能级和核心竞争力,已成为当前上海发展十分重要的一个命题。李强书记多次强调"加快长三角一体化发展,辐射全国、影响全球"。聚焦科技创新、文化创意、创新金融三大核心产业,徐汇滨江加快西岸传媒港、西岸智慧谷、西岸金融城等核心商务区建设,构建

国际级创新创意产业群。至2020年,徐汇滨江地区将建成逾200万平方米商务楼宇,60万平方米商业配套将投入运营,主要集中在龙华地区,这里将从传统型居住社区向商、旅、文融合发展的国际化商务商贸区转变,努力成为上海参与全球竞争的"高端节点"、重要支撑。其中:西岸传媒港即将于年底"出功能、出形象",目前,梦中心、腾讯、湖南卫视等一批文化传媒行业领军企业总部大楼正在加速建设;以全球首栋西岸国际人工智能中心为旗舰的西岸智慧谷也将于"十三五"期间基本建成。2017年9月17日至20日,国家发改委、工信部等六部委和上海市政府举办2018世界人工智能大会·西岸峰会,主会场选址滨江(龙华)地区,抓住峰会契机,微软、小米、阿里巴巴等一批行业龙头企业创新中心正在选址洽谈,为上海打造国家人工智能高地集聚更多资源和功能。

3. 聚焦提升能级、精准服务,营造国际一流营商环境

提升企业对营商环境优化的获得感是我们追求的目标,在构建国际先进水平的营商环境方面要不断狠下功夫,争当最优营商环境的示范标杆。一方面,进一步完善营商环境优化的工作机制与体制。与街道营商办要密切配合、互相协作,以"四个共建"工作为抓手构建营商环境服务平台(党建联建交流沟通平台、功能区企业服务窗口、区域楼宇管理平台、西岸服务品牌),努力打造徐汇滨江地区优化营商环境的特色亮点。另一方面,强化服务打造良好的营商环境。结合大调研及时掌握企业发展需求,发挥功能区平台作用,整合国家双创示范基地的政策、教育、医疗、人才等配套资源,千方百计帮助解决好企业发展中遇到的难点、痛点、堵点问题,提升精准服务保障,当好服务企业的"店小二"。

2017年,通过存量楼宇腾笼换鸟、新增载体产业招商与优化营商环境相结合,积极推动产业链、价值链、创新链三链融合,争取实现产业、企业双落地。一是做好新增载体的产业招商(新增量)。与最好的平台合作,利用政府资源、高端商会、专业机构精准招商对接,通过产业链招商、联动招商、以商引商,加快核心产业集聚发展。二是推动传统楼宇招商的能级提升(老存量)。目前,徐汇滨江功能区共有7家产业园区,总建筑量约7.6万平方米,其中龙华街道占比近70%。针对存量楼宇,我们将积极推动传统楼宇招商

的能级提升,有效引导园区升级、企业升级,做好稳商工作。三是抓好优质存量的税收属地率(新存量)。针对部分项目两头在外、属地率低的情况,强化目标产业引导,积极推动产能升级,提升优质产业落地率。

李忠辉还强调:"营商环境没有最好,只有更好,优化提升永远在路上。这就要求我们在提升城市能级和核心竞争力上持续用力、久久为功。相信在区委、区政府的领导下,在街道营商办与功能区的共同努力下,在各企业的支持下,徐汇滨江地区将不断增强吸引力、创造力和竞争力,迈向全球城市卓越水岸!"

三、对标一流:充分主动地发扬店小二服务精神

龙华街道党工委书记顾莺女士认为:"街道启动'千年龙华、魅力西岸,共筑卓越营商环境'优化营商环境推进会,这是一个非常奇妙的组合,历史底蕴的龙华和魅力西岸的组合妙不可言。陈区长特地到现场对我们进行了指导,同时有很多委办局的领导也到了现场,我们也聆听了企业家代表的发言。"

她还感慨地说:"推进会是老友新朋汇聚一堂,虽然从2015年一号课题实施后,街道与企业的联系没有以前街道从事招商职能时候那么紧密,但是我们看到在座的还有很多我们的老朋友,而且我们也听到有很多新朋友也将到我们龙华地区来,所以我想:第一是老友新朋汇聚一堂;第二是商会楼管会交相辉映,这个也是我们龙华未来做好营商环境的两大载体;第三是又有航空又有铁路又有滨江西岸,龙华这个风水宝地又有了一个新的解释,那就是路路通,大家选择在龙华发展没有选择错;第四,随着一些人工智能领域和标杆企业的入驻,这个区域将会是情商高、颜值高、智商高的地区。关于今年市委提出的推进优化营商环境这项工作,包括前面区领导还有我们戴主任代表龙华街道发布的九项工作方案,我想我们今天在这里召开这样一个营商大会,也是向大家表明一个决心,做店小二我们是认真的,今天我的身份不仅是龙华街道党工委书记的身份,更是我们龙华街道的店小二的领班。"

很多企业家有自己的西岸梦,也显示了活力无穷的龙华社区形象。龙华街道辖区面积为6.13平方公里,除去华泾镇,在徐汇区12个街道里面面积是最大的。龙华的人口密度也是相对比较高的,街道现在下辖23个居民区,是一个传统的西南水陆交通门户和一个由城乡接合部逐步向中心城区渐进式转变的社区。顾莺书记认为:因为人杰所以地灵,现在龙华区域文化底蕴非常丰富,有红色文化、海派文化、传统文化,也有现代滨水文化的聚集。在辖区当中,大家可以体验到400多年历史的龙华庙会,以及百年兵工厂的一个珍贵的历史文化遗产。随着徐汇滨江的开发建设,规划当中的西岸文化走廊、西岸传媒港等逐渐地落地成型,融高端艺术品文化集聚区和精品文化体验区于一体的西岸文化走廊也逐渐地会成为龙华新地标。近年来,街道和上海京剧院、朵云轩集团、滨江城开中心、建设者之家等,孵化出了很多文化品牌,我们和上海京剧院打造了"国粹好邻居",与朵云轩集团推出了"艺朵云·益相邻",也正是这些区域单位的助力,使得龙华的文化名片越来越亮。未来的龙华发展前景也是非常喜人,预计到2019年年初新增商业面积15万平方米,整个传媒港将初现雏形,梦中心、人工智能中心将陆续投入运营,龙华地区也将从传统的以居住为主的社区向国际商务商贸区转变。

那么,作为街道来说,怎样落实好优化营商环境呢?顾莺书记概括为24个字,即作为街道层面而言,我们要做到"心中有数,手里有招,肩上有责";希望我们服务的对象,企业能够"找得到人,问得到话,办得成事"。

顾莺说,对于街道而言,要做到"心中有数"的话,大调研工作是一个很好的载体,在区领导的带领下,我们又开始和企业之间进行面对面,今后我们会形成一个机制。在前期走访的过程中,我想我们不仅仅是完成一个任务,我们从交换一张名片,从互相扫一扫微信添加朋友开始,接下来我们的关系会越来越密切,可能从原来不熟悉到熟悉,从熟悉到越来越亲密。当企业有好的发展的时候,我们非常希望你们有好消息愿意和我们分享。当企业遇到困难需要帮助的时候,我们希望你们想到求助和雪中送炭的是我们。当你们希望和企业有一些合作、有一些交流、有一些互动的时候,也会找到我们街道这个平台。所以,我想我们第一个要做到的是"心中有数"。我们和企业之间要保持一定联系,我们会反复地来,反复地跑,反复地征求意见,反复地解决问题。

顾莺还说,第二个,从街道层面来说,我们要"手里有招"。说得再好,关键还是要落在做上面。从街道层面来说,主要是建立一个向上向下的联络。一方面我们向上对接区政府、各委办局,会有些便利的条件。所以我们也会积极地争取资源,做好政策的宣传和传播,争取让我们辖区的企业能第一时间获得准确的政策资讯。向下的话,已经向大家发布了我们的营商手册,我们把我们所有的部门、执法力量、联系方法都公布给了大家,我们承诺即使将来人员有调整、岗位有变化,但是这个号码是不变的,我们24小时开通,给大家及时的反馈与答复。对内的话,我们将整合市场监管所、税务所、城管、绿化市容、交警、房办等,进一步对接好企业的诉求,通过整合力量、整合资源、整合优势,进一步深化"放管服",把经济管理权放到离市场最近的地方,全程解决企业开办和发展过程中遇到的问题,不断提升我们的服务能级。

第三个则是"肩上有责"。即街道主动跨前一步,以"踏石留印"的力度,积极探索服务优先、效率优先和创新优先的营商环境,让市场主体、服务对象提出意见建议,真正使"龙华品牌"特色更特、亮点更亮,以形成强大的"引力场",吸引更多的优质企业和人才在龙华汇聚。

顾莺说,推进优化营商环境,除了九大举措,还要从以下三方面进行努力:

一是始终坚持党建引领,以区域化党建平台全面对接企业需求。区域化党建是徐汇区党建的一大品牌,我们的党建是没有边界的,我们的营商环境也会在我们党建的引领下积极地为营商环境的大局服务。通过区域化党建、通过"两新"党建的载体资源进行有效的资源整合。继续发挥好区域化党建龙华分会的作用,结合楼宇党建,结合滨江党建服务点的布局,集中抓好我们"两新"党建的建设,搭建楼宇党建平台来推动合作共享。

二是坚持一盘棋思想。结合街道的年度工作,营商环境有两个层面:一个是视觉层面,当大家经过我们龙华的时候,不仅能感受滨江的美妙,龙华在市容、精细化管理方面要再上一个台阶;另外一个是大家内心的感受和满意度,我们在精细化管理中提出了10个方面的任务,一共涉及34项具体的工作,希望人工智能人脸识别等高科技在城区管理运行,在安全有序运行中能够为我们提供智力支持和支撑。

三是我们也紧紧围绕中国国际进口博览会的契机,尤其是9月份全球人工智能峰会的召开,寻求合作的机遇,全力做好辖区的保障和服务工作,深入细致地推进环境优化等各项任务,充分展现好滨水生态艺术人文的龙华特色。

顾莺最后表示:中共中央政治局委员、上海市委书记李强同志对于营商环境有很高的要求,讲到优化营商环境就是解放生产力、提高竞争力,要破障碍、去烦苛、筑坦途,为市场主体添活力,为人民群众增便利。已经推出的上海扩大开放100条,也对优化营商环境提出了更丰富的要求。而"龙华街道在区委、区政府的统一领导下,将持续发扬改革创新精神,锐意进取,攻坚克难。街道将坚持把优化营商环境摆在突出位置,充分发挥属地的综合管理优势,集聚资源,全力抓好作风建设,从监管服务上突破,用新思路破解新难题,用新担当实现新作为。我们希望听到越来越多企业的好消息,我们也愿意与大家分享,助力企业的发展"。

(作者单位:徐汇区龙华街道办事处)

城区活力篇

色彩的梦想：立邦中国的城市印痕

王泠一

建筑大师们的实践告诉我们：色彩是城市气质和人文历史的重要代表，优美而独特的城市色彩，会让市民感到骄傲与自豪，更让外来者念念不忘。如巴黎优雅的米色调、罗马庄严的红褐色、希腊小镇飘逸空灵的白色调，都是造访者心中最美的记忆之一。这些色彩，就像音符一样凝聚在城市森林里；这些色彩，无疑都是漆的衍生品。假如我们赋予它们生命，那么，这色彩就是漆与生俱来的梦想。

一、印象：立邦漆，处处放光彩

立邦中国隶属于新加坡的立时集团，立邦的命名来自立时集团创办人吴清亮先生。在中国改革开放总设计师邓小平和新加坡立国领导人李光耀的共同推动下，1990年，中国与新加坡建立大使级外交关系。1992年，带着创始人吴清亮先生"漆彩生活魅力"的信仰，立邦作为第一家外资申请独资的企业来到中国，开启在中国的品牌与色彩之旅。"立邦"的命名即意为"建立邦交"，寓意开启中国与立邦的美好友谊。它也见证了中国涂料工业的蓬勃发展以及中国改革开放20多年经济与社会的飞跃成长，目前，立邦已成长发展为中国涂料行业的领军品牌。

立邦在进入中国的20多年里，一直以美化和保护人们的生活为己任，不断创造出品质优越的产品，让美丽的色彩足迹遍及中国的每一个角落。立邦业务范围广泛，涉及多个领域，其中的建筑涂料、汽车涂料、一般工业涂料、建材涂料、防护涂料、粉末涂料等更是在行业里名列前茅。立邦，参与了中国城市的巨变以及容颜的变幻。上海世博会场馆、奥运会重点场馆、广州亚运会场馆、中央电视台新台址等,它们的表面无不在立邦涂料的保护下熠熠生辉。立邦丰富了人们日益美好的生活,越来越受到人们的瞩目和信赖。2017年,立邦中国取得173亿元销售额,2位数增长,截至2017年,立邦在中国有41家公司,8 576名员工。

二、打造全方位涂装服务商

立邦在中国走出了靓丽的品牌之路。如早在1998年,提出"立邦漆,处处放光彩"的品牌主张,用立邦的产品为中国涂刷上亮丽的色彩,带给消费者美丽的家园。2007年又提出"我的灵感,我的立邦"品牌主张,即应对消费者需求的提升,让品牌年轻化、时尚化;同时,用色彩启发消费者对于室内装修的灵感和渴望。2011年则提出"立邦,为你刷新生活"的品牌主张,宣示立邦不再只是销售单一涂料,而是为消费者打造美丽的家提供一个新生活的开始。

近年,立邦中国启动品牌升级计划,宣告从单一的涂料制造商向"全方位涂装服务商"迈进,致力于推动创新技术的研发、多元产品的拓展,让中国消费者和客户在涂料功能、涂刷效果和环保、服务等方面有更大的选择。2015年,立邦在行业中首次提出"全程无胶水涂装体系",从里层到面层整合加固、防护、平整、护色四大涂装过程,并全程采用优质环保产品及涂刷工具,同一品牌相互配套兼容,充分考虑涂刷的系统性,让墙面更耐久。2016年,立邦率先采用空气卫士技术,携手"小王子"打造环保最高标准的儿童漆,涂装后室内空气质量通过了国内外严苛检测。让"看不见"变得更安全,在带来幸福感的同时更为家庭的安全保驾护航。这一全层涂装体系不仅打造了涂装环保新高度,更将带动整个涂装行业环保标准和技术体系的进一步升级。换言之,立邦不仅深耕于技术创新,更通过不断感知消费者内心需求,持续为消费者带来更完善的服务体验。

探索无穷期,服务需突破。早在2011年,立邦就率先推出了刷新服务,提出"不用您动手"的核心理念,真正实现了从销售涂料到服务涂装的跨越。

作为立邦的品牌象征,"立邦刷新服务"让品牌从涂料制造商转型为涂料行业的全方位涂装服务商,从单一销售涂料到服务涂装的转型服务道路上,充分发挥其"服务效应",在持续深化的全方位涂装服务商形象中,把消费者与品牌主张紧密相连。截至2017年年底,立邦刷新服务已在100个城市开通,为超过30万家庭刷新。

三、持续承担企业社会责任

立邦在中国市场发展壮大的同时,不忘承担企业社会责任,始终怀揣"践行责任回报社会"的态度,积极投身于公益事业中。2010年,立邦中国启动以"立邦,永续大地精'彩'"(ECOLOR)为核心精神的企业社会责任计划,将"ECO(绿色、生态)"和"COLOR(色彩)"相结合,即以自然、经济、责任三大循环为使命,宣示全力开发低碳环保涂料,并将全面落实员工关怀、1+3计划、为爱上色、绿色行动和社区关怀五大企业社会责任项目。这些设计,充分反映了企业的特征。

其中,始于2009年的立邦"为爱上色"(Color, Way of Love)公益项目作为立邦CSR最主要的项目之一,致力于为中国偏远地区的学校美化、修复和改善校园环境。至2017年,"为爱上色"项目已覆盖中国百余个城市、乡镇,完成超过296所美化校园工程;创办274所快乐美术教室;并获得40余家企业团体联名支持;3 000余名教师与学生志工参与;且让8.8万名偏远地区的学童获益。为进一步深化与升级项目,立邦于2016年启动"为爱上色"艺术+,以开展学校墙绘和城市彩绘两大行动。至2017年,立邦"为爱上色"艺术+项目成功落幕,共完成了14所学校以及15面城市墙画彩绘。来自全球的知名艺术家以及设计师,在中国以当地文化关怀为基础,以"儿童关怀及动物保护"为主题进行墙画彩绘,将艺术和色彩融入当地文化,为农村及城市创造了独特的艺术人文风景。上海、北京、安徽、湖南、湖北、浙江、江西、四川、内蒙古、云南、青海……无疑,"为爱上色"艺术+的足迹遍布中国,为世界带去爱、色彩与欢乐。

值得指出的是:2017年,立邦中国加入团中央学校部"中国大学生社会实践知行促进计划",结合"一带一路"倡议和"精准扶贫"国家战略,开展"立邦'为爱上色'中国大学生农村支教奖"项目,组织国内57所高校共102支大学生团队开展社会实践。首届支教奖项目深入中国29个省份104个城市中的100余个村镇,开展累计2 426天的社会实践,完成17 296课时的支教课程,共计影响了3 964 708人。同时,大学生团队开展传统村落建筑与文化遗产调研,深入全国100余个村镇,并针对102栋典型建筑开展了详细调研,实地走访和调研中国传统村落建筑及文化遗产现状,为现行传统村落保护工作提供一手资料,并提出了百多份经济发展方案,力图助力精准扶贫,以期打造村落经济发展新引擎。

四、"在线刷新"展望"无限可能"

回首2017,谁都不难发现机遇与挑战并存。而面对这一年行业环境的"大浪淘沙",立邦中国在整体销售上依然保持了两位数的增长。为此,立时集团主席黄守金在2018年的新年寄语中表示:"我要感谢所有立邦人的付出与努力!"

他强调了在线的概念:因为,在2017年年末,立邦的刷新NPS(Net Promoter Score)调研和员工敬业度调查结果纷纷出炉。无论是NPS调研还是员工敬业度调查,都是对于"人"的评价效果的客观体现。关于"人"的评价,当今社会在时间的洪流和言论自由的泥沙中形成了一个透明化的"在线评判标准平台"。目前,整个社会都进入了Online的世界。透过Online的窗口,能够瞬间捕捉你的"好不好""对不对""赞不赞"。换言之,一旦所有的生产、销售与服务联结上线,便开启了企业无限新生的可能性。作为21世纪告别过去最重要的时代线,Online给了我们一个思考:通过内部文化的建设,构建外部大环境的同频共振,实现"在线刷新",最快速、最及时地与信息联结是当下"获赞"的重要前提。

黄守金主席在寄语中这样指出:自2012年推出"为赞而战"的企业文化以来,立邦始终坚持把"赞文化"作为衡量员工与客户满意度的一个指标。在年末的各项数据输出里,都记载着我们"为赞而战"中的凝心聚力与开拓创新。这一场"满载而归"的"赞战役"中不仅充满了收获与感动,更饱含着未来无限的成长进步空间。在过去的一年里,立邦频频获奖,在推动行业标准化建设过程中的不懈努力一次次地获得业界肯定。此外,我们还和众多行业伙伴展开战略合作,收获了合作伙伴的信赖与认可。从中,我们看到了Online"唯快不破"的"刷新"力量,Online能在第一时间"快狠准"地反映客户的满意度和喜好度,更能在第一时间帮助改善我们的不足,调整我们的前进步调,以找到最快速的解决方案。

他还表示:2018年已经来临,希望进一步建立健全立邦内部文化机制,修复各个"程序Bug",对员工最快速地实现"在线刷新",第一时间找出症结所在,突破当下,以此取得飞快的成长与进步。随即,他发起"在线刷新、无限可能"的美好展望——让我们一同在强大的Online世界里,建立与客户、员工的紧密联结,通过大数据时代的分析与剖析,达到自省与完善,收获"赞文化"的升华。

五、砥砺前行助力精益成长

2018年年初,立邦中国区总裁钟中林在新年贺词中也感慨不已。他说:"回顾2017年,除了预期的市场竞争压力外,涂料原材料价格的持续上涨、环保政策对工作计划的影响都成为我们的重大挑战。但是,我们有理由相信,正是在2017年足够努力的调整,才使得我们这一年表现得更好。感谢立邦中国的全体员工。"

他坦率地指出:"面对新的环保政策和严格的执行力度,我们决定在全中国范围内努力符合政策要求,并着手在中国铺设新的生产足迹。提高生产力,为全体员工提供更安全、更舒适的工作环境。随着市场需求的变化,我们的产品和技术也在快速转型。立邦中国IU事业群完成了组织结构重组,在独立的生产供应链、研发和技术的支持下,组建汽车漆事业部和工业涂料事业部。客户关注和技术投资将是未来几年的关键。2017,我们欢迎鑫展旺的同事们加入立邦中国,以扩大我们巴士业务的市场份额。感谢所有的中国IU员工拥抱改变,应对挑战。"

值得铭记的是：2017年，立邦中国TU事业群的服务创新和相邻业务领域的增长非常强劲，并且持续大力地推进刷新服务。这一服务项目，目前在全中国已覆盖93个城市，服务近30万户家庭。钟中林总裁认为：通过近万名的立邦专业刷新人员及相关立邦经销商的努力，更深化了立邦在刷新服务的品牌声誉。长润发的加入使立邦中国进入了家具漆业务。此外，立邦中国也通过与电商平台京东的全方位战略合作，进一步打开涂料行业"互联网＋"蓝海，持续向"全方位涂装服务商"的目标大步迈进。他感谢立邦中国TU员工在2017年里取得的成就。

钟中林总裁还指出：2017年，在行业内砥砺前行的同时，我们也没有放缓履行企业社会责任的脚步。"为爱上色"继续为立邦品牌注入爱与能量，并继续为中国农村的许多学童带来希望与欢乐。"为爱上色"艺术＋经过2年发展，已成为"公益美学"的践行者和带头人；"社区关怀"项目也继续发挥立邦独特的资源优势，参与到临终关怀服务、助残志愿服务、城市贫困老人服务等一个个充满人文感动的公益项目中，将关怀对象覆盖更多群体。今后将邀请更多立邦员工来参与。

关于未来的一年，钟中林总裁认为："毫无疑问，2018年将会带来一系列新的挑战。中国共产党十九大的圆满成功，经济发展蓝图的制定，也会带来许多新机遇。进入2018年，我们将带着市场领军人的信心进入更多领域，进入正在转型和发展的中国市场。我们的口号是长驱占优。但是，我们不能固步自封。我邀请所有立邦人携手同行，时刻铭记我们'精益成长'的企业文化核心理念。衷心祝福所有的立邦人和你们的家人，新年快乐。2018将是更好的一年，祝大家好运！"

六、魔都：重审城市色彩魅力

2018年6月，在上海市委、市府召开的《上海市城市总体规划（2017—2035年）》实施动员大会上，中共上海市委书记李强指出：要坚持以规划为引领，进一步坚定追求卓越的发展取向，面向全球、面向未来抓好规划实施，牢牢把握高质量发展和高品质生活这两大落脚点，在规划的细化落实上下更大功夫,努力建设卓越的全球城市和具有世界影响力的社会主义现代化国际大都市。会议同时强调,上海的特色不仅体现在浦江两岸的摩天大楼上,更体现在十里洋场、万国建筑上,体现在梧桐树下的小洋房、里弄小巷的石库门,要结合城市有机更新,在精细化管理上下绣花功夫,使城市更有序、更安全、更干净、更有温度。要加强城市设计,重视城市色彩,让城市少一些钢筋水泥色调,多一些温暖、时尚和富有吸引力的色调。要着眼整体协调性,补齐影响发展质量和整体水平的短板。

李强书记还在多个场合强调,上海的发展要对标世界一流水平。在城市的色彩上,科学家告诉我们这样的真理:人们在观察物体时,最初的20秒中色彩感觉占到了80%。诗人们也公认:我们目睹高天红霞,虽不知如何言表,心却已为其深深触动。而民间对人的相貌"一白遮百丑"之说,也自有其朴素的道理。同样的道理,色彩也自然是城市竞争力的重要一环。所以,著名建筑师沙里宁曾这样说:"让我看看你的城市,我就能说出这个城市的居民在文化上追求的是什么。"

在作家们的记忆中:巴黎是一道卓越的风景,云卷云舒的天空下,灰色屋顶和深浅米色系的建筑营造了挥之不去的美和优雅,有让人安静下来的力量。有人曾将雨雾蒙蒙中的巴黎比喻为一位"流泪的优雅美人",真是十分贴切。威尼斯的色彩则是会说话的,那带着闪烁感的暖色系,不仅来自阳光、水面,也来自建筑以及墙面上镶贴的小金块。作为历史悠久的世界名港,财富和繁荣曾是她的荣耀,在场的色彩,向每一位造访者讲述着那不在场的、却无处不在的悠远故事。挪威小镇朗伊尔便是个借助色彩"点石成金"的典型案例——它本是一座以开采煤矿为主业的小城,建筑单调沉闷,矿业式微后城市加速败落。20世纪80年代,这个小城在逆境中进行了全方位的色彩改造。没想到,这次建筑色彩的改头换面竟使其魅力大增,并摇身一变为北极圈中一个重要的旅游景点,焕发了新生。年轻的美国也用色彩塑造不同城市的个性,彰显其强大的软实力——华盛顿的灰白色调创造了首都的明朗大气,暗色系的芝加哥则应和了其金融之都的高冷气质。

当然,也有深刻教训。如20世纪60年代,快速发展的东京便曾遭遇"色彩骚动"事件——当年为迎接奥运会的举办,东京到处大兴土木,在建筑上大量使用了强烈的饱和色或对比色。很快,令人眼花缭乱的建筑立面、玻璃幕墙,五颜六色的公交车以及闪烁不断的霓虹广告让诸多市民感到难以忍受,出现了眼睛酸痛、头晕目眩、心绪烦躁等症状。风吹雨打后,外墙褪色,市容越发污秽杂乱。面对来自各方的严厉批评,东京都政府不得不开始纠错,并在1972年完成了《东京色彩调查报告》,随后,立川、川崎、大阪、京都等城市陆续进行了色彩规划。

七、曹家渡:色彩的别样乡愁

而对于今天的上海来说,城市色彩已经逐渐成为绕不过去的问题。在高速发展的新时代,居民们也开始对生活环境以及社区的色彩匹配提出了更多的主观要求。立邦金牌服务商、上海虹铭建筑装饰工程有限公司总经理范建辉告诉笔者:

他办公区域所在地,原来时有垃圾堆放的小区外墙,摇身一变成了一幅幅美丽"画轴"。这是2018年暑期,曹家渡街道在叶庆、美联、长春、均泰、万航、玉兰村等居民区完成了七处彩绘墙建设。街道方面表示,经过两年来的"美丽家园"建设,社区环境焕然一新,此次彩绘墙的绘制,是对"美丽家园""美丽街区"建设的进一步深化,提升居民的获得感和满意度。他了解到,曹家渡街道去年在高荣小区率先绘制了"睦邻爱心墙",得到了社区居民的一致好评,通过将学生作品和居民公约上墙,让小区居民自觉遵守文明守则,让原先杂乱无章的墙体周围变得井然有序,美化小区环境的同时又使居民的自治意识提升了一个台阶。

2018年,街道经过初期的筛选和规划,最终选定了6个社区7处墙面。社区共建单位立邦刷新服务上海虹铭公司负责此次施工,在现场作画的画师基本都是来自美院的毕业生,他们根据设计图纸再结合小区环境的实际情况,几人通力合作完成一幅又一幅养眼的彩绘墙。据画师介绍,每处彩绘墙的内容其实都各不相同,他们是根据小区周边环境结合居民的切身要求以及美学感受,最终确定绘画风格。同时,正值暑假期间,居民区的孩子们也会被热情邀请观摩,并加入到彩绘墙的制作过程,在画师对墙面整体布局后,开辟出一块区域让孩子们自由发挥,上色彩、画动物、画人物,通过亲手绘制彩绘墙让他们体会其中的无限乐趣。

　　笔者随后去现场调研时看到：康定路 223 弄小区外墙原本的部分墙体已经发黑发臭，此番绘制了以海滩为主题的彩绘墙，让居民们感叹社区"颜值"一下提升了不少。而余姚路的一处小区居民以老年人为主，所以在彩绘墙上画上了丹顶鹤、荷花，每当老人走过彩绘墙时都会心情开朗。另外康定路上的彩绘墙，绘画的内容贴近上海本地特色，儿时玩过的里弄游戏，路边的咖啡屋、石库门的红色砖墙，每处景色都散发出上海特有的弄堂风情。在这里，色彩就是我们的乡愁！

（作者单位：上海社会科学院）

同心家园：
静安寺社区慈善文化影响力管窥

阮汝麟　刘颖娜

在上海人的记忆中，静安区一直是镶嵌在大上海中心的一块宝钻。若是有心拿起一张上海地图，定睛一看，中间交汇之处，便是上海的静安。作为曾经的租界，老静安对于外国人有着一种陌生的熟悉感，而新静安现在希望做的，就是利用好这份优势，将自己与国际接轨，更好地为民众服务，静安寺社区则是个见证。

一、闪耀着属于时代的文化之光

在诸多的建设项目中，静安对于文化产业的发展始终是极为注重的，其贡献体现在多个方面，在部分领域甚至拥有着一定的国际影响力，其中最令人瞩目的，莫过于对静安"现代戏剧谷"的建设。

现代戏剧谷是2009年正式启动的上海重大文化产业项目，由静安区人民政府指导，上海广播电视台和上海戏剧学院联合主办，现代戏剧谷管委会、静安区文化局和SMG艺术人文频道承办，着眼于整个上海文化产业格局的完善和提升。它是根植于静安的品牌，也是上海的文化品牌。以创立中国第一戏剧平台为己任的现代戏剧谷，是静安在新时代下，率先在国内开拓戏剧产业链整合的集成创新模式。依托于人文历史、经济贸易的核心区位优势，以海纳百川的精神，展现了争取打造与纽约百老汇、伦敦西区齐名并肩的戏剧文化品牌的信心。2017年上海·静安现代戏剧谷在秉承传统经典与国际视野并举，艺术与市场双赢的选剧标准下，让更多的民众走进剧场,感受戏剧魅力的同时,提升整个城市的文化气质,致力于将上海·静安现代戏剧谷打造成为中国、亚洲乃至世界都具有一定影响力的戏剧节。不仅是海峡两岸和港澳同胞,国际艺术家也能在这方舞台上展现属于他们自己的艺术。在联合全区七大剧院——美琪大戏院、上戏剧院、大宁剧院、上海话剧艺术中心、艺海剧院、上海商城剧院和小不点大视界的力量后,在争取将艺术的魅力展现给市民的同时,也彰显着静安正自觉承担着上海打造"亚洲演艺之都"这一光荣使命。

如果说戏剧只是冰山一角的话,那么潜入水中,便能看到更多属于静安的文化创想——"浓情静安·爵士春天"音乐节、环上大国际影视产业园区、"党的诞生地——建党百年红色体验之旅"核心示范区,无论从哪个方面,都能看到静安区对于文化的扶持和创造,而在静安区的中心,宗教也以它独特的视角闪耀着属于静安的文化之光。

二、静安寺国际影响力不容小觑

静安区之所以得名静安,就是因为这里坐落着静安寺,作为始建于公元247年的江南著名古刹,在经历了风云变幻大起大落后,静安寺早已不是它千年前的模样,然而,纵然几度兴衰,这里依旧是一片佛门净土,为僧人留下一片修行地的同时,也为信众们提供着精神上的支持。静安寺是静安区的地标,它理所当然地承载了静安的精神与文化,甚至比静安的其他地方更有韵味,走进静安寺,就像是走进了历史的海洋:宋光宗为太子时所书"云汉昭回之阁"碑、明洪武二年所铸大钟、历代名人字画、汉魏至清代各式材质的佛像,无论何处,静安寺中总是能发现往昔的痕迹。目前,静安寺已经处在上海最繁荣的空间和时间交汇点上。

由于静安寺是真言宗这一失传已久的佛教宗派的重要道场,同时也是第一个全国性佛教组织——中华佛教总会最初的会址,静安寺不仅在中国佛教界举足轻重,在海外也是颇有盛名,一些国外佛教界人士前来上海访问时,大都要到静安寺礼拜;而静安寺的僧人也多有到国外访问、求学。1964年,持松法师应邀参加中国佛教代表团出席了在日本东京召开的第二届世界宗教徒和平会议,同时访问了日本佛教界。1979年,静安寺前主持持松法师曾率中国佛教代表团赴柬埔寨参加佛陀涅槃2500周年庆典,受到过西哈努克亲王接见。又赴尼泊尔参加在加德满都召开的第四届世界佛教大会,提出佛教应适应时代要求的主张。并访问越南。随后又赴缅甸和日本等国进行友好访问。静安寺也曾经接待过印度、斯里兰卡、尼泊尔、柬埔寨、泰国、缅甸、越南等7国僧侣代表团。为促进中外佛教文化交流作出贡献。1984年,静安寺修复开放及重扩建后至今,日本佛教界朝拜访问团多次访问静安寺并参加静安寺举行的重要庆典活动。还可以说,在亚洲文化往来和佛教交流版图上,静安寺一直是21世纪以来上海对外交流的一个重镇。

这种交流,也正在与时俱进。如2015年6月1日下午,英国坎特伯雷大主教贾斯汀·韦尔比一行在国家宗教事务局外事司司长肖红、外事司二处处长薛春梅、上海市民宗委外事处处长修彦彬以及英国驻上海总领事馆官员等陪同下访问上海静安寺。上海市佛教协会会长、上海佛学院院长、上海静安寺住持慧明大和尚热情接待了坎特伯雷大主教贾斯汀·韦尔比一行,与贾斯汀·韦尔比大主教进行了广泛友好的交流,双方畅谈佛教和基督教的教义与修行,相谈甚欢。会谈结束后,慧明大和尚和贾斯汀·韦尔比大主教互赠纪念品,一同参观静安寺并合影留念。坎特伯雷大主教为全英格兰的牧首,也是圣公会信徒的精神领袖。2013年3月,贾斯汀·韦尔比正式接任罗云·威廉斯成为第105任坎特伯雷大主教。坎特伯雷大主教韦尔比一行,是应国家宗教事务局、中国基督教两会邀请来华访问的。

而应缅甸全国高僧委员会主席库马拉·毕万萨长老邀请,中国佛教协会副秘书长、上海市佛教协会会长、上海静安寺方丈、上海佛学院院长慧明法师率领佛教代表团于2018年1月7日至14日访问缅甸。2018年1月7日,驻缅甸大使洪亮在官邸会见了慧明法师一行,缅甸瑞丹伦集团名誉主席杜尼尼女士参加了会见。洪亮大使首先介绍了缅甸当前的国情,特别提到佛教在缅甸传统社会中有着重要的影响力,希望中缅佛教界能够加强交流与合作,在两国发展睦邻友好关系中发挥积极作用。慧明法师向洪亮大使介绍了此次访问的主要目的,表示上海静安寺、上海百寺基金会有意与缅方合作,在内比都共同修建一座融合北传佛教和南传佛教特点、共具中缅佛教特色的佛寺,在两国之间搭建宗教文化桥梁,传播弘扬佛法。1月8日,缅甸瑞丹伦集团在仰光举行"上海静安寺慧明法师代表团暨缅华佛教僧伽结缘会"。洪亮大使及夫人王雪鸿,以及上百位在缅汉传佛教寺院主持、僧尼和华社侨领应邀出席活动。洪亮大使致辞表示,中缅两国的传统友好关系得益于"三缘",即地缘、人缘和佛缘。缅甸是虔诚的佛教国家,佛教在中华文化中也有着十分重要的影响,两国间结有着深厚的佛缘,希望缅甸汉传佛教界发挥独特作用,促进两国佛教交流与合作,在新时期不断增进中缅传统友谊。

三、不同方式尽力为民排忧解难

目前在静安寺街道,辖区内有 4 万常住居民、4 万通勤白领,企业员工朝夕相伴,不同人群的不同需求在一栋栋楼宇里酝酿发酵。如何让他们工作生活得更幸福呢?街道党工委、办事处不断创新,典型如"收发快递""知书驿站""休闲咖吧"……位于静安寺街道的静安中华大厦商务楼宇立体服务站,集结楼宇内的资源,通过一系列常设服务项目和特色活动,成为大楼内白领的贴心驿站。"中午时间有时候蛮难打发,如今我们还能不时参加读书会、插花、微课堂等活动,生活丰富多了。"曾有白领这样向媒体表示。这些贴心服务的背后,不得不说说静安寺街道"同心家园"的治理目标。"同",即认同;"心",即以党组织为核心;"家园",即社区共同体。打造"同心家园",就是要建成有共同追求、共同愿景,共驻共治、共建共享的和谐社区共同体。多年来,静安寺街道不断探索楼宇党建,针对白领群体,静安寺街道强化群团概念,在社区党建服务中心同步打造社区群团服务中心,在世界知名企业、园区等"两新"领域以及居民区建立群团服务站点,打造 U＋Young、U＋工会等"同心 U＋"系列品牌,丰富他们日常生活。静安寺街道辖区内不仅白领多,白发老人也多。另外,辖区内单位资源丰富,共有社区单位 2 400 多家;盘活资源,让社区单位党组织都动起来也是课题。

"通过区域化党建平台,驻区单位的力量被充分调动起来了",静安寺街道党工委书记叶智坚曾经向新华社记者如此表示。而中共上海市委积极创新社会治理、加强基层建设"1＋6"系列文件实施以来,静安寺街道依托区域化党建的品牌优势和资源优势,强化资源清单、需求清单两张清单的征集落实,依托每年"同心惠民"项目的运行,与区域单位保持充分互动,推动互信和共赢,如市文联免费为社区居民提供演出服务;上戏和歌剧院则邀请居民们观赏各类公益演出……健康、文化等丰富多彩的活动走进了居民生活。与此同时,佛教文化也在发展中。

实践证明:中国佛教历史悠久,在融会了千年的佛教文化中,有相当丰富的精神文化资源可以为当代社会主义精神文明建设作贡献。如中国佛教以"智慧解脱""觉悟人生"为根本宗旨,由此发展出"清净自心"的禅文化和"不离世间觉"的人间佛教,引导群众一心向善,强调既要自觉,更要觉他;既要自度,更要度人的道德境界,对培育助人为乐的社会风尚和"先天下之忧而忧,后天下之乐而乐"的崇高精神都具有推动作用,而此积极作用与街道工作的目的异曲同工。

静安寺庙作为上海地标式的寺庙,也是静安寺街道辖区唯一的宗教组织,香火旺盛,信徒众多,无疑是社区精神文明建设工作的重点之一。在2018年的实际工作中,静安寺庙与静安寺街道相互尊重、相互理解、相互协作,贯彻习近平总书记新时代中国特色社会主义思想和党的十九大精神,不断在磨合中调整,努力达到各取所需的共赢,为社区社会主义精神文明建设提供了坚实的政治基础。

相关调研显示:静安寺庙,对社会主义精神文明建设的助力主要体现在各类慈善活动上。如在中国佛协建立人间佛教的号召下,静安寺庙积极响应,实行文明敬香,开展爱国卫生运动,发扬佛教优秀文化传统。在多年的慈善路上,静安寺庙始终秉承佛陀无缘大慈、同体大悲的精神,以"弘扬佛陀教义、发扬慈悲精神、化导修福修善、利益社会众生"为宗旨,热心为社会慈善事业献爱心、作贡献,抗洪救灾、捐助希望工程、帮助失学儿童、扶贫救困,并为西藏日喀则地区援建"上海赤乌希望小学"。静安寺庙还专门成立"佛教百寺基金",以更大的精力和热情投入到"济世救人、福利为民"的慈善工作中,受到了社会各界的好评。

静安寺庙,长期以来积极参与静安寺街道慈善帮困、助老助残助困等各类社区帮扶工作,在"安老、扶幼、助学、济困"等方面都作出了突出贡献。每年中秋佳节,静安寺庙免费为社区居民提供中秋月饼,一直以来受到民众尤其是老一辈居民的喜爱。而每年重阳节,静安寺庙亦为社区老人提供长寿面和桃酥饼,寓意健康长寿。除了节日的慈善赠惠,静安寺庙每年都会举行佛教福慧基金的"捐赠助学"活动,提供10万元善款资助千年古刹周边社区的静安寺、南京西路、曹家渡、石门二路、江宁路等5个街道生活困难的在读学生,勉励受助学生珍惜时间,刻苦学习,坚定信念,追求上进。静安寺庙与静安寺街道之间相互沟通,不定期走访社区困难群众,深入了解居民困苦,积极采用不同方式尽力为群众排忧解难。

四、慈善活动体现出的拳拳善心

作为佛教场所,上海静安寺长期坚持佛教慈悲护生、利乐有情的佛教理念,积极从事社会慈善公益事业,设有专门从事慈善的基金会。上海静安寺以弘扬中华文明、彰显文化自信,促进文教事业的交流和发展为宗旨,希望能通过寺院自己的力量,壮大寺院服务社会的力量,号召更多的人们关心灾区,众志成城,抗震救灾。如2015年4月25日下午14时11分尼泊尔发生8.1级强震,这是尼泊尔80年来最严重的一场地震,据有关新闻报道,地震强度系中国汶川地震的1.4倍。强震过后,大大小小的余震不断,最大的震度甚至达到6.6级,受灾人数至少有460万人,当地建筑大面积倒塌,历史文物建筑损毁严重,最新统计的罹难人数已经高达1 800人。严重的人员伤亡和财产损失揪动着世界人民的心。尼泊尔是佛陀故乡,此次地震更受各国佛教徒的关切与关注。据尼泊尔内政部26日最新消息,该国因强震造成的死亡人数已升至1 832人,另有4 000余人受伤。中国国家主席习近平和总理李克强已分别向尼泊尔总统和总理致慰问电。中国国际救援队68名队员已于26日凌晨前往尼泊尔参加地震救援。4月26日上午,上海佛教协会会长慧明大和尚亲自主法与两序大众共同诵经,为尼泊尔大地震亡者超度往生净土,为生者祈福平安吉祥。法会现场,法师神情肃穆,法相庄严,依照佛教规制,现场念诵相应经咒,为灾区民众祈愿,祈愿佛力加被,助逝者早登极乐,同时也为受灾群众祈福,祈愿灾难早息,百姓能早日过上安定、和平的日子。随即,静安寺以及佛教福慧基金就向有关机构捐助款项并转赠灾区。

2018年年初，静安寺庙荣获2016—2017年度静安区"慈善之星"集体荣誉并上台举牌捐赠100万元奉献爱心，支持静安慈善公益事业。2018年4月，静安寺庙在静安寺街道的"蓝天下的至爱"活动中，认捐了"爱心素餐"项目，为社区老人每月提供两次素餐，丰富老人餐饮品种，进一步提升了静安寺街道敬老服务品质，大力弘扬尊老、敬老、爱老的精神文明风尚。这充分体现了静安寺庙用慈善心、公益心、博爱心传递温暖，为弘扬慈善文化、构建和谐社区所作出的积极贡献。而这些慈善活动中所体现出来的拳拳善心，得到了广大居民的高度赞赏。

除此之外，2018年静安寺街道正在组建文化共同体，联合社区内文化、卫生、教育及宗教各个文化事业单位及社会组织，共同为促进社区发展、建设社会主义精神文明贡献力量。在文化共同体的构架中，静安寺街道将加深静安寺庙与其他单位和组织之间的联系，计划开展一系列的交互活动，在帮助静安寺庙提高寺庙风尚的同时，助力静安寺庙继续为社区提供各类慈善活动。如在文化服务拓展方面，静安寺街道将组织相关单位为静安寺庙提供文化旅游讲座、文化体验和各类兴趣课程，包括棋类和绘画课程、网络等科普讲座以及静安寺商圈的特色社区服务活动——"白领学院课程"，并为静安寺庙提供体检和义诊服务，而静安寺庙亦会向街道社区提供禅修班、国学班、茶艺班等体验课程，促进静安寺庙与社区发展的共赢。另外，静安寺街道计划为静安寺庙庞大的义工团队开设可以增强社区工作能力的相关培训服务，帮助其在未来的慈善活动中可以为社区及广大群众提供更加系统、细致的专业服务，进一步为社会主义精神文明建设添砖加瓦。

（作者单位：上海社会科学院宗教所；上海静安区静安寺街道办事处）

静安自治案例：
社工智慧管理流浪猫狗的故事

吴霄雯　方　莹

现在社区里的建筑错落有致，环境优美，卫生整洁，随着入住居民的逐渐增多，社区设施也逐渐完善，社区里的流浪猫、流浪狗，居民家养的猫猫狗狗等逐渐增多，成为居民经常会遇到的一个"群体"。

一、"汪星人家族"·缘起

这个群体在成为社区"独特风景"的同时，也给居民们带来了一些"麻烦"：第一，由于没有统一管理，猫狗们会随时随地大小便；第二，热心居民喂养，但散落的食物会散发恶臭，容易滋生蚊虫细菌；第三，猫狗发出的噪音，时常影响居民正常休息；第四，爱猫人士和非爱猫人士经常会因为猫狗们的"投喂"和"去留"问题产生争执；第五，居委会经常会接到关于"社区猫猫狗狗"的投诉。

为了响应需求，解决这个问题，共和新路街道洛善居民区工作人员实地参访了一些设有"宠物厕所"的社区，希望可以借鉴，但结合社区的实际情况，考虑到"宠物厕所"实施起来难度较大、效果难以保证，所以并未施行，但社区工作者们把这个问题设计成"宠物项目——汪星人家族"，通过整合相关资源，将社区里的爱宠人士联合起来，引导其自我管理，缓解甚至解决这个社区难题。

社工注解：猫狗带来的5个问题，是社区居委会申报这个项目的现实原因。居委会想为社区居民办实事，是申报这个项目的主观原因。类似"宠物厕所"的参访与思索，是居委会酝酿尝试解决的问题。

二、项目宣传·请你来加入

社区工作者面临的第一个问题来了：怎么样去开展项目宣传，吸引社区居民知晓并参与到项目中来呢？项目在广泛征询、集中"民智"后，主要采取了以下几种做法：

1. 免费提供高颜值的宠物便便袋

在便便袋上贴上与项目宣传有关的标语，然后将贴好标签的便便袋放在社区里项目宣传专栏边上的自助点上，供居民自由取用。社区工作者认为："颜值高的东西会更有吸引力、更能吸引人来看"，因此，在便便袋的设计过程中，美观设计占有很大的考虑比重，以实用为目标，并在使用过程中逐渐升级，深受居民欢迎。

2. 社区养宠人士间的"口口相传"

负责项目的吴社工既是洛善社区的居民，也曾是一名养狗人士，在便便袋投放初期，吴社工会在社区遛狗的时间段，有意识地去"引导"社区养狗人士。时间久了，觉得便便袋用着还不错的居民就会自觉成为"便便袋"的"宣传大使"，向社区里的其他人推荐便便袋。这种"引导"，有时靠的是人与人之间的熟悉，有时则是借助狗狗之间的"情谊"，久而久之，便便袋的使用率也就高了。

3. 在楼组进行全覆盖式的"狗口普查"

为了摸清社区里的宠物数量，深入了解养宠居民，项目初期，社区工作者联合社区 23 名楼组长，对各个楼组里的住户进行排查，通过《宠物信息表》对家养宠物开展登记，建立起宠物档案，并对社区养宠情况进行统计分析，为项目顺利推进实施奠定了坚实基础。

4. 建立微信群邀请加入，信息不断扩散

为了让社区里的宠物爱好者有一个互相交流的平台，社区工作者组建

了一个微信群,一开始进群的人并不多。社区工作者在项目宣传专栏里张贴了群二维码,同时也积极利用社区活动契机,现场对微信群进行宣传推介,社区工作者还利用"拍立得"送照片的形式,为宠物和主人拍合照,吸引了很多年轻人的参与。

　　社工注解:(1)多种宣传方式相结合,扩大了项目的知晓度,为居民参与提供了条件;(2)漂亮的宣传制作,比如"2.0版便便袋",吸引了居民们的注意力;(3)新颖的宣传方式,如:"拍立得",让居民们乐意接收宣传的信息;(4)常态化的交流平台,如微信群,为感兴趣的居民们提供了互动交流的渠道。

三、走出困境·吉祥物"八千"

　　虽然项目宣传一直在做,便便袋的使用率也在上升,但是社区工作者面临的第一个问题来了:主动参与项目的社区居民有限,居民的参与积极性也是阶段性的。面对这种问题,社区工作者又是怎么解决的呢?这个故事,就要从一只洛善居民区里元老级的流浪猫"八千"说起。

　　"八千"是社区最早出现的一只流浪猫,居民经常会在社区里看见它,久而久之,大家都会时不时地给它喂食。当有一天,楼组居民发现楼下的八千生了一窝小猫后,就陆续有居民给八千带来了小棉被、食盆、食物等,八千一家的日子也在大家的照顾下渐渐过去;之后不久,居民发现八千得病了,似乎还挺严重,虽然大家有意带八千去看医生,但是它变得"行踪不定"起来,有时候一连几天都不见"猫影",即使有人偶尔看到八千,也因为它极高的警惕性,所以捉不住它。

　　居民将这个情况告诉给了吴社工,巧的是,吴社工在某天下班后,居然看见了几天没有露面的、躺在路边的八千,在微信群征询大家的意见后,吴社工克服畏惧心理,顺势"逮住"八千,并将其带到了宠物诊所。经初步诊断,首次诊疗费大约需要3 000元。吴社工当即联系了之前有意为八千看病的阿姨们,将八千的情况一一告知,其中一个阿姨来到诊所带走了八千。同时,吴社工以社区居民的身份在微信群里尝试为八千筹钱治病,得到阿姨们的响应,其中有一位阿姨,直接捐了8 000元,"八千"的名字即由此而来。

在社区居民的齐心帮助下,八千身体康复,并成为了"社区宠物"。经过"八千治病"事件,拥有共同经历的热心居民聚集了起来,在吴社工的引导下,纷纷开始为社区里的"汪星人"们献力,在这些热心居民的宣传下,"汪星人家族"团队很快就壮大起来。

社工注解:"想居民之所想",利用或创造居民们共同参与的机会,提升居民之间的熟悉度。

四、绝育手术·专项基金

猫狗发出的噪声,时常影响居民正常休息,为了缓解这种状况,同时改善流浪猫的健康状况,团队决定对社区里的流浪猫进行绝育手术。而绝育手术的资金是怎么来的呢?

在"八千治病"事件中,那位阿姨捐赠的8 000元并没有花完,社区工作者原想将剩下的钱交还给阿姨,但阿姨决定用剩下的钱为社区里的流浪猫进行绝育手术。由此,项目组建立了专门服务社区里流浪猫们的"绝育专项基金",八千治病剩下的钱也就成了这笔专项基金的第一笔钱。有了钱,社区工作者开始着手推动绝育手术的相关工作:找绝育专家、谈价钱、抓猫、做手术等。

由于绝育手术花费较大,一般母猫300元/只,公猫200元/只,专项基金使用较快,怎样才能及时筹到钱、确保专项基金不断绝呢?项目组采取了线上线下"双管齐下"的方式,一方面在项目宣传专栏中张贴募捐信息,一方面在微信群中即时通报资金需求,居民们十分热心,往往项目负责人只需要在微信群里"喊一声",爱心捐款就会随之而来。

面对爱心居民们的信任和慷慨捐赠,项目负责人这样管理"专项基金":从社区里招募专门的记账员,对基金花销进行记账;不管捐赠金额多少,邀请相应居民入群,对每一笔花销在群里进行事前通告、事后公布;项目负责人还做了专项基金的台账,将资金的花费开销一一记录下来以供大家查阅和监督。

社工注解：(1)尊重居民的决定,对居民负责;(2)资金流向的公开透明性,受居民监督;(3)邀请居民担任一定职责,有助于激发居民自身的积极性,促进团队信任。

五、"汪星人投喂"·文明喂猫

在社区里,常常能见到一位在喂猫的阿姨,经了解,阿姨并不是本社区的居民,但确实是一位"资深的"爱猫人士,她把自己退休金的一大半都用在照顾附近的流浪猫身上,洛善社区里的流浪猫也不例外。不论严寒酷暑,阿姨总是定点定时拿来家里的剩饭剩菜喂食小区的流浪猫,但春夏期间本就容易滋生蚊虫,而流浪猫吃剩的饭菜更容易聚集蚊蝇,散发出阵阵恶臭,不但气味难闻,也有碍环境美观,时间久了,小区居民也产生了不满情绪,不时与喂猫阿姨发生争执。

社工得知此事后,第一时间赶到现场,对争执原因进行了解,并分别对当事人进行同理表达和情绪安抚。原来,小区居民对流浪猫也有着恻隐之心,不忍心将它们赶出社区,虽然对喂猫阿姨的行为表示理解,但却非常反对她用剩饭剩菜来喂食,因为非常不卫生,对小区环境也产生很大的负面影响。社工一方面对居民关心社区环境的行为表示肯定和感谢,一方面引导他进一步观察小区的狗粪和流浪猫问题,居民也表示,相较之前,确实有很大的改善。社工也随即向其介绍了"汪星人家族"的项目工作,包括便便袋、绝育手术等,同时也征询居民的意见建议,并做好分析和记录,并鼓励他能更多地思考小区环境改善的问题。

安抚小区居民后,社工便转头来了解喂猫阿姨的想法。一边肯定阿姨的爱心善举,一边也表达出对小区环境整治的担忧。经商讨之后,双方都认为可以用猫粮来喂食流浪猫,同时请社区里负责打扫的阿姨及时清理吃剩的猫粮。这一建议也获得了"汪星人家族"项目的负责人和伙伴们的认可和支持。这样一来,洛善社区里的文明喂猫行为便能持续地得以展开。

社工注解：(1)争执不是无缘无故产生的,了解清楚争执的原因有助于从根本上缓解甚至解决矛盾;(2)了解居民的真实想法,实事求是地给予回应,并表达居委会的期望;(3) 协调各方意见,关注各方"愿望",积极争取资源,有技巧有耐心地寻求最佳解决方案。

六、注入活力·经费自主筹集

之所以要在社区里募集猫粮,是因为项目里并没有专门买猫粮的资金,项目经费主要是用来办一些主题活动的。说到这里,你可能要问了:"不是有居民捐的钱吗?为什么不能用那个钱?"我们上边提到,居民捐的钱,其实是定向捐助,是"绝育专项基金",这笔资金,需要专款专用,这一点在筹钱之时就很明确,因此这笔钱只能用于"绝育手术",如果想要用在项目的其他方面的话,就需要再次自行筹钱,关于这一点,"汪星人家族"项目团队已经形成了"默契"、达成了"共识"。

单个项目的力量是有限的,自治项目的推动需要社区的联动支持。项目在推进过程中,逐渐发展出另外一种筹钱方式:"义卖"。项目负责人通过"义卖"另一个自治项目活动的作品——自制香囊,筹到了600元,并将筹到钱的消息及时在群里告诉了大家;相对于爱心居民们捐的专项基金,这笔钱虽然不多,但却是大家共同努力的结果,让团队看到了新的希望。还有一次,社区里有一位妈妈想为社区里的猫买一些药,于是她就跟项目负责人商量,自己做了一些纸杯蛋糕,由项目负责人在社区主题活动时进行义卖,义卖得到的钱,最后用来给社区里的流浪猫们买药。由此,汪星人家族的可用资源得以不断拓展……

社工注解:(1) 特定规则的提前说明,有助于居民们理解并接受规则,有助于项目管理;(2) 负责人起带头作用,为项目积极努力争取资源;(3) 为居民参与提供机会给予支持,有助于维护居民的参与积极性。

七、初见成效·仍在路上

"汪星人家族"自治项目发展至今,不但让社区里的流浪猫数量得到一定的控制,也使社区里的养宠居民养成了自觉处理狗狗便便的行为习惯,改善了社区环境,社区里关于"猫猫狗狗"的居民投诉也减少了。"洛善汪星人家族"微信群成了项目团队日常交流、商议相关事项、进行团队决策和资金监督的载体,除此之外,"汪星人家族"团队成员之间的关系也逐渐熟悉了起来,一部分成员的交流场所从线上延伸到了线下,交流范围也从养宠爱好延伸到了日常的休闲娱乐,项目参与从最开始的"吃瓜群众"变成了现在的"局中人":爱心居民会把自己宠物用得好的药物推荐或者捐献给"家族",也会有人自觉自愿创造机会为项目筹集相关资金,等等。

这些发生在洛善社区里的变化,虽然并没有多么夺目,但却在无形之中为社区居民的互相交流和社区参与搭建起了一座桥梁,促进了社区关系的融合,在居委的引导下,"居民的事"居民自己商量解决的良好自治风尚正在形成。

社工注解:(1)从居民需求出发,引导居民参与,不仅有助于具体问题的解决,也有助于居民与居委会的关系建立;(2)选择居民喜闻乐见的交流方式,尊重其决定,是引导其积极参与的前提保障;(3)成效显现也像"怀孕",时间久了才能看出来,要守得住初心、耐得住寂寞。

(作者单位:静安区洛善居委会;宁聚社工事务所)

曹家渡街道：有效提升居民区群众自治和服务水平

王燕锋

2018年是中共上海市委"1+6"文件出台的第四个年头，在静安区民政局的领导下，居委会标准化、全岗通、社区分析工具等工作全市领先，全区各街镇的社区自治创新层出不穷、成效显著。曹家渡街道也积极探索与实践了如"一会五委"自治共治模式、曹家渡议事十五条、睦邻微公益项目、社会工作专业方式服务社区以及美丽楼组示范点等一些可推广、可复制的社区基层治理经验，这些经验的可贵性得到了公认。如果说，前3年的工作可以说是社区自治1.0，那么，下一步曹家渡街道如何成功升级进入社区自治2.0？需要我们积极思考和研究。

面对新时代的主要矛盾，面对居民群众的新期盼，我们必须主动开展大走访大讨论、大调研，积极对接需求问题，形成针对性的目标和举措。社区自治2.0的目标是什么呢？那就是，构建民主协商、文明有序、共建共享的社区自治共治新格局，打造开放包容、明德至善、人本和谐、充满活力的社区生活共同体。社区自治2.0如何实现呢？我和同事们在积极调研和多次探讨后认为，主要措施如下：

一、构建一核多元的现代化社区治理体系

体系即系统，系统论创始人贝塔朗菲认为，系统是相互联系相互作用的诸元素的综合体。社区党委、街道、居民区党总支、居委会、楼组、自治团队、社区单位、群团组织和社会组织等是现代化社区治理体系的最基本单元，要

明确社区治理体系基本单元的工作目标、任务、项目及指标,社区治理体系才能形成综合效应,取得总体效果。本轮的《曹家渡街道社区自治发展三年行动计划(2016—2018年)》,明确13大类39项工作要点和35个量化指标,初步呈现了社区自治的体系化、项目化、指标化。这一指标体系经过反复讨论和实践,证明是站得住脚的。

新一轮的社区自治发展三年行动计划要完成一核多元的现代化社区治理体系的构建,必须坚持以居民区党组织为核心,推进依法自治、合作共治和社区善治,努力形成多元参与、积极有效的自治共治格局,实现社区共治平台与区域化党建平台的有效融合,提升居民区多元协商共治效能,以创建更美好的共有家园。

二、建立健全一系列行之有效的社区自治机制

就是说,现代化社区治理体系中如居委会、楼组、自治团体等基本单元都要有一套符合本地区规范的有效的社区自治模式。可喜的是居委会层面,经过多年的努力和探索,我们已经形成了"一会五委"自治共治模式和与之配套的曹家渡议事十五条,继续指导居委会开展"三会一代理",引导居民依法有序议事协商。

更多相关工作正在创新,如探索建立社区"微自治"模式,深化"睦邻乐园"自治团队模式,推进自治团队负责人联谊沙龙、居民区团队联合会,提高群众自治团队组织化程度,同时,建立楼组"二长五大员"为核心的楼管会、弄管会等形式的自治互助委员会,形成各具特色的楼组公约,构建楼组睦邻文化,以"自筹+居委会扶持"的形式建立楼组自治金,培育居民积极参与的、有特色、有规模、有示范的楼组自治项目和自治活动,逐步规范"微治理"流程,建立"自治团队微治理""楼组微自治"等机制,培育一批具有公益精神的社区骨干,促进自我管理、自我服务、自我教育、自我提升,提升居民社区凝聚力。

三、完善社区自治网络和实现精准服务

突出居委会在社区工作中的组织者地位,引导居民依法有序开展自治,促进居民、业主、社会组织等各类主体有序参与社区治理,提升群众满意度。创新自治载体,激发参与热情,即为社区保有活力进行积极的氛围营造。我们必须建立"需求—研发—立项—服务—评估"的全过程精准服务机制,满足社区居民多样化、差异化的需求,引入服务型社会组织,丰富社区服务类型,提升社区服务精准度。

一是自下而上。就是要注重发现居民的需求和问题,通过社区分析工具,抓住新时代的机遇,掌握居民日益增长的美好生活需要与社区不平衡不充分的发展之间的矛盾。二是服务升级。尤其是要注重项目的研发,注重项目的品质品牌和个性化,注重服务的精细精准精致,立足社会治理像绣花一样精细的要求,将群众最需要的服务送到小区、送到楼组、送到居民身边。三是全人群服务。特别是要注重社区动员、宣传和必要的耐心说明,立足于全人群参与,不断深化社区自治,不断升级社区营造,提升居民参与率,向低年龄段的居民动员。四是关键可持续。换言之,要注重社区营造的可持续之道——有获得、有付出、有快乐。按照以上思路,我们必须也能够不断研发并升级如睦邻微公益、袖珍农场、社区达人秀、社区睦邻节等一批特色的、新颖的公益风尚类、人文活动类、绿色环保类以及社区融入类的项目,将企业公益与社区需求相结合,将青春白领与志趣老少相匹配,共同打造开放型、互动型社区,共建有温度的"自治家园"和心灵高地。

四、促进居民区服务方式向专业化转变

居民区社工不能再当"本本族",在社区社会工作实践中,一条清晰的职业化、专业化道路展现在大家的眼前。社区社会工作有助于创新社区服务方式,提升社区服务专业化水平。与传统社区服务更多注重开展"经验型"

服务不同，社区社会工作往往会运用到个案工作、小组工作等工作手法，并尝试从专业角度思考社区服务问题，秉承以人为本、助人自助的理念，集微观、中观和宏观服务于一体，为社区居民提供专业化和人性化的服务，从而满足不同居民群体的需求。

我们认为：职业化、专业化，确实有助于不断提升社区自治活力，深化社区建设。社区社会工作以"助人自助"为理念，拓宽居民社区参与空间，倡导社区各方力量介入。传统的社区工作模式，强调工作的结果，居民多是被动参与。社区社会工作有其特有的价值理念和工作方法，居民区社工扮演治疗者、支持者、教育者、资源链接者等多重角色，提供全方位的支持和支撑，对服务效用的评价不仅仅是看服务的结果，更注重的是运用专业方法提供服务的过程，这在很大程度上调动了社区自治的内生动力，从而为社区建设助力。

五、值得写入地方志的一个突出工作案例

这是一个必定要写入地方志的工作案例：2018年8月5日一早，一辆辆身披彩旗的搬场车驶入康定路上的曹家渡街道忻康里，往日寂静的小巷一下子就喜气洋洋地热闹起来了。当天是静安区115街坊旧改居民集中搬家的日子，搬家居民在搬运人员的帮助下兴高采烈地将家中物品搬出装车，他们即将告别逼仄的老房，奔向美好的新生活。115街坊是静安区今年第一块旧改基地，待征收房屋面积19195平方米，共涉及568证，其中居民552证、单位16证，涉及户籍人口2600多人。街坊内多为70年以上的老式旧里房屋，房屋结构严重老化，有重型卡车经过，房屋都要抖一抖；居民大多没有独用厨房，全部都在使用手拎马桶。7月29日举行的"二轮征询"签约首日，该街坊就以99.09%的高比例签约率生效。对此，区旧改总办负责人说，静安抓住上海旧改的新机遇，通过制度保障、科技护航、思路创新、精准服务，实现征收全公开、全透明，大大提升了居民签约率。

我们在调研中很清楚地认识到，居民对旧改期盼相当高。如58岁的马阿姨年轻时嫁入115街坊，一住就是30多年，孙子今年都两岁了。在她家，

一间20多平方米的长形房间被简单地进行了功能分割：门口是一间只够一个人转身的小厨房，往里是只能放下一张单人床的"小"房间，最里面一间放了双人床后就没有太多余的空间。115街坊的居民不仅居住空间局促，生活环境也非常差，令人十分尴尬。"家家都在用手拎马桶、痰盂，好几次楼上人家的痰盂罐夜里打翻了，水渗透楼板，滴在我家床头；老鼠蟑螂到处跑，有几次睡觉时蟑螂还钻进耳朵。"

"该街坊居住条件差，居民对旧改期盼高，但推进旧改难度也很大。"街道党工委书记唐凌峰曾经坦诚地对媒体这样说明：115街坊曾多次传出要启动旧改征收的消息，但因种种原因，一直没有实现，居民看着地块周边其他的新建商品房拔地而起，难免情绪起伏。且该街坊人户分离率高达60%以上，困难人群非常多，都给旧改推进造成困难。为从根本上解决居民的生活和居住困难，静安区多方协调、筹措资金，将这个地块的改造工作列入区政府实事项目。2018年4月，115街坊旧改项目启动。好事要办好，也是不容易的，其中阳光征收公开透明最关键。

为宣传好"阳光征收"政策，旧改指挥部充分利用线上、线下宣传载体，除了横幅屏、宣传栏、触摸屏等传统方式，还特意开通了"曹家渡征收"街道微信公众号、引进了"E征收"APP，第一时间将征收方案、安置房源、工作进程、活动安排等居民关心的重要信息，推送给居民。多次组织召开大型宣讲会，宣传动迁、旧改历史沿革和发展趋势等，将政策口径宣传到位，有效提高信息传递的效率。与此同时，街道、居委和静安第三征收事务所组成工作小组，一家家上门进行解释与动员，消除居民的疑虑。如居民王先生在征收之初，对旧改存在不配合和不满情绪。工作组不厌其烦多次上门慰问，关心其衣食住行方方面面，带去最新的旧改信息并做详细解释。经过与其家属及其本人反复沟通，宣传政策后，他从不配合转变为积极支持旧改工作的"领头人"，在第一时间内完成了签约。

为方便居民及时获取准确信息，指挥部将居民接待窗口前移，邀请居民区老书记、"老法师"和两代表一委员等加盟，集合司法、民政、人民调解等各方资源，现场提供咨询和监督，积极做好家庭矛盾调解、帮困帮扶等工作；组织律师给居民讲旧改政策，进驻基地提供法律咨询服务，专业地向居民分析征收政策和相关法律。同时，成立115街坊旧区改造临时党支部和机关志愿服务队，充分发挥党员和志愿者的战斗堡垒作用，做好群众工作。如今年 69 岁的陶老伯出生在 115 街坊，原先他与母亲住在两间加起来不到 15 平方米的房间内，几年前其他兄弟及子女从外地回沪后将户口迁入，人不住在这里，但造成这个房屋总共有 9 个户口。母亲过世后，兄弟间因为房屋承租权发生了摩擦。征收开始后，兄弟间矛盾爆发，造成一时无法签约，经过工作组反复协调工作，最终一家人达成了一致，实现顺利签约。从这一案例层面来考量，社区自治的功效是值得期待的。

下一步，我们要深化、固化社区社会工作实践成果，研究、制定《曹家渡街道关于加快推进社区社会工作服务的实施细则》《曹家渡街道关于加快推进社区社会工作服务的指导意见》《曹家渡街道社会工作督导人才队伍培养制度》等制度，进一步加快推进社区社会工作，完善社区社会工作机制，增强社区专业工作方法与群众工作方法有机结合的社区治理能力，有效提升居民区群众自治和服务水平。同时，我们也欢迎专家、学者和各方面的有识之士，积极为我们建言献策。

（作者为静安区曹家渡街道办事处副主任）

吕飞舟:从骨科名医到有温度的管理者

孙蓝莹

吕飞舟——复旦大学附属上海市第五人民医院院长,复旦大学附属华山医院北院原副院长,复旦大学附属华山医院骨科副主任,复旦大学华山(国际)应用解剖研究与培训中心(PARTI)副主任。他还是中华医学会上海骨科学分会委员兼秘书;他擅长上位颈椎畸形等颈椎病、腰椎间盘突出症、脊柱肿瘤、脊柱侧弯等骨科常见病、疑难病的诊治;他于2008年度荣获"上海市十大杰出青年志愿者"称号。

一、上海市第五人民医院简介

位于上海的地域腹部,有一块形似"钥匙"的区域——上海市闵行区,这里不仅是上海市的主要对外交通枢纽,也是上海西南地区重要的工业基地、科技及航天新区,区域内有上海交通大学、华东师范大学等多所高校,以及诸多高新企业。复旦大学附属上海市第五人民医院(以下简称五院)就坐落在这里。

五院为三级乙等综合性医院,创立于1904年,其前身为英国人建造的"西人隔离医院",1945年收归国有。1960年,为配合闵行工业基地建设,医院整体迁址于闵行区鹤庆路801号。1961年,原上海第一医学院正式将医院作为临床教学基地。1989年,经上海市教委、原上海市卫生局和原上海医科大学认定,医院成为原上海医科大学教学医院。1998年9月,闵行区人民政府和原上海医科大学正式签订区校共建协议。2004年10月,经原上海市卫生局和上海市教委考核后批准,医院正式成为复旦大学附属医院。

2012年年初,吕飞舟作为管理干部被派往复旦大学附属华山医院北院(以下简称华山北院)担任副院长,负责医院的筹建开业,见证了华山北院的创立过程。2016年1月,吕飞舟被任命为五院院长、党委副书记,经历了从一位骨科专家到医院管理者的华丽转身。虽然只有两年半的时间,但大家都明显感觉到了五院的巨大变化。最近,笔者有幸采访了吕飞舟院长,也了解了医院发展的新局面以及这家历史悠久的老医院所迸发出的新活力。

二、"医联体"机制激发内生活力

自1998年起,"复旦—闵行"区校共建工作已进行了三轮,同时"复旦—闵行"医教研协同型健康服务体系也已开始建设。

2016年4月22日,复旦大学附属华山医院(以下简称华山医院)与上海市闵行区卫计委、五院签订了三方合作框架协议,"华山—五院—闵行"医疗联合体正式成立,以期借助复旦大学医学学科人才、科研优势,通过整合各方资源,不断推进大学科建设,促进医院发展,增强核心竞争力。五院在医疗服务、学科建设、教育培训、医学科研等方面与华山医院逐步深入融合,力争建设成为一家医疗服务能级较高、服务流程便捷、学科设置完善、人才梯队有序、内部管理精细、员工满意、群众放心的区域医疗卫生中心。

吕飞舟认为,医院要发展,最重要的就是依靠学科和人才,而"医联体"的机制给医院的学科和人才建设帮了大忙,开创了五院向区域医疗中心发展的新局面。两年来,华山医院陆续派出学术主任和特聘教授22名,定期来到五院参与临床工作,不仅推动华山医院的优质医疗资源向闵行区域释放,而且帮助五院医生提高业务能力,使医院逐步提供标准化、同质化的医疗服务。

皮肤科,作为华山医院的优势学科之一,不仅自2016年10月起派遣了学术主任作为五院皮肤科的学科带头人,而且在2017年年末与五院建立了"华山—闵行皮肤科联盟",将五院的皮肤科纳入华山医院皮肤科统一管理,建立起"医联体"的"大皮肤科",并由华山医院皮肤科主任担任大学科主任,从而加强五院皮肤科对常见皮肤病的干预和管理能力,推动变态反应及瘙痒性皮肤病发病机制的研究及规范化诊疗的推广,促进新技术的研究与应用,加快皮肤影像学诊断技术的临床应用研究,拓展皮肤手术、皮肤美容等高级皮肤健康医疗服务领域的服务,将五院打造成具有一定影响力的区域皮肤健康医疗服务中心。

三、信息化管理推动"医联体"建设

"医联体"的建设关键在于"联",联结资源、人才、机制等。为了实现"医联体"的信息联结,华山医院和五院之间铺设了专用光缆,同时五院与几家社区卫生服务中心之间搭建了网络,实现医联体内的信息互联,从而保证五院的号源和检查资源整合进入社区卫生服务中心的医师工作站、华山医院的专家号源可以提前4周在五院的诊室直接预约。

同时,医院完善"医联体"监控平台(H5M)建设,实时监测"医联体"内的患者转诊、预约等情况。社区家庭医生可以通过H5M随时了解病人的就医状态,并可以第一时间在五院协助病人预约华山医院的专家号。

研究表明,约一半的糖尿病病人一生中至少需要进行一次手术,但由于血糖的升高,手术难度大幅提高,大大增加了手术感染的机会和死亡率。为了使糖尿病患者得到及时、快速、准确、规范的治疗,减少不良事件的发生,医疗机构需要寻找一种新的血糖管理模式以达到有效控制血糖、降低手术期病死率的目的。

2017年1月开始,五院内分泌科、信息科联合医疗器械公司共同开发了"医院信息化血糖管理系统",搭建起全院糖尿病患者信息化管理平台。通过临床智能血糖仪、无线网络,全院手术科室糖尿病患者的血糖数值自动上传到血糖管理系统。内分泌科成立糖尿病管理小组,利用该平台每天为全院糖尿病患者进行两次查房。系统设定"危急值和警示值",一旦糖尿病患者的血糖低于或高于所设定阈值,系统界面便立即弹出该患者信息并发出警报声音。此时,内分泌科糖尿病管理小组成员根据患者年龄、疾病性质、饮食状况、手术方式及生化结果给出个体化的建议医嘱,包括饮食建议、胰岛素使用方案及剂量的调整等,由负责的外科医师接收并执行建议医嘱,做到由内分泌科专科医师与外科医师联合,快速、及时地进行干预,尽早使患者血糖达标。对于血糖极高或病情复杂的患者,内分泌科糖尿病管理小组成员还将进行床旁会诊干预。

2017年年底,该系统突破物理空间的限制,利用互联网信息传递的优势,在五院的基础上与闵行区马桥社区卫生服务中心形成数据联通,协助社区开展糖尿病的规范化诊治,提升社区全科医生对血糖的监测管理水平。

四、携手社区共建"健康联合体"

2017年12月15日,复旦大学社区健康研究中心(筹)揭牌暨"华山—闵行"皮肤科联盟签约启动仪式在五院举行。这标志着"复旦—闵行"医教协同体系建设从提升区域临床医疗服务水准和百姓就医满意获得感的"1.0版"——医疗联合体建设,开始升级为推进社区健康管理和疾病预防体系建设转型发展、提升百姓健康水平和健康保障能力的"2.0版"——健康联合体建设。

复旦大学社区健康研究中心(筹)挂靠五院(组长单位),目前参与单位包括复旦大学公共卫生学院、护理学院,复旦大学附属华山医院、中山医院、华东医院,以及闵行区的社区卫生服务中心和专业卫生站所等。

未来,复旦大学社区健康研究中心将面向国际学术前沿,针对重大健康问题,整合国内外社区健康研究和实践领域的资源,汇集一批国内外从事社区健康教育、研究、管理和实践的专家学者和业界精英,聚焦政产学研用,开展社区健康管理模式协同创新研究。目前,中心已确定了智慧医疗、慢性病社区管理、社区卫生教育、社区健康政策、社区护理五个研究方向。围绕这五个方面对慢性病管理体系、模式的创新进行研究。

五、有特色的区域医疗中心

谈及对五院的功能定位,吕飞舟认为,"五院应该成为能够为区域内老百姓提供优质服务的医疗中心","我们的目标是满足区域内的老百姓对常见多发病的诊疗需求,特别对一些急诊病人,我们一定要第一时间能够做好诊治处理。"

经过三轮区校共建,2010年12月,五院通过三级乙等综合性医院评审,部分学科发展已颇具成效。泌尿外科、内分泌科成为"上海市重点学科",儿科被列入"上海卫生计生系统重要薄弱学科建设计划",老年护理科加入"复旦大学临床护理特色专科建设项目",中医科进入"上海市中医临床优势专科(专病)建设项目"。"华山—五院—闵行"医疗联合体的签约,"大学科制"的建设实践更为学科长远发展奠定扎实基础。近两年来,医院引进7名学科带头人;神经内科、神经外科、普外科、皮肤科、骨科、检验科、心内科、康复医学科、血液内科、感染科、风湿免疫科等11个学科已全面进入"补短板"建设阶段。

"医院的发展不仅仅要追求数量的增加,更重要的是强调质量的提升"。本着这样的学科建设理念,五院的医疗服务质量逐年提升。2017年,体现收治病例平均技术难度的病例组合指数(CMI)达到1.15,位于同级医院前列。

学科建设离不开人才培养,医学的持续发展,是几代人的求实进取、全面接力的耐力比拼。吕飞舟担任院长后,大力推动对全院一线医护人员的能力培养,本着"为病人提供更好服务"的理念,不仅把华山医院的专家"请进来"带教培训,同时积极创造条件将优秀的人才"送出去"进修锻炼。青年骨干们被送往欧美知名大学医学院深造,参与中国临床研究项目"领导力—哈佛培训班(CLIMB)"、国际临床学者科研培训项目(GCSRT)、国际应急管理学会委员会(TEMC)项目。医院为他们搭建更加广阔的平台,释放才智、实现梦想。一批青年才俊脱颖而出,获"银蛇奖"提名、上海市青年科技英才扬帆计划资助。

六、温暖的管理者

吕飞舟特别重视员工职业生涯的规划,希望在实现五院美好蓝图的同时,员工们也能创造出自己的精彩人生。他到五院的首件大事,就是通过全院排摸调研,尽快熟悉各学科、甚至是各员工的特点。

在工作实践中,呵护好员工的自信心,提升员工对五院的认同感、理解程度及共鸣,这是吕飞舟对自己管理工作的要求。普外科博士于愿医生面试国际临床学者科研培训项目(GCSRT)过程中受挫,吕飞舟在嘱咐科主任鼓励于愿的同时,积极联系相关负责人,为她争取了再次面试的机会。最终,于愿以优异的成绩获得了项目培训资格。

关心工作,也要关心员工的生活,幸福需要两手抓。"青年要树立良好的世界观、人生观、价值观,把工作、学习安排好,更要在婚恋、身体健康等方面进行规划,把握青春,珍惜并享受人生的每一个阶段。"这是在五院首场"青年成长计划系列活动——女神养成记"报告中吕飞舟对青年人的青春寄语。

不管工作多么繁忙,吕飞舟每天都要看看员工们给他的信件,抽时间听听员工们的心声,尽量想办法落实员工提出的合理建议。因为他一直牢记自己在哈佛求学时导师教导他的一句话:"作为管理者,你能给下属最宝贵的东西是什么?是你的时间!"

(作者单位:上海市第五人民医院)

从"凌云生态家"的延伸看
如何培育社区学习品牌

杨海英　袁圣华

　　凌云街道位于上海市区西南地区,共有28个居委会,常住人口10.4万,是典型的人口导入型平民聚居社区。为让从四面八方导入的新"凌云人"融入社区、和睦相处,营造和谐社区一家亲的氛围,更好地实现"宜居凌云"的社区发展目标,近年来,凌云街道在社区教育品牌"凌云生态家"基础上作了延伸和拓展,孕育了"家文化"项目,从生态美转向生活美,由生活美演绎家文化。现在的"凌云生态家"是以生态为切入点,以建立家园共同体为目标,在凌云这方水土上,探寻家的渊源,融合家的温暖,培育家的文化。在开展社区教育过程中,我们充分利用高校、社会组织、驻区单位等专业资源和民间资源,培育"艺术家庭日"活动品牌,引导居民走出"小家"融入"大家",以"润物细无声"的方式,让居民既增长了知识和技能,又凝聚了浓浓的社区温情。

一、政府搭台,引入社会资源

　　"艺术家庭日"是通过双休日亲子活动的打造,吸引学生和家长参与到社区艺术体验中,在活动过程中提升学生和居民的审美能力、体验艺术带来的愉悦和美好,从而构建雅俗共赏的生活方式,营造社区共同的精神和文化家园。通过前期实践,我们发现,"艺术家庭日"对象是"家庭",时间是"假日",重心是在"艺术",而"艺术"是专业的,面向社区家庭的艺术体验活动设计又是更加专业,因此这个项目仅仅依靠街道和社区学校的力量是远远不够的,也是做不成的,必须要借助外部专业力量,"让专业的人做专业的事"。教育部等9部门在《关于进一步推进社区教育发展的意见》中也指出,"充分利用社会资源,引导各级各类学校和社会力量积极参与社区教育,为社区教育注入多元活力"。我们认为,挖掘社会资源,为社区教育提供优质服务是"艺术家庭日"创新发展的可行之举。

在"艺术家庭日"两年多的实践中,我们借助多家专业力量,有上大美院、易进公益讲堂、迪声文化、徐汇区图书馆、远方文学社、钟书阁等,他们有着"艺术家庭日"所需要的专业优势,解决了"艺术家庭日"举办过程中人手不够、专业性欠缺等问题,直接或间接地提升了"艺术家庭日"的专业水准,扩大了"艺术家庭日"学习资源供给,满足了社区居民多元化学习需求,也吸引了更多亲子家庭参与到社区艺术体验中,从而丰富了社区居民的精神文化生活,使社区教育更好地服务民生、服务地区文化和社会发展。

二、专业支撑,培育精彩项目

1. 体验传统魅力,感受手造快乐

上大美院是凌云社区学校长期合作伙伴,艺术专业力量强大,"艺术家庭日"的起步正是借助上大美院的智力资源。在亲子共同制作手造器物的过程中,将传统文化借助当代的艺术形式进行展现。我们相继成功开展了"穿针引线""雕刻时光""陶艺制作"等活动,充分融合了传统文化艺术、当代生活美学和手工创意体验。家长和孩子们在艺术家服务团队的帮助下,提升了艺术能力和创新能力,在家门口就能享受到文化艺术盛宴。

2. 倡导绿色环保,乐色创艺美学

上海易进文化进修学院位于凌云街道辖区内,是上海市社区(老年)教育社会学习点,热心社区教育公益事业。学院旗下的乐家公益讲堂定期为社区家庭人群提供形式丰富、内容优质的公益课程。"艺术家庭日"携手乐家公益讲堂开展了以生态环保与艺术相结合的"环保创艺美学"系列DIY活动,利用回收物品作为原材料,通过创意思维的开发进行手工创作,带领社

区亲子家庭用实际行动做环保,用无限创意爱地球,同时回收物品再利用也可以培养孩子的环保理念,养成爱物惜福的美德。

3. 传承非遗文化,做好"纸上文章"

在我国贵州省丹寨县南皋乡石桥村,至今还完整地保留着我国古代造纸的民间工艺——石桥古法造纸。凌云街道于2016年10月将这项距今已有1400多年历史的非遗项目引入到现代大都市,让社区家庭在"艺术家庭日"里体验古法造纸的独特魅力。第一次活动时我们还特地请来这个项目的国家级传承人王兴武老师,亲自给社区的亲子家庭介绍传统造纸的工艺流程。居民在动手体验古法造纸过程中,感受古人的智慧及人与自然和谐共生的生活理念,坚信所有的东西都是大自然的馈赠,提升了对传统文化的深层认知。2017年,凌云的"古法造纸"被授予徐汇区首批"市民终身学习体验基地",同年,分别参加了上海市第十三届全民终身学习活动周开幕式和2017国际手造博览会。2018年4月参加了上海市学生职业体验日活动。6月5日世界环境日,徐汇启动"汇宝带你生态游","古法造纸"入选其中。6月9日"文化和自然遗产日",应邀赴浦东金阳街道开展传承体验活动。

在引进的非遗项目"古法造纸"基础上,我们再次联手上大美院在"艺术家庭日"里进一步开发以"纸"为素材的系列学习内容,如纸艺灯饰、折纸艺术、纸雕创作等,倡导创意、时尚、环保的现代纸艺理念。让更多人来了解纸、亲近纸,探寻传统工艺与现代生活跨界融合,创新性传承祖国的非遗文化。

4. 品味纸墨书香,开启人文行走

2018"世界读书日"期间,艺术家庭日联合"最美书店"钟书阁,共同推出"在纸墨书香之间,来一场传统文化的时空穿越"人文行走。持续两周的"纸墨书香"活动让凌云社区的亲子家庭完成了从古法造纸—活字印刷—新书发布会的"纸"上行走之旅,在家庭亲子行走中探索古法造纸、活字印刷等祖先文明,了解二十四节气传统文化,以及中国书法和古诗词的现场鉴赏,这场活动融合了古代文明与现代阅读的时空穿越,让参与家庭在行走体验中真切地感受到传统文化的魅力,在学习传承中开阔了文化视野,激发了民族

自豪感,增强了文化自信。

5. 举办公益讲座,感受语言魅力

为提高社区青少年文学艺术素养,"艺术家庭日"携手徐汇区图书馆、远方文学社、迪声文化传播有限公司联合举办了为期3天的"书声琅琅·读我所爱"凌云社区亲子(青少年)朗诵比赛。3天里,参与家庭一起感受朗诵的魅力,体会文学、文字的美好和博大精深,孩子们摆脱电子保姆,热爱读书、热爱生活;家长们陪伴孩子阅读,爱上阅读,和孩子一起成长,一起体会中国语言文字的独特魅力。

赛后,根据家长和孩子们的需求,"艺术家庭日"再次联手迪声文化传播有限公司开设了《语言艺术修养》系列讲座。讲座两周一次,微信公众号每次推出的报名,都是秒杀。在讲座活动中,家长和孩子共同学习、共同成长,社区反响热烈,有的家长说:"讲座不仅让小朋友收益,同时让我们这些为人父母者在职场和日常社交中得到借鉴和应用。"还有的家长说:"艺术家庭日的活动给孩子们爱上阅读开启了一扇门,培训老师用美丽的声音,动听的朗诵给孩子们心中播下了诵读美的种子!"

三、静待花开,成果缤纷绽放

"艺术家庭日"自启动以来,至今已举办了9期系列活动(每期4次)和7次系列讲座,参与的家庭有近600户,36次活动和7次讲座共吸引到3 000多人次参与。每次招生帖一发布就被秒杀,"凌云微街坊"也吸粉3 000多人。凌云社区学校在"弘扬传统文化共筑魅力社区——上海论坛"上交流发言介绍"艺术家庭日"的开展情况。"艺术家庭日"获首届上海市校外教育实践课程优秀成果三等奖和第三届全国社区教育优秀微课程优秀奖。相继有《新闻晨报》《东方教育时报》、上海电视台、徐汇有线台等采访和报道。一位家长在《东方教育时报》采访时说道:走出家门参加社区举办的集体活动,让孩子从小就建立对社区的参与感和归属感,这不但能够让"小家"里的亲子关系更融洽,还能够促进"大家"的关系融洽和谐。

2017年6月,凌云街道承办了徐汇区第二季度学习节开幕式。开幕式上,全面展示了"艺术家庭日"项目的最新建设成果,光影纸雕、泥板雕刻、釉下彩绘、艺术折纸、陶艺拉坯、古法造纸、布艺堆绣、乐色创意等活动,人头攒动,吸引了近300户社区家庭的踊跃参与。开幕式当天,市学指办、区委宣传部、文明办、区妇联、区教育局、社区学院以及凌云街道的领导和"艺术家庭日"的孩子们共同启动了"艺术家庭日"新一季活动——静待花开的序幕,翻开了令社区孩子们和家长们期待的新的一页。

如果说"凌云生态家"带动了一批绿主妇积极参与社区自治,而"艺术家庭日"的亲子活动则通过吸引小朋友的参与,带动年轻的爸爸妈妈参与到社区活动来,使社区教育的受众群体"年轻化"。我们期冀通过"艺术家庭日"系列活动的打造,让艺术生态普及社区的各类人群,构建全体社区居民都能参与学习、实践的社区艺术生态体系,丰富"生态家"品牌载体,营造"人人是学习之人,家家是学习之所"的新型学习理念,逐步实现社区教育内涵发展和特色创新,助推社会管理创新、和谐社会建设。

(作者为徐汇区凌云街道党工委副书记;凌云街道办事处副主任)

汇学之光篇

大學之道

构建红色基因的记忆场和教育场

姚 虹

今年高考结束以及成绩发布之后,好多未来的大学生没有像以往一样飞赴海外度假放松,而是选择了去一大会址、遵义会议旧址等爱国主义教育基地自觉接受红色基因的洗礼。这一方面让作为教育工作者的笔者感到欣慰,另一方面也是思考良久:青少年是受教育主体,表述好红色文化,传承红色基因,激发学生家国一体的爱国情、经邦济世的报国志和荣辱与共的兴国心,是一个重要的课题。

毫无疑问,红色文化一直是上海城市文化的底色。党的十九大闭幕后不久,在上海中共一大会址,习近平总书记和常委同志重温入党誓词,宣示了"不忘初心"的红色文化情结。历史告诉我们:上海城市工业发展中孕育的工人阶级和怀有"天下兴亡、匹夫有责"壮志的知识分子一起缔造了这座城市的红色基因。上海不仅有中共一大纪念馆、老渔阳里2号这样的革命旧址,更有众多革命先辈、仁人志士的故居,这些资源不只涵盖革命时期的上海,更包括社会主义建设和改革开放时期的上海,是红色文化的宝贵载体。通过视觉、听觉、触觉来感受"红色文化",有助于青少年领略历史的现场感和沧桑感,体验历史的发展变迁,理解上海城市的"红色基因"。法国学者皮埃尔·诺拉曾提出历史在加速消亡,需要凝结记忆之场。红色记忆需要和历史时刻联系的赖以凝结的场所,才能成为教育场,成为绵延不断的文化积淀,润泽传承于后辈。当然,构建红色文化的记忆场,并不局限于参观考察这些传统的形式,以"红色文化"为主题的城市定向越野活动,重温"红色记忆"的书画摄影、微视频比赛,绘制"红色文化遗址"手工地图,设计文创产品等,都是如今青少年喜欢的形式。

提起"红色文化",很多人的脑海中就会浮现出一些标志性的人、事、物,而对于90后、00后的年轻人而言,这些人、事、物离他们非常遥远,他们被灌输要知道和了解的,往往是被贴上了标签、脸谱化了的人物。开展红色教育就跟学习历史一样,精彩的细节、丰富的内涵才有鲜活的生命力和震撼人心的魅力。比如志愿军烈士胡聿章,1949年,他就读于上海徐汇中学,来不及领取高中毕业证书就投身革命。4年后,他长眠于抗美援朝战场。他一定未曾想到,他的毕业证书被同班同学江洁臣小心翼翼地保存了半个多世纪,直到2010年,江洁臣才通过校友会的帮助找到并交付给他的亲属。胡聿章烈士的亲属最终将这份珍贵的烈士遗物转赠给了母校。胡聿章其实出生于殷实家庭,父亲是交通银行的高级职员,然而,投笔从戎保家卫国,是那个时代年轻人特有的豪情。徐汇中学校史馆内至今收藏着《徐汇中学第九十九届高中毕业纪念刊》,胡聿章自己填写的简短小档案个性十足,"嗜好:听音乐;最恨什么:拍马、吹牛;准备做什么:教员,绰号:猩猩王,有着一颗货真价实的人心"。徐汇校园里还有爱国老人马相伯的故事,有全校师生同仇敌忾对抗日军的故事……这些先进人物不再是脸谱化的符号,爱国也不是空洞的口号,为民族大义乃至人类和平贡献微薄之力也不是遥不可及。熟悉的校园,鲜活的人物形象,浓厚的家国情怀,当年同龄人对理想和真理的执着,正是现在的学生所缺乏的,也正是最能打动他们的地方。在这个"互联网+"的时代,新媒体、新技术层出不穷,但是真实、生动、于细微处见精神,因势利导地培养青少年积极正向的情感态度和价值观,应该始终是红色文化研究、教育、宣传的重点。

  提升红色教育的吸引力除了在内容、形式和途径等方面要有契合时代特色的进步外,不容忽视的还有掌握教育资源的施教者对红色教育的认识和定位,他们对教育对象需求的了解,他们的眼界、格局和情怀直接决定了红色教育的品质。现今的青少年大多个性张扬,思维活跃,对很多问题都有着自己独特的见解。一位高中学生说:我觉得给我一段史料去理解,抑或是背诵历史事件,其实和语文学习无异;寻找事件的背景,如何从事件中发现有意义的部分,才是学习真正价值所在。新生代的上海90后、00后更愿意走出校园,接触社会,如果能将红色文化与上海教育的发展、上海城市文脉的延续等专题相整合,引导学生将红色教育放在民族复兴和人类进步的大格局中认识和考量,使学生对这座城市、对家国的热爱和情怀润物细无声地融入学习和生活,转化为情感认同和行为习惯,对他们的成长具有重要意义,而乡土调研、口述实录、课题研究都是可以深入的形式。当然,这不仅需要拥有资源的各方通力合作,更需要适切的顶层设计。

(作者单位:上海市徐汇中学)

我的观察：徐汇中学工程素养的实践与成果

居务恒

在徐汇中学就读已经整整一年了，我的收获很大。我不仅长个了，学习的精力也更加充沛了。在课堂上和实验室里，我好像走进了一个知识的宝库，几乎每个星期都会有新的发现；在老师的陪伴和指导下，我对工程科学的兴趣也初步形成了。我保留着喜欢阅读的习惯，最近阅读的学术著作则是上海交通大学出版社在2018年春季出版的《管，是为了不管》，这是曾宪一校长探究教学管理的专著。

一、曾宪一校长最新的著作

语文特级教师曾宪一，是我们徐汇中学的校长，我在读小学五年级的时候就知道他的大名了，爸爸也告诉我曾校长是个教学管理方面的权威。曾校长对语文教学、特色办学、学校管理和发展策划、民办教育、课堂教学、特长生培养、班级管理、家庭教育颇有研究和实践，曾被国内发达地区多家教育集团(学校)聘为办学或教学顾问；他多次到全国各地上中学语文观摩课；多次承担由华东师大、上师大、知名教育集团组织的，全国各地校长、语文教师、中层干部、教研组长、班主任、教育管理、课堂教学、校本研修、民办办学策划、家庭教育方面的培训作专题报告。我曾经有幸就语文学习和写作技巧方面的问题采访过他，他是一个很随和、爱孩子、极为勤奋的人，采访的时候他一直对我很热情，不厌其烦地回答我的问题，我很尊敬他，也很在意他的著作和核心教育理念。很高兴我能在第一时间得到曾校长的最新著作

《管,是为了不管》,我在暑假里读了这本书。

在《管,是为了不管》里面提到了关于徐汇中学工程素养培育。在这里我介绍一下:(1)我校开设了7门种子课程,它们分别是:简易空气净化器制作及评价、多彩的功能膜、太阳能发电科普与创新、大数据的奥秘、计算机程序控制、3D打印的技术与创意、地理信息技术在城市管理中的应用。徐汇中学是本市开设科目最多做的最好的学校之一,以拓展课和研究性课程供学生选修,其中的5门课程延伸到初中。如"3D打印的技术与创意"课程,通过打破"想象空间、虚拟空间、实体空间",让学生掌握3D打印技术,达成从想象、设计到打印实物的全过程。课程既考虑技能学习,又强化思维能力培养。除了这些,我校还在艺术课程中进行工程素养培育,并为渗透工程素养开展了一系列德育活动,如:科普讲座、采访校友、南京爱国主义综合社会实践、"汇学小博士"评比等。在社团活动中也有工程素养培育,我校的社团倡导学生自主,以老师辅导为辅。在学校社团的运营中,一是运用了OA自主管理系统,二是营造工程素养培育特色的社团文化氛围,三是强化社团项目管理的理念,四是将工程素养与志愿服务结合,五是打造高校与高中社团联动机制。收到了很好的效果,社团获得了诸多荣誉。我很喜欢学校开展的这些关于工程素养的活动,尤其是种子课程特别有趣。

曾校长以前也当过班主任,对于如何管理班级集体也有很丰富的体会。他在《管,是为了不管》这本书中强调"学习型班集体关于'学'的5个体现"的内容,也给了我很深的启发。这一很有针对性的论述内容提到——在学习型班集体里,同学应知道自己为什么学、知道学什么、在哪儿学、什么时间学。而建设学习型班集体需要明确提高学习力的要素有7个,分别是:激发学习动机、调整平衡学习态度、催发调整学习兴趣、适时调整学习情绪、形成正确学习方法、磨练强化学习意志和培养良好学习习惯。其中我觉得"适时调整学习情绪"和"磨练强化学习意志",是我应该重点强化的;爸爸对我的这个认识也很赞同。现在看来,我在平时确实和书里写的比较像,不怎么喜欢我自己不喜欢的老师教的科目,并且在学习时缺乏觉悟和恒心,所以我在平时也要尽量让积极的学习情绪释放,并磨练自己的学习意志,在学习情绪和学习意志上努力。

二、徐汇中学培养工程素质的活动

最近,我们学校展开了"创建上海市工程素养培育特色高中"等活动,在2017年学生学习经历社会化评价中全市第一,开展了"工程素养"特色高中展示活动。围绕"培养工程素养"的活动,学校在社团活动、基础课程中,渗透工程素养培养特色,开设新科学、新技术、生命科学创新实验、工程科学创新实验课程等。在基础课程中,渗透了工程素养、科学知识等内容,培养我们崇尚科学的精神。在学校中有许多科技课程,像"波音787模拟飞行""天文拓展""大数据的奥秘""高铁列车模拟驾驶"等。我们的学校在努力完善教材、扎实提升课堂品质,重点建设"生命科学""工程科学"两大创新实验中心和种子课程群。在工程科学创新实验课程中,有无人机、天文台、3D打印等课程;而在生命科学创新实验课程中,有许多实验让学生观看、实际操作。

我们学校的社团共有32个,参与社团的同学有600多人,获得了许多市级比赛的荣誉。例如:模联社在2017年参加雅典杯全国中学生模拟联合国大会;经济社参加2017年上海东昌中学生经济论坛,获得2016第一届中学生联合商业挑战赛最佳团队奖;OM社成员获得第35届世界头脑奥林匹克二等奖;辩论社连续两年分获冠军和亚军。在我们学校,随处可见许多大柜子里面放满了书,它们是24小时图书漂流柜,我们可以随时随地借书、还书。这给我们确实带来了很大的便利,虽然它不能像图书馆那样有很多书选择,但是非常方便。在我们学校的图书馆里,藏书的内容就更丰富了,也有很多关于科技知识方面的图书。

我们学校还开展了"机器人"竞赛的活动,我们班上也有几个同学参加。他们利用一些副课的时间在教室里准备,我们经常会在教室黑板上看到他们画的图案和符号,看到他们认真地在讨论什么。同时,我们学校也举行了知识竞赛、投石车比赛等活动。在科学课上,我们去过生物实验室,使用显微镜观察蜗牛,科研实践让我们感到很有趣。我们班和科技班还有3D打印的课程,预初第一学期我们使用了3D打印笔来画一些作品,而在第二学期,我们就开始使用程序来做 3D 打印。在第一节课上,老师还介绍了 3D 打印机的原理以及它是如何运作的。

为了知道同学们喜不喜欢 3D 打印课,我在班级里特地做了民意调查。我先问"你喜不喜欢 3D 打印课啊?"大部分同学都说"喜欢"。也有一小部分同学说"不喜欢"。然后我就问"你为什么喜欢这门课啊?"他们的回答便是五花八门了。喜欢的同学说:"这门课很好玩";"做出来一个东西很有成就感,很高兴";"这些知识我都不知道,当然要听了"……不喜欢的同学说:"太无聊,有什么用吗?";"我做不出来,听不懂老师在讲什么";……还有一些同学的态度是:"谈不上喜欢,也不觉得讨厌";"我不太想做东西,更想知道它是怎么来的"……

通过这项民意调查,我知道了学校的这门课还是很受欢迎的,因为这是新知识,同学们都很喜欢学习、操作实践,大家对课外知识都很感兴趣。而有一小部分同学已经知道了这些知识,更想了解它的原理。总体来说,学校这项特色课的活动还是很成功的,我们班 46 个同学,只有几个人不喜欢。我个人认为,在课上最好穿插一些这些机器运作的原理,这样可以满足另外一部分同学的求知欲。在课堂上,最好教大家一些大家都不知道的东西,这样可以让大家都喜欢这门课,最大地激发学生的积极性。以我个人的看法,我希望可以多一些这样的课,每次上课总是感觉一下子就下课了,有些时候来不及完成自己的作品。同学们真的很喜欢这门课,一上这门课就会很高兴,也很努力、很积极地完成老师布置的任务。

我在 3D 打印课上有一些亲身经历,每当想起来的时候,我都觉得很高兴。有一次,老师给我们布置了一个作业,让我们在课上和同桌一起用 3D 打印笔做一个摩天轮,摩天轮要能转动,在后面几节 3D 打印课上都要做这个作品。于是我和同桌合作,我负责画图,她负责用 3D 打印笔画出来,我们决定摩天轮用奥运五环的形状。第一节课老师讲怎么做,所以第一节课上只做了第一个"五环";第二节课做第二个,再做摩天轮支架,把两个"五环"连起来架到支架上……一共用了 4 节课的时间,终于做好了这个摩天轮。我们把做好的作品拿给老师看,老师夸我们很有创意,还拿给班上的同学看。那时候,我心里很有成就感,觉得很高兴、很自豪!学校办的这些活动不仅有趣,而且也让我们长了知识,希望学校以后活动越来越多、越来越好!希望到更高年级的时候,我们会有更多的收获。

三、在全世界中学生的"科技盛宴"上夺冠

让曾校长、老师们和同学们自豪的是——在年中举行的2018上海国际青少年科技博览会暨"明日科技之星"国际邀请赛中,徐汇中学获得了本次大赛的一等奖!我校代表队搭建的桥梁是此次比赛中唯一一个顺利通过小车6公斤载重测试的,获得了全场最好的成绩。在科技老师的眼里,这是个非常了不起的成绩。

据了解:2018上海国际青少年科技博览会暨"明日科技之星"国际邀请赛由上海市教育委员会、上海市科学技术委员会主办,上海市科技艺术教育中心承办。今年的"明日科技之星"国际邀请赛是一场主题为"一带一路——创意桥梁"的模型建造比赛。根据比赛规则,每支由3—5人组成的参赛队,须根据现场所给的材料和工具设计搭建能经受一定载重考验的创意桥梁模型,并跨越一条1.2米长的"河流"。来自包括中国、美国、俄罗斯、新加坡等13个国家和地区的39支代表队参加了这一挑战,搭建出了一座座充满奇思妙想的创意桥梁。经过激烈比拼,上海市徐汇中学、复旦大学第二附属中学、上海市曹杨第二中学、美国社区私立学校雅典分校、上海市杨浦高级中学获得了本次国际邀请赛的一等奖。

据曾校长介绍:上海国际青少年科技博览会创办于2005年,每两年举办一届,迄今已成功举办七届,是一项以展示、交流、互动、联谊为主要特色的综合性、国际化的青少年科技专题活动,可以说是一场属于全世界中学生的"科技盛宴",也是展示上海科技教育成果的窗口与品牌,并且将继续激励青少年积极向上,用自己的创意改变生活。还有专家是这样评价的:"思想的交流与碰撞,文化的体验与启迪,让来自不同国家和地区的中学生看到了未来发展的无限前景。"

我校参加这次比赛的4名同学及立功者分别是初二殷紫珵、高一(1)班李云霖、高二(2)班李延泽、高二(2)班顾骁。以下是他们在徐汇中学的体会:

1. 殷紫珵：人，可以创造自己的潜力

初二殷紫珵说：近年有一个备受追捧的理论认为，练习任何技能一万个小时，就能让你成为该领域的专家。而在中国古代的《荀子》一书中也有这句：骐骥一跃，不能十步，驽马十驾，功在不舍。在我还不太懂得这些道理的时候，我就已经开始享受到这样的训练。中班的我懵懵无知中被妈妈诱上了乐器之路，开始学习古筝。然而最初的兴奋一结束，我就打起了退堂鼓。我家住在二楼，窗外就是小区游乐场，几乎每天练琴时都有同伴的嬉闹声和妈妈的斥责声伴奏，我泄愤般地抠着琴弦，却拗不过妈妈的坚持，就这样也通过了古筝7级。终于有一天妈妈难过地说我的琴声没有一丝美感，听着烦躁心累，以后随便我学不学琴。她说到做到，再也不送我去老师家，我们家再也没有吼声，当然也没有琴音。几个星期的狂喜过后，更多的竟然是失落，放学回家下意识地坐在琴旁，习惯性地盲弹几下，一股不舍涌上心头。7年的时间已是一个孩童的大半生，习琴教会我的不仅是音乐，更重要的是坚持的意义。如果我就这样半途而废，不过是五十步笑百步，于是我主动提出继续学琴，从此再不需要陪练督促。古筝十级一路顺利通过后，我又报名学了吉他，自学了口琴、尤克里里，在音乐中渐渐强大，我知道自己不是音乐天才，但我自信能成为一位和音乐共鸣的高手。再后来，我走进徐汇区科学营，最初也曾怀疑自己有没有发明天分，可是当你无问西东，素履以往，踏实完成每一项任务，你会感到自信越来越近。当我成功组装了电子元件，熬夜绘制了科普展板，坚守做出了生物实验，独立汇报了项目成果，我觉得天分有没有已经不重要，重要的是坚持的方向和意志的力量。最后，一万小时就能成专家的说法已经被证实不够科学，高手是练出来的，但这是所谓"刻意练习"，简单地说即为有目的地练习。人们可以创造自己的潜力——进步有多大，取决于你自己。

2. 李云霖：这种交流机会是不可多得的

高一(1)班李云霖也谈道：我的兴趣爱好是单片机和编程，并且对此有一定研究。个人曾参加过未来工程师比赛中的语音控制程序，并获得过二等奖。我参加这一次活动的主要原因是自身对于建筑结构也有一定的兴

趣,同时又想在科博会当中见识一下同龄人的科创研究成果,为将来做课题做好准备。而且也适逢暑假,学业压力不重,又没有时间上的冲突,所以老师找到我的时候,我没有经过太多思考便参加了。这次活动也确实让我自己收获颇丰,不但达成了自己既定的目标,同时还有与外国学校学生交流的机会。这种交流的机会是不可多得的,不但能了解外国学生学习方法与中国学生的差异并从中取长补短,同时也能锻炼一下英语的口语能力。我以后也会多多参加类似活动,以此提升自己的科技素养。

3. 李延泽:自信,变相决定成功的关键

高二(2)班李延泽表示:平时的我性格活跃、阳光,兴趣爱好广泛。从小学开始,就已经开始练琴的我,如今已初有小成,因而也让我经历了大大小小的比赛、表演,锻炼了我冷静的处事心态以及对待一件事的专一、投入。除此之外,我也曾浅显地学过书法、素描。同时,我也很注意身体的健康,课余时总会去球场上挥洒汗水,以及进行有规律的锻炼。从小我就喜欢玩一些会变形的玩具或者是积木,直至如今复杂的高达模型,让我对模型的搭建技巧有了初步的了解。而初中时在科技方面十分积极活跃的我,也曾参加过许多有关模型设计的比赛,积累了从设计再到切割以及组装各个方面的技巧、经验。对于这次比赛,事前拿到主办方所公布出的赛题后,我们和指导老师进行了对赛题的解读,大致了解了比赛的形式,并依据所给材料进行了初步的草图绘制。然而,过程当中,问题也当然是接踵而至的。首先困扰最大的便是材料及其尺寸,因为这对整个结构的设计有决定性影响,所以我们向主办方进行了咨询,但结果并没能如愿,主办方表示:不能告知。经过了大概一天的讨论,其间进行了多次的小模型制作与测试,经过不断修改后,我们选择了以斜拉桥为主的变形桥,结果成为现场获得最高分的作品。对于此次成绩,我也是非常地激动,除了前期充分的准备外,现场3个小时的制作时间,对于我们要制作的稍复杂的模型来说,是紧张的,所以,平稳的心态以及队员之间互相的激励也是必不可少的。我觉得,还有一点,也是十分重要的,也同时是变相决定了我们成功的关键,那就是自信、勇敢。就像是隔壁的韩国队,明明拥有能超越我们的实力,却因为内心对种种因素的考虑,而错失良机,我,为他们而感到惋惜。当然,我们也差一点的是,如果当

时我犹豫了,我害怕了,对自己的作品没有充足的自信,而且选择了 5 公斤,那么,那份荣誉如今也就不会属于我了。你要是对自己都没有必胜的信心,一颗去追求第一的决心,那份荣誉又如何降临到你身上呢?

4. 顾骁:活动,是切身经历的学习过程

高二(2)班顾骁也认为:我在平时生活中非常喜欢参加各种活动,主要的活动由青少年活动中心光启创新基地和徐汇中学发起。参加的主要有第三十九届世界头脑奥林匹克中国区决赛(赛题:让表情包说话)、"五建杯"第十六届交通大学结构设计竞赛等。在校内,我积极参加各科学科竞赛、校内辩论赛,充当志愿者,任职劳动委员、高一(现高二)年级自管会会长、东方绿舟国防教育活动徐汇中学安全部部长。个人认为,积极参与的各项活动都是对个人能力的培养和历练,尽管有自己不擅长或一定得不了奖的活动,我依旧义无反顾地参加,抱着纯粹的参与、进取精神去比赛、学习。我也常常被长辈们"批评"说功课和活动不分主次。但我认为,活动即是一种切身经历的学习过程,在一场团队竞赛中,我和队友们都哭过、笑过,在竞技的过程中学习到的不只是技能,还有与人交际的能力。为此,我会放空我的"私我"去参加活动,也会绷紧神经,高效、刻苦地学习。

(作者:徐汇中学初一年级三班学生)

门 唯 一
——怀着一颗赤诚之心的援藏教师

龚子安

暑假期间,我回到徐汇中学校园,相较于上学期间,此时的校园则静谧得多。在崇思楼二楼的校长办公室会议厅,我采访了徐汇中学于2016年6月进藏展开为期3年的援藏工作的门唯一老师。门唯一老师向我讲述了他此前两年在西藏地区开展的各项工作以及一路走来的心路历程。

一、怀一颗赤诚之心,走上援藏之路

见到门老师,我提出的第一个问题便是:"您最初决定前往西藏参与援藏工作的初心以及能一直坚持下来的动力是什么?"

门老师略加思索,似乎回忆起了两年前的场景:"当我最初了解有这样一个项目后,我便去了解了援助地区的自然条件和当地人的生活环境,以及当地学生的学习成长环境,深感当地学生求学的不易。同时,我也去了解了过去十几年上海援藏项目的发展历程和建设成果,不禁开始思考自己能否为西藏地区的教育事业贡献出自己的一份绵薄之力。在经过一番深思熟虑后,我决心踏上援藏之旅。"

门老师停顿了一下,继续说道:"修身齐家治国平天下,是儒家文化的人生价值追求。不安于一邦的富饶,而求四方的发达。不苟且于自身的安逸,而奔波于国家的强盛。即使是被流放而到边陲的林则徐,也是满腔豪情在荒漠中打井促耕造福于民。生于国家危难之际的陶行知毕生致力于为国家之强盛而创办教育,曾说:如果我们的国家有一个孩子没有受到教育,我都

觉得自己有责任。那些先贤的流风遗迹,无疑更加坚定了我投身援藏队伍的决心。在中华民族伟大复兴的当今时代,西藏的国防建设、生态保护、经济文化发展等具有重要的战略意义。由于地域上的高海拔和直接从农奴社会跨越到社会主义社会,西藏的建设迫切需要人才,需要各民族同胞之间的相互交流、相互帮助、相互促进。当西藏的教育事业需要其他地区予以支持的时候,我想,我应该有所作为。"

而谈及能一直坚持下来的动力时,门老师则提到了整个组团式教育援藏的宗旨:"在援藏过程中确实会遇到各种困难,但是作为一个团队,团队中任何一个成员遇到困难,其他成员都会尽力相助,整个团队团结一心,氛围极好。团队中的每个成员都紧扣一个宗旨——为西藏的长治久安和社会经济发展培养爱党、爱国、维护民族团结、有知识、有能力的人才;我们需要牢记党中央和上海人民托付的光荣使命,坚持'五个为',即组团式教育人才援藏工作是为了贯彻实施党中央的西藏建设方略,为了增进汉藏人民的文化交流和民族团结,为了促进沪藏两地的人才交流和资源共享,为了服务当地师生的成长和学校的发展,为了培养和锻炼一批党的优秀干部;每一位援藏干部都要担当起五个角色,即党的优秀干部角色、文化使者角色、桥梁纽带角色、播种桃李的园丁角色和援藏大学堂中的学习者角色。在这样一个宗旨的引领下,大家都干劲十足,虽有困难,但也都砥砺前行。"

二、克服重重艰险,建设美丽校园

虽然我从未去过西藏,但是对于西藏的各种恶劣的自然条件也有所耳闻,诸如海拔高、昼夜温差大、干旱少雨等。而除了自然条件之外,当地社会经济条件的相对落后无疑也是一大问题,当地很多学校的硬件设施都极其落后,因而也会导致当地学生的生活习惯和卫生习惯的差异。然而,耳闻不如目见,没有亲身经历终究还是无法切身体会到当地生活的艰难,于是我便问门老师:"在援藏工作过程中,您遇到过哪些比较难克服的困难或是较难解决的问题?在这些困难中又有哪些是您在抵达西藏前不曾预料到?您最终又是如何解决这些困难的呢?"

门老师说:"西藏是世界屋脊,高海拔和少雨水,不利于植物的生长。地域广阔,交通不便,校园设施的更新成本高。这边每年春季,风沙很大,校园里的一些设施容易损坏。面对这些问题,如何建设温馨而美丽的生态校园正是我在工作中需要解决的最大的也是最困难的一个问题。与办学成绩在自治区名列前茅相比,学校的硬件方面处于落后地位,一些偏远乡村的教师到日喀则实验学校来交流学习时,甚至都觉得学校的设施设备非常寒碜。基于这样的背景,工作队积极制定'美丽校园'规划,以此为抓手从而逐渐改变校园整体环境,为学校'环境育人'这一理念的实施提供有力的支持。从2016年6月至今,工作队主要完成了诸如校园路面沥青铺设,实验学校主下水管网疏通养护工程,学校教学楼门窗更新,学校各类建筑物屋顶防水,地面、卫生间下水管网维修,高中教学楼建筑外墙粉刷,校园绿化工程,宿舍区、初中小学教学区进行附属路面硬化和绿化设计等学校外部环境改造。同时,工作队在逐渐完成学校外部环境改造的过程中,根据学校师生的实际需求,积极主动地调整'美丽校园'规划,为'环境育人'这一美好目标提供更加有力的保障。工作队在学生饮水设备建设、学生食堂改建、学生浴室建设、全校厕所改造、标准化教室改造、学校多功能大会议室改造、操场改造等方面都取得了预期的效果。"

听到这里,我不禁问道:"在整个援藏工作过程中,有哪一件事情是令您印象最为深刻的?或者说哪一项工作(项目)的成功完成是让您最为自豪、有成就感的?"

门老师陷入了回忆,约莫想了一分钟后告诉我,他觉得能够将日喀则实验学校的教学楼和学生宿舍建设成标准化的盥洗室和学生浴室无疑就是一件非常有成就感的事情。在门老师最初抵达日喀则实验学校时,一栋三层的教学办公楼,竟然只有一间盥洗室是可以使用的,其他的则都因年久失修而无法使用。而学生浴室,也因设备陈旧以及耗能过大导致经济负担加重等原因而停用。这些都严重影响了学生的生活条件和校园卫生状况。为了改变这一状况,援藏团队投入资金进行了学生浴室翻新和技术改造以及全校盥洗室的标准化改造。门老师说,当看到学生们可以不用再为了上厕所而跑很远的路以及可以每周洗澡时,他的内心十分欣慰。谈及这些,门老师的喜悦之情溢于言表。紧接着,门老师便拿出手机,打开相册翻出了许多新修校舍的照片,我一张张浏览,发现如今的日喀则实验学校可以说在硬件条件上已经丝毫不逊于上海的大部分学校了,我的内心也为他们感到高兴,同时也更加敬佩门老师和其他那些援藏教师。正是他们的努力,使这所学校今非昔比,成为整个西藏地区最好的学校之一。

三、不忘初心,满怀希望,砥砺前行

而除了校园本身,学生们的学习和生活无疑也是援藏老师们关心的重点,想到这里,我不由得有些好奇西藏地区学生和上海学生的不同点:"在您看来,西藏的学生和上海的学生有哪些相同或相似的地方,又有哪些不同点?"

门老师想了想,说道:"我还是主要来谈谈不同点吧。西藏的学生们给了我全新的认识。相对于内地的孩子,他们有着更加强烈的求知欲、吃苦耐劳的学习精神、对老师无比尊重的情感……由于种种原因(可能语言是最大的原因)这边大多数学生学习理科还停留在上课被灌输、下课死背书的方式上。没有从自然科学的理论学习中锻炼逻辑思维、从实验中锻炼动手能力。"

听到这里,我不由得陷入了思考:像我这样身处上海这样一座国际大都市的学生或许永远都无法体会到那些学生所过的艰苦生活,或许很多在我看来习以为常,抑或是认为理所应当没什么值得珍惜的东西,在他们眼里可能却是求之不得的。倘若给他们以我的生活学习条件,恐怕他们只会比我现在要努力不知多少倍。所幸,有像门老师这样一批援藏教师,把宝贵的物资和教学资源带到了那里,使得那里的学生如今也可以享受到许多上海学生享受的教学资源。我继续问道:"如果将您最初抵达西藏和如今的校园进行对比,您认为整个校园(校园内的学生和老师)所发生的最为显著的变化是什么?"

门老师说:"校园环境对师生教与学活动有很重要的影响。近年,党和政府不遗余力地推进义务教育均衡发展,农村校园面貌发生了显著变化,校风、学风、教风也有根本性改变。由于教师、学生学习和生活的条件得到改

善,大家心情舒畅,能专心致志于教学和科研。学校建起文化墙、诗廊报林,树立校训碑,设置告诫、警示牌,实现了自然景观与人文景观的和谐统一。置身于这样的环境,学生举止文明,谈吐文雅,勤奋好学,教师敬业爱岗,严谨治学,一派蓬勃向上的气象,增强了师生员工的凝聚力和向心力,实现了教书育人、服务育人、管理育人、环境育人的综合效应,教育教学质量由此也在逐步提高。"

而后,门老师又提到了他们在日喀则实验学校所引入的先进的智能网络教学平台,通过该平台,可以实现日喀则实验学校与沪上多所学校以及西藏当地多个县的学校的网络互联,从而实现线上资源共享,诸如许多名师的公开课,可以通过网络视频直播或录播的形式让西藏学生进行观摩学习。随后,门老师又一次拿出手机向我展示了许多校园的照片以及一些正在进行建设或是在规划设计阶段的项目的设计图稿和构想。看着这些,我由衷地为西藏学生感到高兴,也由衷敬佩敬仰这些援藏教师,正是他们的不忘初心,坚持不懈,无私奉献,呕心沥血,才使得当地的教学质量和学生的成长环境得到了大幅度的提升,他们都称得上是新时代的"国之栋梁"。

最后,我则询问门老师关于他接下来一年援藏工作的一些计划和期望,他向我提到了教室标准化建设的进一步开展,高中部操场的深入改造,实验室的全面升级,以及许多其他方面的一些工作安排。听着门老师的描述,我的脑海里也不禁开始畅想日喀则实验学校的未来景象。衷心希望日喀则实验学校能越办越好,也希望能有更多人向门老师学习,为西藏的教育事业奉献出自己的一份力量。

(作者:徐汇中学高三年级一班学生)

一棵幼苗的茁壮成长离不开
最适合它生长的土壤

——在徐汇中学 2018 届高中毕业典礼上的演讲

王欣然

尊敬的老师们、家长们,亲爱的同学们:

大家好!我是来自高三(1)班的王欣然,是徐汇中学 2018 届这个积极向上、精诚团结、优秀温暖的大家庭中的一员,我非常荣幸能够在这个特殊的日子里,作为学生代表在此发言。

清晨漫步于校园中,就那么一回眸,草木砖瓦皆成牵伴,就那么一恍惚,桌椅层楼无不关情,3 年前,我们于此相聚,今天,我们于此分别。

7 年前,年少懵懂的我满怀着好奇与无限憧憬第一次踏入了美丽的徐汇校园,开启了我初中四年的生活。3 年前,当我面临着如何填报中考志愿这个问题时,我未曾有过一丝一毫的犹豫,第一志愿学校便是我的母校,徐汇中学,我的父母也十分支持我的决定。做出这个决定的原因是,我始终坚信,适合自己的,才是最好的。一棵幼苗的茁壮成长离不开最适合它生长的土壤。

的确,从预初到高三,徐汇这片土壤,给予了我许多,我始终不悔当初的决定。在各式各样的活动以及充满机遇和挑战的工作中,令我感触最深、收获最大的是,我有幸在姚虹副校长和上海社会科学院王泠一博士的陪同下,赴上海复旦大学医学院对享有国际声誉的著名脑科学家杨雄里院士进行了采访,在此之前,我从未想过自己作为一名高中生,能有机会与一名"科学大咖"、中科院院士如此近距离地交流。采访中,杨院士的一番话令我受益匪浅:"世界上没有那么多的天才,我不是天才,你也不是天才,但后天的勤奋可以弥补不足,只是很少有人能够做到持久、连续、几十年如一日地勤奋。"

在多年的学习过程中,我一直都觉得自己并不是个非常聪明的人,并因此而沮丧过,也羡慕那些智商超高的天才,但杨院士的鼓励和肯定给了我更多的自信,也给我指明了方向,既然不是天赋异禀的人,那就一定要做最努力勤奋的人。临别之际,杨院士为全体徐汇学子提笔写下"人的一生就是一个不断进步、不断完善的过程",这句金玉良言也成了勉励我永远保持一颗好奇心和恒心去终身学习的动力。

此次采访的契机是因在上海社科院、上海地方志办的支持和帮助下成立的"徐汇中学少年中国梦孵化基地",吸收初高中不同年龄段热爱写作的同学作为学员,采访了许多革命者和科学家。姚虹副校长将学员们称为"梦之队",如今,"梦之队"已在各类报刊杂志和网站上发表文章共36篇,可谓是硕果累累。

一个人的一生有多少个7年?又有多少个7年能够在同一个地方度过?我感到非常幸运,因为我人生中最美好灿烂的7年青春,是在徐汇这片带给我成长和快乐的热土上度过的,校园中的每个角落都曾留下过我为了梦想而拼搏的身影,今天,我终于在这片最适合我的、最熟悉的土壤上开花结果了。

生活中最难开口的,往往是初次的问好和最终的道别,3年前,在一声声羞涩的问好和自我介绍中,我们相遇相识,3年间,我们的心逐渐紧靠,互相成了如同亲人般的好兄弟、好姐妹。

还记得高一东方绿舟军训的入营仪式上,我们的宣誓声是那样的铿锵有力;在两人三足的游戏里,我们齐心协力、步调一致;在匍匐前进的训练中,我们不怕苦不怕累,力求做到最标准的姿势;在射击考核中,我们屏息凝神,成绩优异……还有许许多多极富挑战性的团队活动中,我们都展现出了徐汇学子团结、勇敢、自信的风貌。想必最令同学们难忘的,是男生10公里、女生8公里的夜间拉练:当晚,天空中星河璀璨,淀山湖旁亮起了我们手中的灯光。我们一路高歌,在一片黑暗中坚定前行,气势磅礴地喊出:"徐汇徐汇,人才荟萃,徐汇出人才,成才在徐汇。"拉练全程中,徐汇学子无一人掉队、无一人中途放弃,全部坚持走到了终点。还有我们敬爱的老师们,全程也都跟着我们的队伍步行到最后一刻,与我们同甘共苦,时刻关注着每一位同学的身体状况,举着手电筒为我们照亮脚下的道路。

还记得高一在南京社会考察时,每个小组通过自己查找资料,在全面考虑到时间、目的地、交通路线、花费以及研究性课题等因素后,齐心协力制定了一份合理的行程表,顺利参观完了总统府、夫子庙、六朝博物馆、玄武门等景点,也体验了南京的特色美食与地铁等公共交通,更加深入地感受了这座城市的气息。我们集体前往雨花台革命烈士陵园,在纪念碑广场举行了庄严肃穆的祭扫仪式,凭吊为革命而英勇牺牲的烈士英魂。在高二绍兴社会考察时,我们立志向鲁迅先生学习,热爱祖国,甘愿做野草、做孺子牛服务于他人,以实际行动传承中华民族精神;我们在刻有《兰亭集序》的石碑前,举行了朗诵大赛,6个班级各显神通、形式多样,有别出心裁的动作和队形,还有陶笛、二胡或是小提琴的伴奏,青山绿水,曲径通幽,垂柳依依,细雨绵绵,书声琅琅,乐声悠扬,这次第,怎一个"雅"字了得!茶声烟里,又是一个江南的春天,那些出现在地理课本中的水乡特色,那些出现在鲁迅先生作品中的传神人物,那些文人墨客曾酒酣挥毫之处,我们终在诵读后脚踏实地,亲见亲历,收获了更多知识,每一位同学都变得更加自立自强,每一个集体都更加互助团结,我们都在旅途的终点,遇见了更加成熟、优秀的自己。

　　还记得高二时的学农活动,为我们充满书卷气的高中生活添上了一缕田间旷野的清香。第一天进入寝室整理内务时,上下铺、左右铺的同学都会互相帮助,一人拉着被套的两角,一人将被子塞入;挖红薯时,运气好的同学能挖到一大袋,也有同学只挖到了两三个,回到寝室后,红薯多的同学会把自己的红薯拿出来分享给少的同学;我们接受的是军事化管理,纪律严明,强调服从纪律与时间观念,生活环境也与平时不同,同学们都在努力做到"不是让环境适应自己,而是让自己去适应环境";晨间下地时,道路狭长又泥泞多洼,然而队伍始终在整齐有序地行进;每一名寝室内的成员都必须整理好自己的床铺,将个人物品摆放整齐,寝室长必须分工明确,安排好扫地、拖地、擦门窗的工作,还要保管好寝室钥匙;每张餐桌,每一餐都会有一位同学留下协助桌长清理桌面;各班的体育委员或班长需时刻清点好人数,保管好连旗,关心同学们的身体状况;男同学们会主动等候在车外帮女同学搬运行李,并把车厢内较平稳的座位留给女同学;同寝室的同学会为生病的同学打来一瓶瓶的热水;通勤班的同学为我们运换水桶、打扫卫生、分发饭菜,将后勤工作完成得井井有条,许多同学也不忘在接过他们递来餐具时真诚地说一声:"谢谢,你们辛苦了!"我们在这段"晨兴理荒秽,戴月荷锄归"的日子中,学会了合作与分享,学会了适应与坚持,学会了责任与担当,学会了奉献与感恩。在走出了这座"自然大教室"后,我们也深刻地体会到了,无论是在田间地头翻地、锄草,还是在校内学习、生活,我们都需要具备以上这些素质,只有具备了这些素质,我们才能在面对一切问题时,攻无不克、战无不胜,成为一名合格的人才,做真正的"成大事者"。

俄国著名作家陀思妥耶夫斯基曾言:"人,首先应该善良,其次是诚实,最后是永远不要相互遗忘。"也许,我们会遗忘曾经的学号或是教室的座位,甚至随着时间的不断推移,10年、20年、30年后,一些老师或同学的面容会在脑海中不再那么清晰,变得有些模糊,但我们不应该遗忘的是,在徐汇的这3年时光中,有多少个睡眼惺忪却又咬牙奋战的早自习,自己曾与同学们一起努力坚持、并肩前行。我们不应该遗忘的是:遭遇困难坎坷时,一定有同学们伸出的助你一臂之力的双手;遭遇病痛沮丧时,一定有同学们的嘘寒问暖与加油鼓励。我们不应该遗忘的是:当我们渴望知识提问求解时,是老师们孜孜不倦地教导、耐心详细的解答;当我们受困迷茫不知所措时,是老师们为我们指点迷津、抚慰心灵;当我们在考场中奋笔疾书、努力拼搏时,是老师们在考场外为我们祝福祈祷,加油鼓劲。我们不应该遗忘的是:父母赋予我们生命,抚育我们成长,教育我们成才,一直以来,他们都在尽最大的努力为我们创造最优的生活与学习环境。我们不应该遗忘的就是这些来自父母、老师与同学们的关爱与帮助,是他们成就了我们走到了今日。"被别人爱是一种幸福,而爱别人是一种更长久的幸福",我们应该对来自别人的爱心怀感恩,并学会用自己的爱去温暖、去帮助更多的人,我想,这便是"永远不要相互遗忘"的意义所在吧。

3年有多漫长?3年是36个月,是1 125天,是27 000个小时。

3年有多短暂?匆匆3年,如同白驹过隙,如同流沙逝于掌心,如同流星划过夜空。寒来暑往,日月如流,暮去朝来,弹指一挥间,只留往事待追忆。

然而无论漫长还是短暂,就在今天,我们即将共同为此画上一个因充满着汗水、泪水和欢笑而无比饱满的句号,不负青春,不负时光。

回忆了过去,我们也要展望一下未来。我们这一届毕业生可谓是备受瞩目,被社会舆论统称为"首批00后",也被贴上过许多的标签,但我们不会被这些标签所影响和限制，我们有属于自己的气质、思考、情怀与理想。在这个世界多极化、经济全球化、信息社会化、文化与价值多元化的时代，我们是时代进步的受益者，同时也面临着许多问题与弊病，快速的发展与更迭令人产生被淘汰的危机感，但我们无须过于焦虑，在徐汇的学习经历让我们学会了去批判地参与、虚心地聆听以及创造性地应对挑战与难关，我们对于集体、对于社会的责任担当感也越来越强，只要我们在未来保持并继续发展这些宝贵的能力与品质，徐汇学子必能把握机遇、脱颖而出，不断拓宽人生的格局。

芳华三载，汇爱此生。母校赠予我们的如此之多，究竟什么才是我们对于母校最好的回赠呢？我想，那就是今天即将迈出校门的每一位徐汇学子都怀着感恩之心从此出发，用我们的善意去温暖他人，用我们的思想和实践去改善社会。这是我对于徐汇核心育人理念"感恩、善良、责任、大气"的感悟，也是我愿意为之奋斗的目标。

请各位再次环顾四周，抬头看看，这是你所深爱同时也深爱着你的母校，你曾在教室里汲取知识，你曾在球场上挥洒汗水，母校见证了我们美好的3年青春，如今我们即将承载着她的荣耀远行，他日，我们必将承载着各自的荣耀而归。

最后，千言万语化为这句最真挚的祝福：愿同学们梦想成真，前程似锦！愿老师、家长们工作顺利、幸福安康！愿母校蒸蒸日上、永续辉煌！愿我们永远年轻，永远热泪盈眶！谢谢大家！

（作者：华东师范大学学生）

马相伯铜像前的告白
——科学的春天正波澜壮阔

王泠一

春天,是播种的季节。不过在徐汇中学,我却很惊讶科学兴趣教育的强力播种者和带头人,却是语文特级教师、校长曾宪一。他是我的同龄人,所以,彼此之间的共同话题还特别多。如我们都在小学时候,背诵过标点符号之后长长的圆周率、读过著名的报告文学《哥德巴赫猜想》、熟悉大数学家陈景润的事迹……

因为我曾经牵线搭桥,让上海社科院历史所联合校方编撰过160年的《徐汇中学校史》,因此对于这所近代就接轨世界先进教育理念的完中十分熟悉。又因为徐汇中学的第一届毕业生中就出了个著名的爱国者、教育家马相伯,他又创办了复旦大学;作为母校学子,我还研究过马相伯先贤的科教兴国思想。说起徐汇中学的科学教育基因,校长曾宪一如数家珍。他告诉全体青年教师:徐汇立校之初,就在全国率先开设了物理、化学、生物等60门石破天惊的科学课程,自然和当时的科举考试格格不入。但科举,最后还是被历史潮流淘汰了。而1904年的徐汇中学更是用中英法三种语言教授数学、物理、地理等学科,并广建实验室。如今,学生科学素养的积淀正面临应试和升学的压力。但如果不能合理应对这种压力,今天的学生就无法接受明天的挑战,自然无法成为国家核心竞争力的后备力量;这是我和曾宪一校长深入交流后的共识。如何应对?好在路总在脚下!

曾校长告诉我:从1993年开始以来的1/4的世纪里,学校班子一届接一届地孵育现代化所迫切需要的科学基因,成功地开设了声誉鹊起的科技班以及与丰富思维能力相辅相成的音乐班、美术班等特色班,采用走班(机动)上课模式实施多彩发展教育,为各年级的学生开设了120多门拓展型和研究型课程。

有情怀的基础教育,理应是家事、国事、天下事,事事关心。为了更加贴近中学生们所处的社会现实环境,这些课程有的直接源于并不光彩的社会挑战。如食品安全可是民族生存的基础,也是国家繁荣的保障,更关乎学生自身的健康成长。但是,随着食品生产的机械化和集约化,以及化学品和新技术的广泛(甚至是过度)使用,新的食品安全问题不断发生。目前,无论是发达国家还是发展中国家,不论食品安全监管制度是否完善,都存在着爆发食品安全风险的现实问题。

在现实中,中学生的信息来源虽然多元化,但却又是碎片化的;早些年的网络和微博,近几年的微信和自媒体以及公众号等,都是如此。中学传统的化学、生物等学科教育,对当下的学生来说显然是不解渴的。因此,徐汇中学就及时推出了创新型的生命科学实验教程,而附近上海交大的专业教授们,居然就成为中学生们新认知学习和探索的后盾。具体怎么学呢?曾校长告诉我两个基本实验:一是猪肉中瘦肉精的快速检测,二是蔬菜中农药残留的快速检测。同时,还要了解我国加入世界贸易组织以来,西方国家以所谓的"绿色壁垒"等技术门槛频频刁难我国农产品出口,使我国农民损失巨大,直接影响脱贫工程。而这对于眼下中学生们热议中的史诗级贸易大战,美方的"绿色壁垒"也是个便于理解的新视角。

让我很感动的是:和上海交大生物学教授们一样,甘于积极承担社会责任的还有同济大学交通运输工程学院的专家们。同济的大教授们不仅给中学生们亲自授课、辅导实验、指点调研,还和徐汇中学一起联合编著了《列车调度与模拟驾驶》等校本教材,甚至积极合建人才培养基地——"轨道交通运输系统仿真实验室"。同济大学的洪玲教授告诉笔者:实验室的第二期设备"高速列车模拟驾驶系统"已经投入建设,未来几年徐汇中学将全面建成同济大学交通运输专业的中学实训基地。如此投入的人才培养目标是什么呢?洪玲说,旨在让中学生们理解工程伦理,养成了解国情、维护国家利益以及推动社会进步的责任感;在专业方面则能够掌握系统仿真及计算机相关的基础知识,充分了解轨道交通系统的规划设计、运营管理以及优化编组等方面的工程概念。这样学生们也就不是简单乘客了!

科学素养的培育,还可以通过丰富的课外活动来体现。如在2017年,我曾经和姚虹老师陪徐汇中学的高中生去中国科学院有机化学研究所、技术物理研究所、复旦大学生命科学院等科学高地,采访包括有机所所长丁奎岭院士在内的科学家们,学子们受到了科学家们的热情接待和细心解答。学子们形成了系列采访记和调研报告,并得到了《新民周刊》《解放日报》以及人民网等主流媒体的充分报道,直接鼓舞了徐汇师生探究科学前沿的士气和意志。中科院有机所同年还通过学校,邀请高中生们和化学老师一起观看其科普专题片——《我们需要化学》。

这部科普专题片本身就具有极高的传播水平,徐汇中学的师生们在观看之后都深有感触。如当时高二年级一班的王孟睿同学就告诉笔者:"化学是我在初三时开始接触的一门学科,它宛如一片神秘的星云,重新激发了我对于学习的兴趣,学会开始用一种新的眼光来看待和客观地解释世界。首先吸引我的,是化学实验课上摆在实验桌上的一瓶瓶试剂和在水中波波作响的氧气,是化学,第一次将生活中无形的物质化为了有形的学识"。从这门科学诞生之日起,化学就有着自身的独特魅力。他认为:追溯化学的历史,这样的发现、探索之志趣,从西方的拉瓦锡开始,自东方的火药发明以来,用着不同却又相同的"烟火",启蒙着一个个世代。王孟睿还谈到自己以往接触化学概念的体会:还依稀记得二模考时仍对盐和食盐傻傻分不清,却就在这一次想要挖掘、理解盐的概念之中,发现了化学对生活的种种用处:食醋是"盐",无机化肥是"盐",乃至我们身边林立着的许多建筑,也是由大理石这种"盐"所构建。无疑,化学给予了我们一个具象的、物质化的世界。它将神话中的七彩神石命名,将万物生命中的"灵气"与"戾气"分离给我们看,以元素周期表的形式——严谨而不失规律地展现出来。

王孟睿还这样介绍:进入徐汇中学高中阶段后,化学的"疆土"扩大到了有机,同样带给了我们人类社会无尽的宝藏,如从塑料袋到瓶,到高端的生物制药,毒理分析。于是我们看到了化学和生物、地理、物理等不同领域绽放出来的花朵,它使我为之信服:我们的生活离不开化学。整部化学史,以及我们学化学的历史,用两条不同的时间线共同证明了理性思考、探索发现的魅力,我们不容否认,其中也产生了如生化武器、毒品之类的邪恶之花,但我们更加珍视化学对人类健康、社会、经济发展的贡献。有数据指出,诺贝尔化学奖得主超过70%为非化学专业,这更说明了化学"润物细无声"的无形影响,时时刻刻地改变着我们的生活。所以,王孟睿向笔者强调的是:"我们需要化学,我为化学点赞!"而一年多的时间过去之后,王孟睿同学经过今年高考的选拔成为复旦大学的新生。

  在我看来:新时代的中学生们,当然不是简单的乘客或者是学科的看客;综合科学素养将是未来的核心竞争力。让我感慨的是:高铁作为新时代中国的新四大发明之一,是党的十九大之后的中国面向世界最耀眼的辉煌。当曾校长亲自陪我坐进高铁驾驶实验舱时,模拟场景的感觉,则分明让我觉得就是长大后的孩子们快速行进在"一带一路"上。也就是在这刹那间,我和同龄人曾宪一都想起了自己中学时期的课本历史人物,即在外国人白眼下筑就我国北方第一条山地铁路的爱国工程师詹天佑。他驾驶列车出山海关时的第一声汽笛,如同同时代马相伯的呐喊一样,都是为了唤醒一个古老的中国。走出高铁实验舱之后,我们又在徐汇中学的马相伯铜像前伫立良久。我们告诉老人:中国早已醒来,科学的春天正波澜壮阔!

(作者为本书主编、徐汇中学少年中国梦孵化基地讲师)

从化学看科学起源和发展的本质始终是人性的

顾春兰

学校的少年中国梦孵化基地常常推荐课外读物,有时还是有声影片。如2017年就推荐了《我们需要化学》系列科普专题片。这部专题片汇聚多位化学权威及中科院院士、研究员,一同为化学正名、为化学发声;分别以"化学的起源""化学与人类饮食""化学与材料科学""化学与生命科学"以及"展望未来化学"为题材,深入浅出地为我们呈现化学的本源以及我们生活的化学本质。

作为化学工作者、一名化学教师,观看了此纪录片,深感提高公民化学科学素养,我们义不容辞、责无旁贷。首先,在初中义务教育阶段的科学课中可普及此片,是培养学生化学科学品质的先机,学生学习化学的动机、兴趣、情感和意志等对学生的学习水平起着十分重要的作用,对化学科学素养的养成也至关重要。

其次,于基础型课程而言,该片既从学科发展和演变的历史侧面,解读了某些我们课本教材中的核心概念,教材上几行简洁的平心静气的文字,在它的背后隐藏了许多鲜为人知的"秘密",在这之中有各类科学之间的争执和斗争,有科学家的血汗甚至付出生命的代价。该片动态的引人入胜的呈现方式能让学生更好地感悟科学家勇于探索、创新的科学精神;该片又呈现了某些化学概念、规律的由来和演变,这对一线教师通过一定的教学方法使学生理解概念或规律的本意有助力作用,能使学生清晰地认识学科发展脉络,从而树立化学学科意识。这让我和同事们想起了一位大师这样深刻的名言,即科学史学科的创始人乔治·萨顿认为:"使科学人性化的最好方式,即使不是唯一的方式,就是对科学进行历史考察。"这是因为,"无论科学可能变得多么抽象,它的起源和发展的本质却是人性的"。

我们邀请已有化学学科基础认知的部分高中生一起观看,他们的体会分别是:

1. 高二(4)班潘婕:化学可以让我们不再拘泥于四季

化学的学习已经伴随着我有3年的时间了,不长不短,但也让我感受到了了解事物本质的快感与满足感。不知不觉,我也意识到化学是生活中必不可少的存在。《我们需要化学》清晰地把这样的想法展现出来,也让我从化学的历史和前人的成果中获得了很多。拉瓦锡质疑前人对于氧气的结论,于是实验,并提出自己的想法。就像苏轼不满郦道元与李渤对石钟山名字由来的解释,便亲自到夜晚泊舟,寻觅正解。我们不能随意主观臆断,而应该学会质疑、不断探索、勇于尝试。化学可以让我们不再拘泥于四季、气候等,而是合理地利用规则。如化肥、农药的研发与改进等。我们能够不再害怕天灾,不再盲目崇拜神明,而是依靠自己。化学的学习需要结合生物、农业等不同的领域,共同发展,这样才能使我们获得更好的化学素养,更好地改善生活质量。现在的食品、服装、珠宝、化妆品、建筑等无不需要化学、依赖化学,学好化学是我们更好生活的第一步。

2. 高二(4)班苍柏先:人类在用自己的武器追赶着生命的步伐

世界是物质的世界,而化学则是人类用以认识和改造物质世界的主要方法和手段之一。生活中处处存在着化学,饮用的自来水、喝水的杯子、挡雨的雨伞等等无一难逃化学的魅力。从开始用火的原始社会,直到使用各种人造物质的现代社会,人类都在享用化学的成果。人类对世界无尽的探索,同时也促进了文明的发展。《我们需要化学》这部科普片从不同角度向人们展现了生活中的化学。我们与化学是密不可分的,化学非常神秘、美丽,人类历史、饮食、生活、材料、生命以及未来世界都难逃化学的影子。

氧气,宇宙中含量第三,人体内含氧量超过50%。最普通、人类最赖以生存的氧气经历了漫长的认知过程。过去认为,氧是一种火气,它能够燃烧物质里面的燃素,与之结合产热,这是最开始的朴素科学观点。18世纪,化学家普利斯特里完成氧化汞实验,将氧气误以为脱燃素空气,与科学史最重大发现失之交臂。直到拉瓦锡通过定量试验让氧气和金属反应,否定燃素说,将原来的定性发展到了定量的试验,由此提出质量守恒定律,建立科学元素观。由此而又打开了元素的大门,历经波折,有了门捷列夫发现元素周期律,制作了化学元素周期表,帮助人们认识客观世界。正是由于前人勇于探索发现,不畏艰难困苦,探寻真相,才使得人类社会一步步发展,逐渐揭开客观世界一层层神秘的面纱。

古语有云:民以食为天,饮食是人类生存之基。而化学帮助人类可以不受时令、地域的限制。比如氮磷钾,百年的科研带来的化肥,让人类有了对抗饥饿的重要武器。有了化学农药抵抗虫害,又可以挽救千万吨的粮食。食品添加剂的存在会使得食物变得更鲜、更美味。这些都是化学给人类世界带来的美好事物。

人类对于美的追求也从未停止。在衣装服饰上,化学研究使衣服材料脱离有限天然材料的束缚,而由化学纤维材料取而代之,将不同功能的服饰用不同种面料赋予其最合适功能化的效用。在色彩上,天然染料是古时在衣装、书法、绘图上所广泛使用的材料,这些天然染料都非常的稀少而且昂贵。自从有了化学人工合成染料,色彩世界中的许许多多都不再受限制,同时又可以很好地保护自然界中动植物、矿物等。在材料的发展中,建筑同样离不开化学的推动。现代化学工业发展使建筑材料的组成变得多姿多彩,多种多样,让建筑有更好的视觉效果、防护效果。在农业、工业中所需要的材料化学能使其性能更优良,进一步为科学研究、人类生活创造价值和驱动。

生命,每一天在生老病死,人类在用自己的武器追赶着生命的步伐。从出生起,一个化学的旅程便开始了,我们的每一个动作都包含着人体内复杂的化学反应。化学的发展在不停地帮助人类抵抗外界疾病,人们通过研究药物来调节人体健康机制,人类的进化、生命的延续都离不开化学的帮助。

人类需要化学,无论是过去、现在还是未来。化学能够给人展示美丽的一面,但也有危险的一面,比如有害化学品对环境的影响。化学需要不断地探索和发现,这条路永无止境。只有我们深入研究、掌握化学的利弊,才能将其优势最大化,推动人类社会的发展,打造更美好的未来。虽然我现在只是一名高中学生,站在化学世界的大门外窥探其透露出的一丝光线,但我会努力学好化学,从最基础的开始,一步步掌握了解,让生活变得更美好。

3. 高一(2)班范逸杰：化学,贯穿了现实生活与神话世界

从接触化学这门学科到如今已有两年半了,当年刚开始学习化学时的些许反感到现今对于化学的浓厚兴趣,当中也是经历了不少事情,我也清楚地感觉到化学是与其他所有科目都截然不同的一门学科。《我们需要化学》这部科普视频不同于其他,既不冗长,但完全阐明了"我们需要化学"这一主题,从衣食住行等与我们生活息息相关的各方面来介绍化学的重要性,同时讲解简单易懂,好几个地方看到了都不禁会有"噢！这个地方课上讲过！"的感叹,这也是化学融入生活的一种体现吧。我也从中更加了解到了,人类和化学是密不可分、相辅相成的。人类利用化学,而化学又因有人类而更加多姿多彩。但是化学可以为人类所用,但也可以轻易让人类毁于一旦。因此,我们作为化学的学习与开发者,必须要多多了解它,这样才能更好地驾驭,为人类所用！

看完6集视频,我认为,毫不夸张地说,化学在如今已经突破了时间、空间、五感甚至是自然的界限。网上看到过这样的段子:初中化学——是一门以实验为基础的科学;高中化学——魔法。我觉得这种说法很有趣,但同时也是非常贴切的,而且不仅是高中化学,化学本身就像是魔法,但同时又是科学。这也是为什么我现在对化学这门学科即使成绩不是最突出的,却也有不小的兴趣的原因。

化学连接贯通了过去、现在与将来,又贯穿了现实生活与神话世界,如今生活的基础早已处处离不开化学的存在。我们需要化学,不仅是为了我们能有更好的生活,更重要的是,化学对于我们人类的生存与发展是最至关重要的一部分！

总而言之,生活需要化学,历史发展也已经证明:化学的创造力几乎覆盖了我们生活的方方面面。我们应该更加重视和发展化学学科,重视对化学人才的培养。我们能做的就是提高学生学习化学的兴趣,对化学的重要性给予应有的认同,为提高公民化学科学素养,为吸引更多、更优秀的学生从事化学事业尽已之力！

(作者单位：徐汇中学高中化学组)

基础教育篇

基础教育论

援藏日喀则：
是付出是挑战也是神圣任务

郑静洁

这是一个难忘的暑假：2018年8月5日，上海市基础教育系统的55名第三批组团式援藏教师肩负使命、激情满怀地在百年老校徐汇中学集结，他们像勇士般接力援藏，再启征程。当日，上海市教卫工作党委、市教委、市委组织部、市政府合作交流办、市人社局领导和援藏教师家属、派出单位负责人，一起为上海教育援藏的队员们送行。此行的55名教育干部人才中，包括40名组团式教育援藏工作队队员和15名参与"万名教师支教计划"的职业技术援藏教师，这些教师的平均年龄为33岁，他们告别亲人，义无反顾地奔赴珠峰脚下的日喀则市。

一、日喀则市的基本情况

日喀则，西藏自治区下辖的地级市，位于伟大祖国西南边陲、青藏高原的西南部，对内西衔阿里地区、北靠那曲市、东邻拉萨市与山南市，对外则与国境线上的尼泊尔、不丹、印度等国接壤；南北地势较高，其间为藏南高原和雅鲁藏布江流域。2017年，日喀则市人口85万，辖1个市辖区和17个县。日喀则市境内定日县有世界第一高峰——珠穆朗玛峰，那是一个只有天鹅才能飞越的高峰。

日喀则的具体地理位置介于北纬27°13′—31°49′，东经82°1′—90°20′。全市国土面积极其辽阔，有18.2万平方公里，这曾经是7世纪和亲的文成公主流泪思归的地方；其境内东西长800公里，南北宽220公里。国境线长

1 753公里,平均海拔4 000米以上,地处喜马拉雅、冈底斯、念青唐古拉三大山脉中段。日喀则地形复杂多样,基本上由高山、宽谷和湖盆组成。日喀则总体的气候特征是:空气稀薄,气压低,氧气少;太阳辐射强,日照时间长,年平均达3 300小时,且高原紫外线强烈;气温偏低,年较差小,日较差大。这对于外来援助建设人才,尤其需要常年坚守岗位的上海教师来说,是个严峻的挑战。

2017年,日喀则市实现地区生产总值(GDP)达到216.30亿元,按可比价格计算,比2016年增长10.0%,业绩喜人。其中,第一产业增加值36.82亿元,增长4.2%;第二产业增加值79.87亿元,增长12.3%;第三产业增加值99.61亿元,增长10.2%。全年人均生产总值达27 006元,增长8.2%。2017年,日喀则市在地区生产总值中,第一、二、三产业增加值所占比重分别为17.0%、36.9%、46.1%。截至2017年年底的统计,日喀则市共有各级各类学校497所,在校学生140 747人。其中,中等专业学校2所、在校生2 572人;中学31所,"十二年一贯制"学校1所,高级中学8所、在校生12 575人,初级中学23所、在校生30 401人;小学224所、在校生72 104人;特殊教育学校1所、特校生225人;幼儿园239所(含民办2所)、在园幼儿22 870人(含民办600人);教育经费投入充分。

日喀则和上海虽然相隔万里,却情谊深厚;每年两地高层都有交往,为彼此间的经济社会交流合作进行顶层设计。如2018年7月31日,上海市市委书记李强和市委副书记、市长应勇,就分别会见了由西藏自治区政府副主席、日喀则市委书记张延清率领的日喀则市党政代表团一行。李强代表市委、市政府感谢西藏日喀则长期以来对上海援藏干部的关心爱护。他说,当前,上海正在加快建设"五个中心",加快建设卓越的全球城市和具有世界影响力的社会主义现代化国际大都市,面向全球、面向未来,提升城市能级和核心竞争力,更好地满足市民群众对美好生活的向往,更好地服务国家发展大局。上海有今天的发展,正是因为有党中央的坚强领导、全国人民的大力支持、全市人民的努力奋斗。他强调:对口支援日喀则是中央交给上海的光荣任务,也是我们义不容辞的政治责任。上海一定坚决按照中央要求和习近平总书记的重要指示精神,以更大力度、更实作风、更有力举措,精准聚焦,扎实做好对口扶贫各项重点工作,进一步开展好"组团式"援藏,全力以赴帮助日喀则打赢打好脱贫攻坚战,同全国人民一道迈入全面小康社会。

上海市市长应勇也表示:"对口援助日喀则是中央交给上海的光荣任务,我们将深入贯彻落实习近平总书记聚焦深度贫困地区、提高脱贫质量、全面打好脱贫攻坚战的指示精神,进一步加大对口支援力度,更加聚焦教育医疗等民生领域,聚焦脱贫攻坚,把对口支援工作做得更好。同时,感谢日喀则市委、市政府对上海援藏干部的关心关爱。"日喀则市委书记张延清则感谢上海多年来对日喀则的关心、支持和帮助。他深情地说:上海的无私援助,极大促进了日喀则民生发展和基础设施改善。上海的援藏干部做了大量看得见、摸得着、群众感受得到的好事和实事,与西藏人民结下了深厚友谊。希望上海继续发挥产业优势、市场优势和人才优势,加大产业扶贫、人才支援力度,帮助日喀则实现更好更快地发展。

二、日喀则市的上海实验学校

全国基础教育界公认:日喀则市的上海实验学校,是民族团结的楷模和东西部基础教育合作的典范。这所学校的前身,是当地始建于1981年的地区南郊小学,2004年上海市政府投资2 500万元,在日喀则兴建上海实验学校小学部、初中部,2009年又投资2 500万元,兴建了高中部;而更重要的是配置了师资力量。

值得指出的是:西藏自治区从1985年起在全区范围内对农牧民子女义务教育阶段实行"三包"政策,即包吃、包住、包学习费用,并先后进行了7次政策性修改,完善并调整了受益范围,使"三包"学生大量增加和基础教育攻坚步伐不断加快,基本满足了农牧区中小学生学习生活的需要。日喀则市的上海实验学校则拥有国内一流的教学楼、综合实验楼、信息技术楼、室内体育馆、塑胶运动场、宿舍、食堂等教育教学设施和生活环境,堪与上海名校相媲美,成为西藏自治区唯一一所十二年一贯制学校。上海市政府在不断优化办学条件、美化校园环境的同时,在发挥上海市智力优势方面做出积极努力。上海市曾选派名师张阳常年留驻日喀则上海实验学校,负责全面工作。张阳以上海先进的管理理念,结合当地实际,创新工作方法,坚持德才兼备标准,培养出一支年轻有为的藏族教师教学管理队伍。为了进一步提高当地教师执教能力,从2005年至今,已有20多名藏族教师到上海学习取经、加强交流,给日喀则上海实验学校注入新的活力。

而2016年至今,前后两批总计74名"组团式"上海援藏教师对日喀则市上海实验学校开展了"接力式"援助,成功将这所日喀则唯一的十二年一贯制学校打造成了当地乃至西藏自治区的名校。特别是2017年,该校高考首度实现了100%上线,重点本科率和本科上线率创历史新高,位居自治区第一。同时,在上海教育援藏力量的支持下,江孜县闵行中学、定日县措果乡小学、萨迦县中学、拉孜县中学、亚东县第一中学等10余所中小学校和幼儿园在教育基础设施建设、师资队伍培养等方面也取得重大突破,全面推动了日喀则基础教育工作的内涵式发展。

上海对当地的教育援助,也根据发展需要进行创新。如作为教育援藏新的着眼点和发力点,对于日喀则当地职业教育的对口帮扶,将成为未来上海教育援藏工作的又一主战场。日喀则地区职业教育起步晚,底子薄,全市目前仅有两所中等职业技术学校,且客观上面临着师资短缺、专业教学水平低等问题。此次受援的日喀则市第二中等职业技术学校,于2016年获批成立、2017年7月完成一期工程建设任务,并于当年9月正式招生。目前学校开设有8个专业共9个教学班级,在校学生278人。从今年8月起,首批15名上海援藏教师将在此任教一年。

而今年暑期之初,率队对日喀则市第二中等职业技术学校进行实地调研的上海市教委主任陆靖表示,在继续保持对日喀则市基础教育帮扶力度的同时,开展对当地职业教育的对口帮扶,是上海教育援藏服务于国家脱贫攻坚战略的一项重要决策。陆靖认为,教育原本就是一项"拔穷根"的工作,而职业教育对于扶贫工作则更具优势:"学生在完成职业教育后,通常都能够立即进入工作岗位,有助于实现'一人就业、全家脱贫',效果立竿见影。不仅如此,这些接受了职业教育的毕业生也能迅速服务于当地,助力当地的经济社会发展。"对于首批15名职业教育援藏团队,上海教育系统寄予了厚望。陆靖表示,此次派出的15名援藏教师充分考虑了日喀则当地职业教育发展的实际需要,专业配置合理。同时,这支队伍来到西藏后绝非"单打独斗",背后有一批上海的优质职业教育学校作为支撑。随着职业教育对口帮扶工作的展开,上海未来还将向当地学校提供优质的职业教育管理经验和教育资源,教师进修培训、人员交流等工作也将逐步开展。

三、援藏事业铸就的人生高度

包括《人民日报》在内的中央媒体都这样庄严铭记：……上海市组团式教育援藏始于 2016 年 6 月,4 名管理干部服务时间为三年期,教师为一年期,此次是第三批一年期的教师队伍进藏。而"万名教师支教计划"今年也是第一年,上海派出的 15 名教师将支援日喀则市第二职业技术学校。前两批教育援藏队员共 74 名,在沪藏各级党政领导的关心指导和社会各方的支持下,以受援单位日喀则市上海实验学校为教育扶贫主阵地,在雪域高原创造了诸多令人称赞的援藏成果。

更令笔者感动的是这种情怀的接力和豪情的相传。显然,第一批、第二批援藏教师的家国情怀和援藏成绩,鼓励着新一批的队员。如来自上海音乐学院附属安师实验中学的历史教师蔡钧说:"援藏支教是一次人生挑战,更是一项神圣的工作任务。虽然家中外婆年迈需要照顾,母亲一个人照顾又怕她太累,父亲又经常加班不在家,作为独子我本应该承担更多责任,但教育援藏的豪情让我义无反顾。我相信,有各位领导的大力支持以及原工作单位做我坚强的后盾,我一定能够不辱使命,恪尽职守,勤奋工作,用实际行动来书写我的责任和奉献。"

需要强调的是：援藏不仅是援藏教师个人的事,尤其需要援藏教师家庭做出巨大的牺牲和支持。如来自上海市晋元高级中学附属学校的束寅吉老师的父亲一年前查出肝癌,过段时间就要住院进行治疗,家里的孩子又要升入大班,正是顽皮吵闹的年龄,家里人却对他说:"放心去援藏吧,我们会挺住!"上海市铜川学校张斌琦老师家中的一位老人检查出疑似甲状腺癌,为了让他安心出发,特地将手术日期定在 8 月 6 日。来自普陀区的胡晓光老师说,他援藏期间,妻子的工作太繁忙,只能把一岁半的儿子放到江苏徐州老家让父母照看。来自上海市复旦实验中学的蒋海清的父亲今年 7 月正好刚退休,"他当然希望自己退下来了儿子能在身边,不过他告诉我去援藏值得去,应该去,要去磨炼,去逼着自己成长,回来之后一定会是个顶天立地的男子汉,恋爱结婚都是可以暂时放下的"。蒋海清表示,父亲希望他到了高原能克服困难,独立自强,自己会服从命令,保证出色地完成这一年的援藏工作。上海援藏教师团队的总领队傅欣则代表出征战士们坚定地表示:踏上日喀则这片教育热土,他们一定会牢记使命、克服困难、精诚团结、不辱使命,把日喀则作为自己的家乡,出色、圆满地完成教育援藏任务。

在本次上海的援藏教师队伍中,笔者所在的徐汇中学共有2位年轻教师参与其中,加上2016年第一批参与援藏工作的门唯一老师,这所百年老校共有3位教师在雪域高原奉献自己的热情和才华。这里,也请允许我介绍一下我的同事们:

门唯一,徐汇中学总务主任兼数学教师,是学校的教学骨干,他是上海"组团式"教育援藏工作队三年期援藏干部中的一员。这次他专程回沪带领新一批队员,继续发扬吃苦耐劳、迎战困难的精神,与全体援藏兄弟们开启第三年的"组团式"教育援藏工作。在援藏工作的两年时间中,门老师克服强烈的高原反应和思乡之情,以"海拔高境界更高,光照强信念更强"的豪情壮志,发扬"缺氧不缺精神,艰苦不降标准"的帮扶精神,在"世界屋脊"出色地完成了各项工作任务。谈及这两年的援藏经历,门老师则向师生们感慨地说道:"雪山、牦牛、羊群、经幡,让我收获了美丽的景色,而那些难以想象的艰苦和不便,更让我领会到了援藏工作的使命和责任。"他同时表示,还有最后一年的援藏工作,他一定尽全力带好"新队员",让上海的支援精神在雪域高原传递下去,形成新的佳话。

张斌,2007年毕业于上海师范大学。3年前,来到母校徐汇中学担任初三化学的教学工作。当得知有机会奔赴西藏进行教育支援工作时,就心向往之,家人也非常理解和支持他前往。在顺利通过体检后,张老师的援藏梦实现了,他表示感谢学校在第一时间给予他支持,帮助他解决了许多后顾之忧。在援藏期间,他一定坚决拥护党的方针政策,不负教育局和学校的期望,尽其所能完成使命。

解中亚,2016年毕业于上海体育学院,获得硕士学位。在徐汇中学短短两年的任教期间,大家公认解老师成长很快,在高中网球专项课中发挥着自己的专长;他也很成功地激发了高中生们的网球兴趣。对于此次援藏,解老师坦言心中既有期待又有担忧：期待的是可以支援藏区建设，到祖国最需要的地方去发光发热；担忧的是自己的身体能否吃得消，毕竟从没去过海拔那么高的地方。不过他也表示无论如何，选择了就坚定走下去，务必完成好组织交给的任务。青春无悔！

  这3位老师前往西藏日喀则，与上海相距万里，与亲人相别一载。他们这种"舍小家、为大家"的敬业、奉献精神，是徐汇中学的骄傲，也是我们学习的榜样。

（作者单位：上海市徐汇中学）

古镇一隅：乡愁就在那个地方

杨思颖

《芸辉一隅》是上海青浦朱家角小学(以下简称朱小)校长吴根华的教育管理专著。全篇文笔朴实,徜徉在笔墨间,仿佛静静聆听一位学者将多年的教学经历化为经验之谈,伴随自我感悟缓缓道来。朱小建于一片47平方公里的折扇形热土,是一所历史悠久的老校,由芸辉初等小学堂与一隅小学堂合并而成,《芸辉一隅》的书名就是由此而来。古镇里灵动深邃的气息培育出了聪敏生动的人。

吴校长在这所学校工作了15年,他在自我总结好校长的标准时讲到了高远眼光、创新能力、办学理念及引领水平等,但是,他认为这些只是片面的。一个优秀校长应有自己的要求与标准,他尤其强调了全体师生的认可与支持。在书中,我走进朱小,听吴校长娓娓道来。作为一所百年老校,朱小以勤为根本,倡导"课读之余,不忘耕植",由教师带领学生团队走访老教师,挖掘校史材料,并将其编入校本教材,让每一个朱小人都葆有朱小的烙印。在勤奋朴实、脚踏实地而又志存高远的一代代教师教导下,朱小也培养出了不少优秀的校友,他们在各自的领域为社会作出了不可替代的贡献,熠熠生辉。

一、教师,是学校最大的财富

校长从教师而来,自然不能与教师脱节,要不断了解他们,为他们创造机遇,提升归属感,成就感,达成"双向认同"。

吴校长坚信学校应有一种凝聚力,那是能让所有身处学校的人都能感受到实在的幸福,充实的力量。对于凝聚力的建设既有领导的带领,也有集体的力量。集体中的每一个角色都不可缺少,各自发挥所长。一所学校的优秀背后必定是一个优秀的团队在支持它的经营。校园中一个个匆忙的背影,他们课堂上展现出的欣慰的微笑是对集体力量的最好诠释。教师不仅是一份工作,更是值得穷其一生来追求的事业。教师自古以来便有极高的地位,为人师表、不忘学习也是书中常被称颂的美德。进步途中自然会产生抱怨,但不应止于抱怨,而是把它转化为行动,敢于创新,走出熟悉的环境,才会有新的发现。

学生的作业不宜过多,老师的"作业"也一样。吴校长提出了为老师减负的想法,让班主任能够轻松度过午休,休息时间不必为教案、批作业所困扰,在成绩公布时也不再为排名焦躁。压力不同程度影响了工作质量和状态,甚至危害健康。教师的压力不可小觑,职业幸福感也与其息息相关。在食堂就餐这样一件小事上,朱小力求种类丰富,菜肴可口,供应时间合理,温暖了胃也温暖了心。

吴校长相信青年教师隐藏着巨大的潜能,就教学方面提出了几点建议:多研究教案,学习大纲,同时要认真写教案、听课。除此之外,在课堂中实践,积累相应经验,参加教学活动时,虚心求教。他相信年轻教师在朱小提供的平台和机遇下,能够迅速成为高端专业的人才。吴校长十分重视教师与学生的沟通交流。他认为,教师应该要做好一个倾听者,在了解学生的难处之后,才能"对症下药"。倾听不仅是教师要做到的,也应该是传授给学生的良好品质,毕竟获得尊重要从尊重他人开始。

为了让青年教师快速融入教学氛围中,教师培训不可缺少。培训包括学校需求、教师需求和外部需求,其中最重要的还是教师需求,被教师认可,贴合教师自我要求的培训毫无疑问是成功的培训。朱小由此考虑设计与"教师形象"相关的礼仪课程,深受教师喜欢。培训提升了教师由内而外的气质。

在电子设备丰富的当下,静心读书是一个遥远的记忆,教师中能够通读《红楼梦》的人寥寥无几。吴校长经常组织教师开展阅读活动,他常说,读书是教师可贵的生活品质。书的力量是强大的,"腹有诗书气自华"。读书是与文人们交流的机会,是一种享受,更是一种自然形成的习惯,是积极的生活方式。读了书,才会去想,去记录一些内心的想法。在读书中学习,在感悟中成长。

二、学生,是学校发展的根本

　　一所好学校,一流的师资与管理必不可少,现代教学设备也很重要,然而这离理想的学校还是差了很多。学校的教学方法的成功与否不能由一个人决定,学生的成长是反映教学成果的窗口。一个现代的学生应具有自信、坚强、创新等品质,在不断打磨中为将来在社会中立足打下基础。因此,教师在教学过程中不仅仅是教授书中的内容,也应顾及实践,结合生活,使学生的知识面更立体。

　　小学的学习经历定是生命中一段美好的回忆,学生学习的最主要平台就是课堂。吴校长认为,设置好常态课堂,也就能达到优质课堂。做到优质的关键在于教师,常态课堂是自然的师生互动,对教师的自身素质有较高的要求,教师之间要有交流、切磋,设置合理恰当,符合学生的水平,帮助学生思考。教师的教学方式应扬长避短,符合自身。课堂是学生探索求知的场所,舍弃一点完美,多一点思考,培养学生的自主学习能力。同时,课堂也是培养师生感情的地方,教师们饱满的情感激发了学生的求知欲,朱小俨然是学生们的第二个家。

　　教学手段随着时代发展日新月异,朱小紧跟时代脚步。英语课上让外教与学生互动,感受更地道的英语,而不局限于书本上的字句,让学习服务于生活。吴校长提出了一个颇为新颖的想法:通过电子设备记录每一个学生的学习进度,让教室不仅是一群同龄人聚集的地方,而且是一个有温度的、有深度的,能够守护每一位学生的学习场所。

　　优质课堂当然少不了好的课程设置。朱小的校本课程不仅贴合学生的需求,更带有朱小的独特印记,带有朱家角古镇的特色,成为无可替代的校本材料。课程内容上,朱小增添了对地域资源、校史资源的介绍,在历史积淀中找到学校立足的基点。朱小的课程多样化且质量高,学生大多兴趣盎然,以兴趣为动力,从中受益匪浅。

学生在"课植文化"的熏陶下,校外有组织地进行古镇文化研究,自发为古镇征集广告词,把保护旅游资源的金点子寄给镇长,学做古镇导游;校内整理编辑了《古镇文化探究300问》,培养了小导游的口语表达能力。每个学生都感受到了古镇文化的魅力,在学习与欢笑中传承千年文化。

三、家长,是学校亲密的伙伴

吴校长从多年来的实践中得出一个带有兵法特色的结论:在家校合作的漫漫征途中,有一个槛,越过或不越过,看到的景象是截然不同的。这个槛便是:家长把教育孩子的责任一味地推给了学校,推给了老师。这变成了家长自觉或不自觉的心理和行为,并且由来已久。而"家庭教育的绵薄无力以及家校合作的似是而非",的确是存在的。怎么破这个槛呢?朱小的不懈探索已经积累了独特心得。

在这个竞争日趋激烈的社会中,小学生的70后、80后父母,正处在事业打拼最关键的阶段。年轻的家长容易忽略孩子的情商,而只注重智商和成绩;尤其是父亲,在与学校的沟通中常常难得见到身影。然而,家长是在学生成长过程中陪伴时间最长、教导生活经验(包括如何与人相处)最多的人。所以,吴校长强调教育应该是学校与家长沟通交流的过程。学校教育作为一个服务部门,应该更好地更合理地服务于家长的需求。而"我们做教师的,沉浸在一轮又一轮的课程改革之中时,却还有一个任务,那就是,伸出我们的手,牵起家长的手,为了教育好孩子,携手合力,永不停息"。有了这样的情怀,相信再多的槛也能跨过。

与此同时,由于家长们在各自的领域各有成就,通过家长的帮助,学校可以建立起更多彩的课程。如微信朋友圈里经常议论的隔代教育问题,也可以通过实践来丰富我们的思维;朱小课程中就曾请奶奶辈的家长来教授孩子们如何包粽子。包粽子,还要学吗?粽子,端午节纪念屈原的粽子,发端于中国的江南;2 000多年来从未发生过什么疑问。直到前几年,韩国人在联合国科教文组织的场合跟我们在争夺"端午祭"的文化遗产,才引发高密度的反思。为什么韩国人不和日本人去争夺寿司的发明权呢?因为日本的小学课程里就有"寿司制做"的内容。如果我们的孩子不会"包粽子",江南的乡愁就会苍白许多,屈原也只是一个单调的符号。何况从引申的角度来看,学习和"包粽子"一样,是一点点积累的结果。

毫无疑问,家长的积极介入,使得传统文化的教学变成生动的活化记忆。家长对学校了解越多,与孩子就走得越近,这无疑是对学校教育的一大帮助。而朱小提倡的家长开放日同家访一样,是家长了解学生学习状态和学习环境的好机会,也是家长全面了解自己小孩表现的机会。分餐盒、搬椅子等小事处处体现着学生的素质,教育并非都是老师的工作,生活中家长是学生素质指导的最好老师。

合上书,我不禁羡慕起了朱小的学生们,他们有一位有温度的校长,他把朱小当作是一株萌芽的绿植,细心呵护。学生、教师在他的感染下追寻朱小历史传统,立足根本,脚踏实地,厚积薄发,勇闯未来。一代代朱小人在政治、经济、文化、科技多个领域留下闪光的足迹,成为新一代朱小人的榜样。做校长是一件难事,但吴校长却把它做成了一件乐事。他看到负责任的保安会感动,他浏览辉煌的校史会自省,他写下一位位教师优秀事迹时会深感自豪。他的感情是如此真实,仿佛身临其境;他的语言是如此有感染力,写尽办学苦乐。作为朱小的领军人物,吴校长凭自己的智慧和行动,实践着校训"勤朴"和"课植"的内涵。

(作者单位:天津财经大学)

卜玉华：闵行新基础教育的守望者

王泠一

在认识华东师范大学的卜玉华博士之前，我国学者意义上的教育家我只知道梁启超、陶行知和叶圣陶；我精读过他们的著作，觉得比鲁迅作品容易理解。15年前，卜玉华告诉我还有一位德高望重的教育家值得敬仰，那就是她的博士导师叶澜教授。从卜玉华充满敬仰的述说中，我逐渐知道了"新基础教育"的概念。

今年已是77岁高龄的叶澜教授，是华东师大新基础教育的创始人。所谓新基础教育，如今的卜玉华教授再度明确说明："这是一项以21世纪中国社会转型为背景，以培养主动健康发展的新人为目标而展开的中国基础学校整体转型的研究工程。"如果要往前追溯，可以探源到改革开放早年叶澜教授的思考；那是20世纪的80年代初，似乎伴随着科学的春天，一切都在重新开始重新出发。

关于为什么会以"教育学人"为志，叶澜曾经和晚辈学者如此说明："因为教育的丰富复杂，需要以研究者个体生命的全部丰富性去体悟、理解和表达，做教育学研究令人永远有学习的冲动。教育学人的生命会因此越发丰富、美丽和幸福。"早在1980年，叶澜远赴当时的南斯拉夫访学。中外对比下，叶澜意识到当时的中国教育学中缺了"人"。本是围绕"人的成长"开展的教育学研究，却偏偏看不到"人"，这是不可思议的！没有"人"的教育学是机械的，若以此指导教育实践则是可怕的。她认定教育学要发展，必须把教育学中的"人"找回来。

为了找回生动活泼的"人"，叶澜教授领衔的华东师大团队开始频繁联络基础教育的各类学校。并且在"生命、实践"的系列课题中提出读懂学校是为了明晰研究的性质，因为"华东师大团队主要是由教育基本理论研究者构成,追求的不是一种教学方法、模式的改变,如语文的阅读、数学的计算、班队活动的设计,这些是有价值的,但不是我们追求的,我们追求的是学校整体转型",并追求至今。

团队想读懂学校教育的根本问题!那么,最根本的问题是什么呢?当时的叶澜团队花了很大力气才弄明白:第一,以知识传授为本;第二,以工业生产的方式办学,工业生产方式追求的是一致、一律、效率,对产品进行设计、产出,这些现象在实践中至今尚存;第三,管理重心高,教育过程单向、封闭。校长作为一校之长,学校一层层的工作思路,大多是上级规定的演绎和执行,是单向、封闭的过程。对此,卜玉华的解释是:提升基础教育学校的生命质感,是变革的内在核心。即学校得改变单纯的任务执行工具概念,要"以人为本",要从"无人"转化到"有人"、有生命感,学校的花草树木有生命;教科书也有生命,因为教科书是人类生命的创造、凝聚,是文明的积淀。生命的基本特征是不断与外界进行交换,有主动寻求发展的能力。所以学校其实是个生命场,学校要有生命质感!

换言之,基础教育的根本使命是为学生打好生命底色、为学生的终身发展奠基;同时师生共同发展,既锻炼了孩子们的身体,又培养了师生间的友谊,让学校焕发出勃勃的生机和活力。在这一"新基础教育"学派的主流理念指导下,卜玉华自己也进行了不懈的实践探索和生命活力感悟。她十年磨一剑地推出了这本近30万字的专著:《"新基础教育"课堂教学改革的深化研究》(福建教育出版社2014年11月第1版、2016年1月第2次印刷),引发了业界的积极关注。

在书中,她告诉了我那些课堂上展现的孩子们的生命活力;而激发灿然活力的关键是师生关系的课堂重建。卜玉华认为,当前的师生关系已不仅是一种认知性实践,还是一种社会性实践。所谓社会性实践,就是指师生之间作为平等的互动主体,在交往中是否相互尊重、关爱与提升,而这种性质的实践常常是学生努力学习的内在动力。卜玉华在上海闵行区基础教育学校长达15年的跟踪观察显示:课堂上教师一个欣赏的眼神、一个认可性的点头、一个赞许的微笑或一个口头表扬,都可能给学生带来自信、自尊和自主;反之,教师的忽视、轻视或批评,都可能打击学生的信心与参与的积极性。同样,学生对教师的积极回应、开心的笑容、热烈的争论以及表现优良的回答,都可能激发教师对教学的信心与成就感,而学生对教师的不理会、不应答、不参与,都可能打击教师的自我成就感。

所以,卜玉华强调:师生的社会性实践常常是课堂教学的动力。我认为她的这一概括,是对叶澜"新基础教育"学派主流理念的一个重要传承,只是她特别在意的是"赏识教育",而且提倡在课堂上师生"互相赏识",明显地不同于同为东亚区域日本和韩国基础教育界所提倡的"挫折教育",或许各有各的国情。

难能可贵的是,作为人口导入大区、基础教育诉求丰富的闵行,以开阔的胸襟和"第一个吃螃蟹"的胆略,新世纪以来全员性地、积极主动地拥抱了"新基础教育"学派理念及其相关实践。而闵行区原本一所普通工人新村小学——华坪小学,就是其中突出的一个典型。学校的领头羊是从师范一毕业就进入华坪小学任教的王叶婷,于2001年出任校长;数学老师出身的她是"新基础教育"学派理念勇敢的践行者。这一方面是出于闵行建设基础教育大区的期待,另一方面则是学校自身谋求美丽蝶变的诉求。在感悟中,王叶婷这样述说对叶澜学说的第一印象:"使得我们第一次跳出传统的职业观与教育观,重新审视自己一直无怨无悔的事业,审视自己与事业的关系,思考时代真正需要的究竟是怎样的教师与学生。"后来,华坪小学和王叶婷校长本人,直接得到了叶澜及其团队的理论指导。

由此15年来,华坪小学的教师们逐渐确立了先进的教育理念,自觉地以对每一个生命高度负责的态度去进行每天的教育教学活动,积极构建以学生主动发展为本的课堂教学及班队建设模式,努力地去创造面向新世纪的新教育。在一系列实践活动中师生迸发的创造活力、智慧才华、个性成果等获得了家长、专家和学界领导以及兄弟学校的高度赞扬。其中,明显的收获是学生幸福指数的大幅提升。

幸福,分为物质幸福和精神幸福。根据王叶婷校长及其同事们的比对,以往华坪小学学子和其他地方的学生并无多大差别;更多的幸福来自物质的满足和视听的快乐,这在闵行居民整体财富不断增长的前提下不难实现。但更加高级形态的表现是在"新基础教育"学派理念的实践过程中,越来越多的学生感受到一种源于精神的幸福或者叫作心灵的快乐。如"绿色和乐"的校园环境建设及温馨班级的营造,让学子感受到受尊重、得温暖的幸福;

"学而乐"系列让学子在参与集体活动中感受到温暖团队的力量……他们逐渐感受到与同伴分享的快乐,也学会了怎样和同伴协商沟通;有时也乐于作出退让、妥协以利团结。

阳光的心态、开放与自信,让华坪小学成为闵行和上海基础教育的一个美丽音符。为此,卜玉华还利用自身的国际学术资源优势,为华坪小学引来了加拿大的姊妹学校和多伦多大学的专家进行发展型探究。2018年的5月16日,"中加姊妹校跨文化互惠学习"全国现场展示活动就在华坪小学举行,叶澜前辈、卜玉华教授、美国与加拿大等海外教育学权威以及中国"新基础教育"实践区域的学校代表180余人与会;他们在充分交流中彰显了新时代中国基础教育的自信和阳光,而华坪小学所代表的闵行成就则是其中的一道彩虹。

行文至此,我忽然想起15年前和卜玉华议论过的美国教育主题的文学名著《麦田里的守望者》。书中,主人翁的心愿是:"有那么一群小孩子在一大块麦田里做游戏。几千几万个小孩子,附近没有一个人——没有一个大人,我是说——除了我。我呢,就在那混帐的悬崖边。我的职务是在那儿守望,要是有哪个孩子往悬崖边奔来,我就把他捉住——我是说孩子们都在狂奔,也不知道自己是在往哪儿跑。我得从什么地方出来,把他们捉住。我整天就干这样的事。我只想当个麦田里的守望者。"我觉得卜玉华就是一个守望者,只是她并不是寂寞者!

(作者为本书主编)

芬兰体教结合的基本经验及对我们的相关启示
——对话南模教育集团理事长、特级校长高屹

宋霞峰　王泠一

5月,得知沪上著名教育家、南模教育集团理事长高屹校长专程考察芬兰体教结合状况归来,我们特地前往采访。采访按约在南模集团总部的零陵路南模高中校区进行,一向注重教育自信和洋为中用的高屹校长向我们畅谈了最新的感悟。

一、每一个芬兰孩子都是运动的主人

南模集团,是徐汇的骄傲,也是上海基础教育改革的先锋。在信息化、国际化和课程设置、体教结合方面,作为领头羊的教育家高屹自然对标最前沿。我们询问:"得知您最近到芬兰考察那里的基础教育,请问这么多的国家,您为什么选择芬兰去考察那里的基础教育呢?"高校长听了后直截了当地说:"芬兰的教育,在全球都是非常有特色的。她在全球 PISA 的排名很高,我们感到那里对基础教育是非常重视的,同时也注重职业教育和体育教育,且非常综合全面。"

我们继续询问关于中国的基础教育和芬兰的基础教育有什么不同点和相同点。高校长听了又说:相同点呢,就是我们和他们都非常地重视基础教育,都非常重视体育和品德教育。但不同点就很多了,如中国的教育在课堂上学生们都要认真地听讲,不要乱动。但是在芬兰的老师们会想方设法地让同学们活动起来,这种活动不只是脑力活动,还有肢体上的活动,并且非

常注重劳动技能的锻炼。因为那里是园林国家,有森林体育以及产业化的传统,会有很多人去砍伐树木,所以他们就有一项趣味课题,即让学生想出最好的、可以把整棵树砍下来而树枝不保留在上面的方法。学生们在利用电脑设计完之后,他们还可以利用自己想出的方法来实践,但是都是模拟的,不会真的去砍伐树木。

不只是中学生,甚至芬兰的小学生都会在体育老师或运动专业志愿者的指导下,在森林里从事穿越、攀岩、爬树、骑车等锻炼个人意志和团队合作的训练与比赛项目。高屹感慨地说:"在芬兰,每一个孩子都是运动的主人。本土的家长们从不担心孩子在野外会有什么运动损害,当然这和户外运动器材、装备的科技化进步程度也密切相关。在智能化条件的支撑下,孩子们完全可以及时避开野兽和沼泽。而家长和老师,也可以利用手机定位系统掌握孩子们的线路和运动量"。

目前在芬兰,教育主管部门以法律的形式要求确保孩子的运动量和户外活动时间。如孩子在每小时都有一个强制性的 15 分钟室外自由休息时间,每天至少有 90 分钟的户外游戏时间。芬兰的社会共识是:新鲜的空气、亲近自然和定期体育活动被认为是学习的引擎。和上海不同的是:芬兰的绝大多数孩子都是步行或骑自行车上学,即使是年龄最小的孩子。"没有恶劣的天气,只有不足的衣服"。从这句芬兰谚语中,我们也可以看出这个北欧国家对课外活动的重视。

二、每时每刻都可看到在运动的孩子

关于芬兰学校体育工作经验对我们的借鉴,高屹校长坦率地说:"我认为上海学校的优秀体育传统是:操场训练重基础、运动内容与时间安排妥当,需要继续保持。根据新一轮改革要求,应该向芬兰同行学习一下欧洲教育的户外实践能力和针对问题推进体教的能力。即把问题导向和求知导向结合起来,增加问题式探索、课题式的锻炼,同时也要提升团队运动能力,要吸收外国经验,使之成为传统体育教学的补充。"

芬兰,不仅是欧洲的体育强国,而且也是奥运会、冬奥运的强者;这除了得益于科学的积极手段、体教的紧密结合,还和全社会的热情投入密切相关。高屹校长向我们提供了他的考察体会:"芬兰的孩子,平时喜欢玩类似于攀岩的游戏,但这种游戏的条件也不一定要求完全和攀岩相符合。如在社区,也可以在地面铺五颜六色的软垫子,铺得很好看。孩子们可以用各种各样的方法上去,也可以用各种各样的方法下来,孩子们都非常地喜欢玩这个游戏。我们中国有部分家长对孩子爬上去就已经感到非常害怕了,但芬兰的家长并不是那样的感觉,他们还允许孩子从两三层楼高的地方,在确保安全的情况下跳下来。并且随时随地都会有孩子在小区里或者有园林的地方骑自行车、山地车或打球。对于芬兰的孩子,可以说其对体育已经到达了一定的狂热程度,也就是说在芬兰无论什么时候、什么地点,你都可以看到有孩子在运动。而且我上次去的是靠近北极圈的地方,所以那里一个城市只有6万多人,但依然每时每刻都可以看到在运动的人"。

关于对学校体育设施、体育教练配置等相关保障的投入,东亚国家一般是哪个地方经济发展得越好,对学校体育的投入就越多。但北欧的芬兰恰恰相反,哪个地方条件弱,那就在那个地方对学校体育以及基础教育的投入越多。如就芬兰教育部每年按人头向各校划拨经费的数额来说,教育部每年划拨给首都赫尔辛基的每个学生的经费约为7 500欧元(1欧元约合8.5元人民币)。但是北部的拉普兰地区或者一些群岛,一个学生一年的教育经费可能高达1.2万欧元。也就是说越是偏远、离岸、居民收入相对较低、体育设施和比赛条件差的地区,得到的资助和师资投入也就越多。具体则体现为足球场、篮球馆的配套,滑雪、射击项目等教练员的配置,田径和体操比赛的组织等,从源头上解决体育社会化的均衡性。

三、体育活动可大大提高非认知技能

锐意改革的高屹校长从芬兰考察学校体育回来之后,也实事求是地进行了针对性的分析和比较。如南模的学子,不可能大量时间消耗在野外,但不等于不能推进体育运动的团队品质素养。因为,体育活动不仅是青少年

健康的保证，还可以提高有利于未来的非认知技能，比如团队合作技能、社交技能或自我约束能力。

关于团队品质素养的课题，高屹校长多年的搭档、南模中学党委副书记李小朴老师也在进行跟踪研究。她认为：学校是育人的地方，学生能在学校中幸福地成长，是理想学校的重要标志之一。而学生自主管理是通向学生幸福成长的重要途径，引导学生自主管理，培养学生自我教育的能力，就是给学生最好的素质教育，不用别人提醒，能够自己教育自己、自己管理自己就是高素质的人。这样的人懂得感受幸福、创造幸福、珍惜幸福。谁抓好了学生的自主管理、自我教育，谁就抢占了教育的制高点，因此南模中学要在师生中，甚至家长中，旗帜鲜明地倡导学生自主教育、自我管理。她的这个理念，直接体现在学校篮球队员的体会上。

在采访中，我们遇到了一位刚刚外出比赛取得佳绩的南模男篮队员、高一(1)班的徐赟祺同学。他告诉我们：自己参加了2018年全国U17青少年男子篮球决赛。这届比赛是南模校友姚明接任篮协主席推行改革下的第一届全国U17青少年男子篮球比赛，对于南模篮球队员来说意义更为深远。他自豪地说："从2月福建莆田的预赛到4月深圳坪山的决赛，我们一路奋战厮杀，最终取得比赛第三、综合成绩第四的佳绩。值得一提的是我们南模中学篮球队总分排名是五支教育系统球队中的Number One。在坪山为期7天的赛程里，全体队员再次获得了和各俱乐部梯队、体育系统以及教育系统各省市冠军队伍交流比赛的机会，通过比赛使我们开阔了视野，得到了锻炼，也在发现自身不足的同时收获了自信。"

作为球队的一分子，他还代表全队感谢学校与老师们对每个队员的关心与支持，无论在生活上还是学习上都为他们创造了优越的条件。他还感谢为校队成绩打下坚实基础的孟家森教练："正是您每次训练辛勤的付出，才使得我们茁壮成长。尽管有时您非常严格，但我们都知道您是恨铁不成钢。同时还要感谢那些在背后义无反顾支持我们的家长，是你们在这条篮球路上为我们加油鼓劲，为了比赛放下手中繁忙的工作，亲临现场为我们加油呐喊。最后要感谢姚主席，正是因为您的改革才让我们有机会站在这个平台上与各支队伍交手过招，也使我们收获了进步。"徐赟祺同学的这种团队意识和恳切直言，也让我们十分感动。

四、努力推动南模校园体育文化建设

对体育的热情,是南模百多年来的传统,如今依然体现在南模学子身上及其家庭对孩子的无条件支持上,这和高屹校长考察的芬兰社会现状十分相似。李小朴老师陪同我们在校园里观摩体育场馆和校史馆时,我们不时地看到身材健硕的高中男、女生挥洒自如的运动身姿,且一个多小时里我们居然没有发现戴眼镜者。

在大操场上,热情干练的南模中学的体育教研组组长王斌接待了我们。他告诉我们南模高中部出色的师资力量:11位在编体育教师,其中专职篮球教练2人。在这支令人尊敬的队伍中,有高级教师5人、研究生3人;区教育局系统学科带头人1人、局中青年骨干教师4人,校级骨干教师5人。这些体育人才的专项分别是篮球、田径、足球、体操、健美操等;体育教师的专业发展已经和体育学科的教学需求相得益彰。他们的身上洋溢着朝气,脸上是满满的自豪。

那么,他们的脸上为什么充满着满满的自豪呢?说到底并非工资特别高,而是干事业的硬条件和软环境特别好。就场地等硬条件来说,地处徐汇中心城区的零陵路校区即高中部,可谓寸土寸金,但除了气魄非凡的教学楼,同样令学子向往和体育教师倍感自豪的就是被称为"青春场"的运动场馆。这里现有标准篮球场6片,其中室内篮球场2片;300米田径场自然可以举办校际运动会;还设有足球场、体操房、健身房、乒乓房和单双杠区域等。设施如此齐全,确实相当难得。

更加难得的是,软环境也特别能够满足体育专才发挥才干,并最终使学子直接受益,进而推动南模校园体育文化的可持续发展。如学校领导班子高度重视体育工作,健全了各项管理办法,并彻底解决了体育发展的专项经费配置问题。除了率队参加多层次、高水平的比赛外,体育教师还有参加课题、独立研究、编撰教材、专业培训等各类业务发展的机会;而他们的论文和调研报告也总能引起反响。

所以,王斌和他的教研组的同伴们都觉得现在是干事业最好的岁月。

如果说有啥不足的话,那就是女生们的篮球热情还有待提高!当然这是另一个发展课题了。

(作者单位:高安路第一小学;上海社会科学院)

篮球文化：
新时代南模校园的精、气、神
——对话南洋模范初级中学校长许晓芳

诸文捷 黄奇美

要说在上海的中心城区，最受师生欢迎的校园体育项目是什么？校长们和专家们的答案几乎接近一致——篮球！为什么呢？主要是由四个因素构成的。一是场地即空间条件的支持，这其实是一个硬约束。二是经费即物质条件的考量，相比于组织足球比赛和球队来说，篮球更加经济。三是社会氛围的带动，也就是对孩子和家长的吸引力是受外来因素影响的。四是体育文化的熏陶，这基于学校固有传统和可持续发展的人才培养机制。2018年3月的一天，我们在地处徐汇区天平街道区域、具有悠久历史和体育传统的南洋模范初级中学（以下简称"南模初中"），就校园篮球文化等话题采访了许晓芳校长。天平社区是群众体育特别活跃的区域，南模初中还是社区体育骨干基地。

一、一年四季，都像春天一样热情

在2018年的全国两会期间，春天如约而至。和蔼、亲切的许晓芳校长热情地接待了我们。在和她会晤之前，我们就被田径跑道气派地围绕着的连片篮球场所吸引了。看着矫健的充满青春活力的学子、兄长般的教练和流星般的篮球，我们惊喜这春天来临的热情。整个校园的建筑架构和植被格局也似乎特别适合体教结合，尤其是学校区域内紫红色墙面的教育楼典雅庄重又不失现代风格，紧靠教育楼西边的一幢白色体艺馆雄伟大气。校园南面干净整洁的彩色塑胶跑道像静卧地面的彩虹一般,一字排开的篮球架像忠实哨兵一样高高矗立在彩色塑胶地面上。校园内挺拔的塔松肃默屹立,盛开的白玉兰花向人们昭示着春天已经来到校园。我们不时还能看见那小松鼠和八哥在松树和法国梧桐树梢欢快地蹿跳,校园充满着春天气息和青春律动。

许晓芳校长在接受我们采访时,给我们详细介绍了南模这所学校的悠久历史和光荣传统。南模是由中国民族企业家盛宣怀在1901年创办的中国第一所新式学堂,她的前身是南洋公学附属小学,被称为中国"公立小学之始"。1927年前附属于大学,以后为南洋模范中小学,1956年为公立中学,1959年列为上海市重点中学。南模作为一所国人创办的百年老校正焕发出更灿烂的光辉,并早已成为一代代莘莘学子向往的求知殿堂。尤其是2015年,因探寻教育改革之需,南模教育集团在上海应运而生。所以,现在南模分初中部、高中部和民办南模3个校区。我们所造访的天平路200号南洋初中,原来则是高中部校址,保留着1949年年初的模样。

而这个校区,从1949年之初就和周边的部队、企事业单位以及附近居民群众中的体育爱好者打成一片。在我们造访南模初中之前,学校所处区域天平街道的党工委书记高路女士告诉我们:南模有一种一年四季都像春天般温暖的感觉,老师和学生都很热情;他们中的篮球运动高手往往很热情地成为初学者的陪练,有时也举行友谊比赛。这些年来,不仅天平社区运动会经常在南模初中校园举行,而且学校本身也是上海校园体育场馆对外开放的示范性单位,是社区文明共建和传播篮球文化的模范。有意思的是,通过这种积极的交往以及校园开放日的制度安排,南模篮球文化核心理念逐渐成熟。

二、身体结实,为了投身国家发展

南洋模范中学,从她的校名看就肯定有其光荣的历史,更有她与众不同的特长和业绩。许校长在说到把"模范"两字放在校名里的故事时,她很骄傲地说到江泽民总书记在2001年为南模的题字,当年江泽民为百年南模寄语四个模范即"求知的模范,生活的模范,爱国的模范,进取的模范"。江泽民的寄语既是对南模历史传统的肯定,也是对南模步入新世纪的殷切希望。南模是一所百年老校,她是一所重理、重全面素质培养学生的特色学校,她的校训就是"勤、俭、敬、信"4字。她的校风就是"学业扎实,生活朴实,工作踏实,身体结实"。她的办学特色是:重视人文精神培养,以篮球、交响乐、科技、美育、国防教育等项目见长。其中,篮球见证了"身体结实"。

说起南模的体育特长篮球,早在20世纪30年代就已经是作为学校锻炼身体的一种方法,40年代南模的篮球在上海就崭露头角,50年代南模篮球进入发展高峰状态,进入改革开放时期南模的篮球运动进入全盛时代,而80年代至今的30多年,南模的篮球项目在上海几乎囊括了历次相关比赛和联赛的冠军。从80年代开始,南模甚至有了以自己学校命名的享誉市区的"南模杯篮球赛"。南模中学篮球运动历史上,也走出国家级篮球名将张大维、朱锦云等上海篮球界的骄傲。而21世纪的国际篮球巨星、如今的中国篮球协会主席姚明,更是南模初中的杰出校友。在2018年的全国"两会"期间,姚明一方面呼吁进一步放开社会支持群众体育的限制,另一方面强调了学校篮球的意义。

南模初中作为一所有体育特色专长的学校,她不仅让学校的篮球闻名遐迩,同时学校也注重学生的综合素质全面提升,真正做到校风所表达的4个"实"字。南模之所以能成为一所模范的学校,肯定有她成功的秘诀和过人之处。对此,许校长说南模校训勤、俭、敬、信4个字也好,校风"学业扎实,生活朴实,工作踏实,身体结实"的4句话也好,实际都是要培养具有全面素质的学生为最终教育目的。南模的体育特色尤其是篮球,它就是达到强身健体、陶冶情操、启迪智慧、壮美人生的目的,以及培养团结、合作、坚强、献身和友爱精神,弘扬民族精神和集体荣誉感。说到底,现在家长们特别看重的"身体结实",在新的物质条件下较改革开放之前更容易实现。那么,"身体结实"为了什么呢?是为了能够更好地适应将来的竞争、为了能够更好地投身国家发展建设。

三、以点带面:全员提高篮球素养

毫无疑问,篮球是很多市区学校共同喜爱的、适合目前学生体质健康发展的运动项目。那么,南模初中是如何倾力打造本校的篮球运动特色呢,其核心的理念是什么呢?许晓芳校长也一直在深入探索。她具体介绍道:南模初中采用"以点带面"的办训方针,首先提高本校初中篮球队水平,并为高中篮球运动队输送大量优秀的后备力量;再利用运动队优秀的比赛成绩以及运动员们阳光的整体形象带动普通学生参与到篮球运动中,进而形成南模初中的篮球文化。在采访中,学校的体育教研组组长黄智慧老师也强调了运动队竞赛成绩的吸引力。即只有不断取胜,校队选手才会在同龄者中赢得威信。

黄智慧向笔者介绍了学校篮球运动队的现状,即在编运动员12人,由南模高中资深的体育教师担任带训教练员。2012年起,学校招聘篮球专业毕业生任校篮球专职教练,辅助高中专职教练一起训练,并以学校艺体楼的篮球馆作为主打训练场地。校篮球运动队面向全市招生,运动员学生的文化学习设四个年级(从六年级至九年级),分布于学校各个常规班,运动员学生和非篮球特长学生一样学习普教课程。而且根据科学选材原则,学校会对运动员的专业水平和文化水准进行综合评价,符合要求的学生继续升入高中运动队。

南模初中,已为高中篮球队输送了共计百余名初中毕业生。近年曾荣获上海市青少年10项系列赛篮球总决赛男子初中甲组第一名、上海市青少年篮球传统项目学校交流比赛中学组一等奖等诸多奖项;最近更是获得本年度中国初中男子篮球联赛上海赛区冠军。而在跨省市交流方面,也已迈出了大步。

南模初中一方面致力于打造一支全国一流、上海领先的初中篮球运动队,另一方面也非常注重开展篮球特色的普及工作。学校将"会打篮球:具有初步的篮球技战术知识,知道几位著名的篮球运动员,能结合相应的篮球知识观赏篮球比赛"列入培养目标体系,并通过篮球竞赛文化和观赏文化两个途径提高全体学生的篮球运动素养。学校每学期开展各个年级的篮球联赛、个人篮球技巧大赛,让更多的学生参与到篮球运动中。学校还利用相对轻松的午会课给学生观看篮球明星视频,以及高水平比赛。另外,学校还编制了校本课程教材《小篮球、大世界》,更凸显篮球特色在学校教育中的地位。

四、篮球金句：天平德育圈的感悟

在许晓芳看来：体育，从来就不是一种孤立的社会存在。尤其是对于学校，体育是凝聚力工程和正能量的灯塔。为此，她和学校班子坚持开展阳光体育运动，要与体育课教学相结合。即通过体育教学和篮球魅力，教育、引导学生积极参加阳光体育运动，增强学校体育工作的活力和吸引力。南模初中提倡学生健康与课外体育活动相结合，即保证学生在每天能到室外去，保证能有一小时的体育锻炼时间，将学生课外体育活动纳入学校年度教育计划。

在采访中，黄智慧老师和篮球队教练罗益峰都觉得如今孩子锻炼时间实在太少。值得一提的是 27 岁的罗益峰，似乎是为南模篮球而生的。他以前就是南模初中、进而高中的学校篮球队主力，后在华东师范大学体育学院篮球专业学成归来为母校效力。但他发现，现在的南模孩子比他求学时的学业压力更大。仅以其校队球员为例，家长们关注和交流的第一信息也是学习考试动态。

为营造良好的舆论氛围，学校通过多种形式宣传篮球魅力和体育意义，广泛传播健康理念，使"健康第一""达标争优、强健体魄""每天锻炼一小时，健康工作五十年，幸福生活一辈子"等口号家喻户晓，深入人心。学校还建立评比表彰制度，对在阳光体育运动中取得优异成绩的班级给予加分，以唤起全体老师对学生体质的广泛关注，更支持篮球和阳光体育运动的开展。

步入新时代的学子，除了身体健康，还需要思想健康。南模初中还是天平德育圈的主力单位，并积极提炼篮球文化中的核心理念以促进德育化，逐步形成了以"团结、协作、竞争"为核心的学校篮球精神。有意思的是，许晓芳校长还和班子成员、德育老师、篮球教练等一起提炼出了好些启迪发展思维的篮球金句。如"篮球是需要传递的"——要相互协作；"篮球是圆的"——要团结起来；"篮球比赛是在争抢中进行的"——要有竞争意识；"篮球最终是要投进球筐的"——要有明确的目标；"篮球是讲规则的"——没有规矩不成方圆；等等。其实，这些金句对于我们人生的启迪，又何尝不隽永呢？

(作者单位：南洋模范初级中学)

金山中学：
如何保护一颗难得的文心？

林蔚雯

在人杰地灵的金山中学，文学是朱沈晟的知音。他的老师说："我相信他能超越我。我们常常交流与小说有关的话题，这很有意义。他很谦虚，从不骄傲，老师提的意见，他都能接受。"他自己则说：作为作者，先思考，可能更好，如果只是提出问题但没有解决问题，那么，问题被提出的意义会大打折扣。

一、一颗难得的文心

朱沈晟，金山中学太阳风文学社成员，"黑马星期六"文学创意大赛成员。刚刚步入高二的他，是社团指导老师戴文开最看好的文学社成员。戴老师说："我的写作习惯保持了10多年。我相信他能超越我。我们常常交流与小说有关的话题，这很有意义。他很谦虚，从不骄傲，老师提的意见，他都能接受。有这样的学生，我很快乐。"

戴老师眼中的朱沈晟有一颗难得的文心，这种热情使他在阅读的同时坚持完成了许多枯燥的文字工作，却依然热情不息。高中的住宿生活也没能改变他每晚阅读并做笔记与注解的习惯。起初，这种尝试只是为了写好作文，甚至在应试时获得更好的成绩，但恰恰是这些杂感和仿写式的文字，更深入地激发出他对阅读的兴趣。至今，这样的文字已经堆积起若干本。

在这些随手写就的小作品中，朱沈晟仿过鲁迅，也仿过卡尔维诺；这些文字被他拿来与同学、朋友、老师甚至家人进行交流与共享。朱沈晟说他格外珍视这个集思广益的过程,聆听不同的声音让他能够获得中肯的意见,更直观地面对自己的问题,并及时地解决它们。这种审慎的态度让他顺利完成了多篇原创故事的细节处理。

二、读书追求的是痴迷状态

对阅读和写作,朱沈晟也有"任性"的时候。心情好或不好,是他决定自己要读什么书的依据。心情郁郁的时候,读散文、读小说,让他心绪得到释放;心情好的时候,他就抱上一部艰深的著作去啃,像黑格尔的《小逻辑》、康德的《纯粹理性批判》,他把它们称之为"硬骨头"。

朱沈晟偏爱纪实类的和现实主义题材作品,其中,还包括魔幻现实主义作品。另外,一些表现人道主义精神的作品也是他所喜欢的,像《追风筝的人》。他尤其偏爱反教条的作品,如对传统桎梏提出挑战的文章与书籍,像《狼图腾》《三重门》,他佩服作者表达的勇气。他说,以《三重门》为例,它不失为一部好小说。但当时的韩寒所表达的,还包括一些从自己的立场出发而发出的否定。作为作者,假如先思考,可能更好,如果只是提出问题但没有解决问题,那么,问题被提出的意义会大打折扣。他说:"阅读本身即使不能带来什么明确的收益,但在阅读过程中所引发的思考这一行为本身,就是一种成长的助推力。"对他来说,所学来、所看来的情节中暗藏的技法、技巧足以让自己揣摩、深思、模仿。

做任何事,都难免经历一个东施效颦的过程,对写作者而言更是这样。这过程或长或短,等仿成西施后,才可能有底气把曾经模仿的推倒并自成一家。这个过程,建立在大量的阅读与阅历之上。阅历没有办法强求,但阅读却是主观能控的。另一表现则是在人生观的建立上。在对精神补给最没有抵抗力的年纪,深受某一种思想的感染、影响甚至震撼,自己就属于这种情况,而最直接地形成作用的,就是阅读。朱沈晟把这种由阅读经历构建起来的内在世界,称之为"审美"的人生观,即甄别那些美的事物,无论是形式的还是本质的,然后,全心全意去沉醉、去热爱。

而且,他是这样描述这种投入状态的:"阅读故事性较强的文字,与主人公同呼吸共命运,共享爱与恨。对于一个人来说,再没有比情感的波动与变化所产生的酣畅淋漓更能深沉、透彻。按照尼采的观点,这就是酒神状态。""用以承载情感的文学和数学一样,本身就是一种奇妙的工具。当工具的形式达到了极致,它自然而然就是具有美感的。"阅读过程中还能遇见迷人的矛盾。比如《老子》中的"飘风不终朝,飘雨不终日"与"道冲而用之或不盈"。抑或是笛卡尔在《哲学原理》中试图以"我思故我在",即思想者本身必为"思想"所属的实体性,但读到康德的《纯粹理性批判》后就会发现,他提出的第一批判对象就是这种形式谬误的实体性思考。

三、节制地热爱与投入地努力

临近2018年的暑假,朱沈晟又"任性"了一次。他决定冲刺长篇小说写作,主题是"孤独"。他说,"因为发现自己的生活方式和同学们的有很大不同,比如学校90周年校庆那天,自己就把自己关在学校的体育室里为'黑马星期六'创意写作大赛做准备",他希望能借用故事的形式来探讨这一普世的生命状态的幸与不幸。另外,写作的情感支持也来自对远在云南支教的语文老师和对太阳风文学社的戴老师的感激,虽然无法时时、事事、处处找到他们,但牵记与惦念却始终埋藏在彼此心中。

在朱沈晟写给戴文开老师的信中,他提到,是戴老师的"苛求"让他完成了更多的作品。不过为了分主次,他的创作须在完成作业之后才进行。虽然在这之前的等待对他来说是一种煎熬,但因为发自内心地渴望创作、喜欢创作,这种煎熬的情绪能变成一种克制,甚至终于能够化作提笔时刻的快乐与欢愉。朱沈晟在业余时间的创作也借由金中读书节的平台而获得了复旦大学中文系的段怀清教授的指导。两人保持信件往来,并就阅读写作的问题展开探讨。朱沈晟说,这让他的视野与思维宽了许多。

与绝大多数同龄人一样,朱沈晟从高一就开始规划自己的学业与志向。平时的读书学习,他总要坚持到宿舍熄灯前的最后一刻。日常刷题、诗词背诵这些基本功,他从不忽略。像苏轼这样的名家的名篇,他都会着力记忆,对李贺的《苏小小墓》这样知名度不高的篇目也会关注。除了基本的学习内容,朱沈晟还会注意这些作品的形式美感。同时,为了打好数理化学习的基础,高一的整整一年里,在老师布置的作业之外,他主动完成了两本数学题集。习题集,则是朱沈晟自己到金山中学校内的新华书店里特意找出来的,选择的理由是习题集的例题精讲比较多,提供的解题方法也比较全。学习之余,他还参加了研究型课题活动,以《儒林外史》为基础的《明清小说中的讽刺意象的研究》正在铺开。

读过《西游记》,读过《三国》,读过《红楼梦》,读过《老子》;也读过网络作家崔走召的《命运三部曲》,曾因"如果一定要舍弃一种幸福的权力,结果是否必须是终身不能拥有爱情"的问题而把其中的《我当阴阳先生那几年》读了不下100遍……热爱文学创作艺术,也敬重现实主义题材作品,对过往的阅读与写作过程,朱沈晟说,留在他身上与心底的,除了"但求行善,不问前程"的性格底色,还有一些求学、读书的态度。他的体会是:

一是不好高骛远。特别是对经典名著的阅读,要由浅及深。起步的时候,要选择一开始就浅到足以居高临下作为练手的作品,否则,那些"硬核桃"非但不会及时地助长一个人的内涵,还可能消磨阅读的热情。初三读《浮士德》时,朱沈晟在玛加蕾特与浮士德诀别的情节处卡壳了,而且一度再也读不下去。"歌德用六十年心血写出来的东西要是让我这样一个不经事的后生能轻易拿下,那才逆天了",带着这种想法,他采取搁置读物的办法。这样被暂时搁置一旁的书籍有四五本,但每一本都被朱沈晟重新捡了起来,他说,再读,常常带着"蓦然回首,那人却在灯火阑珊处"的心境,回过头去,看到那部著作还静静等候着他,书页上只是蒙上了一层薄薄的灰尘,这种感觉特别好。

二是要带着批判的眼光阅读。除对作品史学与文学价值的体悟,更应有自己的阅读态度而不迷信。视野渐广时,接触的不管是人还是书都不可避免会变得良莠不齐。如果轻易让一本书、一个人改变自己固有的人生观与世界观,只能说明还没有真正学会阅读。对此,他借用了王阳明的一句话:知行合一。"知以导行,行以检知",即思考生活,并将读到的、想到的,与原有的、现实的进行比较,并决定孰去孰留,在不断的取舍中,构建趋于成熟的思维模式,学会不盲从,不服从卑鄙或浅陋,也不盲目排斥;阅读本身,也是一种对自身内在平衡的追求;而与之相辅相成的写作,则是生活的方式与态度。他曾让书中所描摹且在现实世界里所缺失的美好唤起自己胸中的正义感,更让这种体验常流诸笔端,化作不愿意向任何假恶丑妥协的文字。

　　赤子般的文心所向何处?朱沈晟说,他想成为一名战地记者,因为优秀的文字应当对现实世界有所反映与补助。

(作者单位:《新读写》杂志社)

金色年华篇

寒假的履痕：
从外滩的腊八节到湖州的除夕夜

方文轩

小学一年级的寒假，我开始了练笔。在妈妈的辅导下，我和她参观和体验了5个地方。有的活动，爸爸和妹妹也参加了。很高兴能够把美好的生活记录下来。

一、奇妙的印刷

立春后，春节前，上海的天气还是很冷。我不怕冷，也不怕远。在2月7日的早上，妈妈带我坐车一个多小时，到位于青浦的中华印刷厂参观。这是革命前辈陈云爷爷工作过的地方。妈妈在《新民周刊》的同事和他们的孩子也来参观了。

我们一行先去了印刷博物馆，了解一些印刷的历史。作为一个上海人，我很骄傲，因为上海是中国现代印刷术的发源地。我看到了印刷视频，看到了各种各样的印刷机。我还试着用一台烫金机印了一张纸做了一份纪念品，真的很神奇。

我们还去了印刷纪念品商店，那里有打开可以发光的书，还有印刷的名画和唐卡……这些文创产品都很漂亮、很奇妙，可惜就是太贵了，所以我就没有买。

后来，我们又去了印刷车间。我看到很大很大的印刷机和很多很多的纸张。原来，我妈妈的杂志《新民周刊》和我的教材都是从这里印刷出来的呀。妈妈告诉我，虽然我们现在可以电子阅读，但是，有着墨香的书刊更值得阅读和保存。

有着墨香的书刊,阅读起来很舒服。如我的语文课本里就有春节童谣,朗朗上口:"小孩小孩你别馋,过了腊八就是年……"同时,还有精美、生动的彩色配图。我想要是能认识会写童谣的人或者是诗人多好啊,两天后妈妈就满足了我。

这是2月9日的下午,在苏州河边上"娜娜的厨房";妈妈单位举行春节茶话会,我就认识了妈妈的一个作者朋友、社科院的王泠一博士。他戴着眼镜、胖胖的,很和蔼也很热情,说愿意做我的课外语文老师。他是徐汇区天平诗社的社长,很乐意给我们小孩子写童谣和诗。真是太好啦,希望早点看到王博士的诗集。

二、和胡巴一起过腊八节

2018年腊八节那天,我们学校的冬令营刚刚结束。这一天我没有喝上腊八粥,因为上海人没有这样很传统的习惯。有时候,我很羡慕北方的小朋友,他们可以贴窗花、吃饺子。而在上海,传统过年的气氛好像没有北方的城市那么浓。

妈妈接我放学时,轻轻告诉我,晚上可以感受一下"中国年"。原来,她要带我去外滩八号参加麦当劳的"捉妖记"新品品鉴。我很激动,因为我很喜欢《捉妖记》这部电影;记得是妈妈陪我在网络上搜索过这部有趣的影片。而且,我还第一次坐了71路中运量公交车。那天晚上,外滩还很冷,但是我心里热乎乎的。

到了活动现场,一片红色,就像我们紫竹双语学校刚刚举办的嘉年华一样。

我看到有个叔叔坐在那里给大家捏泥人,只要你说出一样东西,他就会给你捏出来。我一直很喜欢鹦鹉,因为鹦鹉会学人话,他就给我做了一只粉色的鹦鹉。

还有个叔叔在做糖人,这也是一种传统的民间手艺。他看到我就很热情地送了我一个蝴蝶样子的糖人,他怎么知道我也喜欢蝴蝶呢?糖人味道超美味,我吃得干干净净。听妈妈讲,她小时候也吃过各种模样的糖人;也是过年时的期盼。

在现场,我还去参加了刻萝卜的手工练习活动。严格地说,这虽然不是传统的中国年俗活动,但《捉妖记》主人公胡巴长得就像一只白萝卜。我是第一个刻萝卜的小朋友,我就在白萝卜上用左手慢慢地刻上了一只鸟,因为我是左撇子。

在外滩,我还尝到了刻有胡巴头像的幸胡堡和青柠妖格饮,这两样东西我以前从没吃过,味道也很棒。外滩,真是个好玩的地方。这个腊八节,真难忘啊!

三、我的第一次爱心公益秀

1月28日是个周六,天下着毛毛雨,但是我和爸爸妈妈还是出门了,因为按照计划我们要去献爱心。什么是献爱心呢?幼儿园和小学的老师都告诉过我,就是有能力同时还有善良愿望的话,就可以去帮助有需要的小朋友或者大人。

那天下午,爸爸妈妈带我到闵行体育馆参加民盟上海市委青委会主办的爱心义卖活动。民盟,是我们国家的一个重要的民主党派。爸爸告诉我,爷爷和我一样大的时候,我们国家是贫穷、落后受欺负的。为了国家不受欺负,好多革命前辈就组织起来拯救国家。除了中国共产党,还有一个参加革命的党派就是民盟。

作为民盟盟员的妈妈告诉我,我们参加的这个献爱心活动已经举办第六年了。全上海的青年盟员在这一天,可以拿出家里不用的东西,或者到现场去买一些商品。义卖所得的钱,会资助生活还不富裕的民盟盟员,目的是让他们和我们一样开开心心地过年。妈妈是2013年加入民盟的,她一直很热心参加民盟的活动。

这个民盟献爱心活动的现场,我看到人很多,感受到气氛也很热烈,每个摊位都有不少东西在出售,价格看上去都不贵。我看到茶杯、衣服、学习用品、玩具、图书……认真地逛了一圈之后,我就决定买下了布艺年狗和迪士尼公主填图册,爸爸妈妈也在现场买了些有机大米和巧克力。虽然,我只捐了 50 元,但这是我 10 个星期的零花钱啊,我想也算是献爱心了。而且,这是我第一次参加爱心公益活动,感到既能买到自己喜欢的东西又能帮到别人,心里真是非常开心啊。

回家路上,雨慢慢地停了。我告诉妈妈和爸爸:明年我还要参加这样的活动。

四、不一样的除夕夜

今年,我和爸爸、妈妈、妹妹到湖州的爷爷家过除夕。湖州,是离上海不远的一座很有名的城市;和上海一样,属于太湖流域。爸爸告诉我,上海的母亲河黄浦江的源头就在湖州。爸爸还告诉我:湖州不像上海,可以放烟花,我兴奋极了。

可是,我坐了 2 小时的车到爷爷家后,才知道今年湖州也不能放烟花了,全城都买不到鞭炮。我问爷爷为什么会这样,爷爷说,烟花爆竹太吵了,又污染环境,还会有不安全的情况发生如引发火灾。爷爷认为禁得好!后来我才知道,今年全国很多地方都像上海这样对烟花爆竹说"不"。上海,是全国第一个对烟花爆竹宣布禁令的城市,已经禁止了 3 年。

虽然小朋友会感到有些无聊,但是大家可以安安静静吃顿年夜饭,好好围坐在电视机前看春晚了。而且,空气也更好了。再看妹妹吧,她更在乎美食的香味。

对我来说,今年除夕夜的另一个变化就是,我们全家出去吃年夜饭。在这以前,都是爷爷烧给大家吃。爷爷原先是湖州师范专科学校的数学老师,一边勤奋地工作,一边总是勤快地探究在家烧菜的手艺。但现在爷爷年纪大了,我们不能让 81 岁的他太辛苦。湖州菜没有上海菜那么甜,更咸一些,我和妹妹都很喜欢。

吃完饭,爷爷给我和妹妹每人一个红包。我要把今年的压岁钱存起来,长大以后买一张飞船票,因为我想当一名宇航员。妈妈告诉我,当宇航员就不能戴眼镜,身上不能有伤疤,对身体条件的要求比空军的飞行员还要严格呢。同时,还要学习很多很多的知识。好吧,我要好好吃饭,多多锻炼身体,一定好好学习!

(作者单位:华东师范大学二附中附属紫竹双语学校二年级三班)

附:为什么不主张小学生频繁出国游学?

王泠一

我并不反对小学生偶尔出境见见世面,这对已经富裕起来的城市家庭普遍不是什么问题。在徐汇区以及我调研比较集中的天平德育圈的各个学校,孩子和父母、长辈一起出国,早就不是什么稀罕事。甚至,幼儿园的孩子也频繁地出国了。

这不是寒假结束刚开学吗?家长们出了大笔的"银子",需要孩子们交纳"寒假游学作业"了。而孩子们认为,这比长途飞行的煎熬更加痛苦。于是有几个和我熟悉的红领巾就纷纷向我求援,提问多多,而我也觉得累,交流起来特别费劲。

首先,我当然不是百科全书。其次,百度搜索也解决不了孩子们的快餐式求知。第三,因为考试一结束,度假总是先放松,孩子和家庭事先也并没有为"游学地"或"观光地"做必要认知上的准备,走马观花之后则是很难"复盘"的。

案例一:有孩子去了西欧国家的好几个城市,回来和我说"都是看不完的教堂,一个接一个;也不知道宗教文化里有啥奥秘"。而我也觉得和低年龄孩子是说不清楚西方的宗教奥秘的,我们社科院宗教所的同事则说就是高中生也未必明白。

案例二:有孩子去了日本的几个城市,第一次滑雪自然是挺高兴的,但就滑雪要写篇千字左右的感想作文,又是无从下笔。好在有个平昌冬奥运,我就让孩子结合起来把滑雪运动项目介绍一番。不过,这作文不出国的话也是能完成的。

案例三:最远的孩子居然去了南极洲看到了企鹅,很兴奋地拍了好多近距离的企鹅照片。但回到徐汇和学校之后,却没有办法把图片文字化;因为孩子对地理、对冰川、对企鹅等元素的知识储备完全不够。自然，我只好劝慰一下家长了。

　　对比频繁出国和低龄出国，我更推崇寒假就近游学、丰富课外认知、促进孩子情商。而今年寒假，方文轩同学完成这些作文时仅仅是一年级，供读者们参考。

（点评者单位：上海社会科学院）

祖国各地的人情味和那些跨越年代的友情记录

王淇仪

祖国的北方和北京,是很多南方孩子的向往。都说北方重人情,请看看吧:

一、冰雪中的温暖

寒假刚开始后不久的一天,王泠一博士推荐了吉林《城市晚报》中一篇题为《长白山深处:雪在飘风在吼……他们在为野生动物送"年货"》的新闻报道给我,让我和他一起分享阅读。

看到题目,我就诧异,什么是给动物送"年货"呀?读完报道,我恍然大悟。在农历新年脚步越来越近的时候,在家家户户为了过年张灯结彩的时刻,在长白山自然保护站里,有这样一群工作人员,他们工作在白雪皑皑的原始森林,为在森林中生活的野生动物们送去食物,让他们能够安然地度过食物匮乏的寒冬。

这可不是一件容易的事。首先,工作人员要面对天气寒冷的困难。在那里,温度零下二十几度,走着走着,人们的睫毛、嘴角都会挂上白霜。我想到上海的气温前几日刚跌破冰点,我就冻得瑟瑟发抖,不愿意出门,一想到那里的温度那么低,面对文字我都不禁打了个寒战。如此的低温,使得工作人员又不得不面对第二个困难:行动不便。大雪使得他们为动物送去食物的路程变得艰难而又漫长。记者跟随保护区的工作人员才走了一公里路,就已经累得气喘吁吁。巡护员告诉记者,这里的雪才到膝盖不算什么,有些地方都要没过腰。如此恶劣的环境给他们的工作带来了极大的不便。

而在记者的笔下,我看到的不是工作人员的抱怨,我看到的是他们的坚持和乐观。这样的精神打动了记者也感染着我。每天五六个小时的路程,一年下来可以绕赤道两圈,他们笑着面对。走着走着浑身冒汗,冷风又往里头灌,而对如此的"冰火两重天",他们用歌声鼓励自己。

在这样的冰天雪地里,这群可爱的人们给野生动物们送来了食物,给了它们一个温暖的新年。

附:北方的温情

王泠一

我知道东北的概念是因为老虎,小学三年级的时候,有同学的妈妈在上海动物园(也叫西郊公园)的工作就是东北虎的饲养员。同学的妈妈也很敬业,总是过年的时候还在陪老虎;除了新鲜的牛肉和牛排骨,还有苹果、梨子等色彩鲜艳的水果。这些伙食在我小时候都很昂贵,因为计划供应和物资短缺,就是有钱也不一定能够买到。所以,有一次我做梦的时候就成了小老虎、在动物园吃好吃的。

我读小学之前就在北方生活过,对于积雪没膝、或者及腰不怎么敏感。四十多年前,北方郊区或农村、山区以及林区的家庭里,没有目前现代化的取暖设施即统一供应的暖气。通常有密封的炉子,里面用原煤的碎块烤火,有排烟管从窗户通到屋外。一边烤火、一边烤馒头或者黄豆,也搁着水壶;还有个小收音机可以听故事、听当时叫革命现代京剧的样板戏。北方屋子里的生活,还是挺舒适的。

那时,我有匹骡子;个子很高大,是家庭生活中的运输主力;主要是到物资供应站取回粮食、煤炭和其他必需品。我那段时间和姑父生活在一起,他是复员军人、在一次战斗中负了重伤,政府照顾他,就给了他一头骡子;骡子的食物主要是草料、玉米和大豆。到了冬天,只有干草料。可这骡子也需要吃水灵的,但不喜欢吃大白菜,要吃当时在北方比较稀罕的胡萝卜;给它准备胡萝卜挺费劲的。

因为骡子也为邻居们服务,邻居们彼此间隔距离都挺远;雪地里送一户人家的生活用品,往往就得半个多小时。所以,骡子得到的奖励是两根胡萝卜;我只让它吃一根,还有一根帮它储备着。我自己得到的奖励很少,只是一手心烤熟的黄豆。一头骡子的过冬都很不容易,何况整个原始森林的动物;我对护林工充满着敬意。

二、小油条　大学问　大梦想

炸油条能挣9个亿?天呐,看到这个数据,我惊呆了,要知道数9亿这个数字的0我都要数很久,而它却和普普通通的一件小事——炸油条有关。

看了邓城镇里炸油条的故事,我知道了,要想炸好油条可不是一件容易的事:色泽、蓬松度、口感、形状、吸油率等几个方面都要考虑周全。从事炸油条40多年的行家于师傅介绍道:"同样的面、同样的油、同样的锅,炸出来的油条口感、色泽也会有差别!"从和面用的水到炸油条用油的温度,都有很大的讲究。可以说,炸油条这件小事里有着大学问。

炸油条这件小事,还让邓城镇的许多居民脱贫致富。靠着传承父辈的炸油条技术,许多年轻人用自己的双手改变了命运。"挣到了钱,在家里盖了房子,在市里买了房子,自己又买了一辆车,还有几十万块钱存款","油条致富带头人"范卫东谈起炸油条帮助他改变生活的经历时感慨万千。可以说,炸油条这件小事里有着大梦想。

从邓城镇这篇报道中,我明白了不要看轻任何一件小事,再小的事,你也要"讲究"着去对待,这样你才能研究出其中的大学问。改变自己的生活,要靠自己的双手打拼,才能实现自己的大梦想。

附:四十多年前的油条

王泠一

我小时候的早餐,主要就是大饼、油条、糍饭糕和豆浆;还常常饭团里包一根油条,现在回味起来都是比日本的寿司美得多的珍品。街上和弄堂里的饮食店或食堂,一早就有卖这些被称为"四大金刚"的上海早餐主食。我和表妹最神气的也就是不睡懒觉的早上,我拿根筷子穿叉一串油条,表妹拿着锅子盛满豆浆,几分钟后就摆满了餐桌,算是最基本的家务。然后,大人上班,我们上学。

小时候,上班的大人工资不高,物价也就不高。我记得4分钱人民币,就能够让一个孩子美美地吃上大饼、油条、豆浆,或者是糍饭糕和豆浆。用的量词是一幅大饼油条、一碗豆浆。我妈妈是中学老师,工资每个月45元;我爸爸则是工程师,工资每个月60元。这样的工资水平,一直维持到我小学毕业。他们各自有一辆自行车,每天都是骑车上下班。现在知道,他们当时的收入是挺好的。

我们小学生的衣服都很朴素,基本上都是长辈在家里用商店里买回来的有限的布自己做的,可以说家家户户都有裁缝的本事。从穿着上,班级里面是没有或者看不出什么差别的。当时,根本没有贫富差别的概念,我和同学们只知道城乡差别,还知道未来的共产主义社会是要彻底消灭"城乡差别"的。那时,同学的家长也是很要面子的,家里生活困难是羞于开口的;导向上也提倡"不向党提条件""不向组织伸手"。但是,就在三年级快结束的时候,我知道了"生活困难"。

原来,有好几位同学的家里子女多,且总有父母中的一方不是有病常年病休,就是一方是临时工,工资也就特别低微。反映在家庭的早餐上,就是只有稀饭和咸菜,也没有乳腐,更别说是咸鸭蛋了。我班上就有个男生,家里还有两个亲妹妹呢,年龄上分别间隔两岁。到我们小学四年级时兄妹仨都没有吃过油条。男生捡破烂积累了好多的废纸,以5分钱一斤的价格卖给废品回收站,也就有了一些收入,这点子是我教给他的,所以他和我的关系也很铁。但是我疏忽了粮票,因为那时买一根油条光有钱还不行,还需要支付半两粮票。为了两个妹妹,男生就"偷"了家里一两粮票。都是为了让妹妹的开心,他自己到小学毕业都没吃上油条。

少了一两粮票,不久,就被发现了。男生挨了一顿揍,嘴肿了,邻班的同学都叫他"大嘴"。过了好些天,数学老师夏慧芳把自己节约下来的一两粮票,专门替"大嘴"还给了他父亲,但她同时还很严肃地让"大嘴"父亲到我们班上来做检查,即向孩子道歉。检查,很深刻!说什么有愧毛主席的教导,万万不能打孩子的;孩子拿了家里的粮票,属于人民内部矛盾,不该像阶级斗争那样急风暴雨!

这是我经历的1978年春节后的开学第一课;外面的雪很厚,我们的棉袄上都打着补丁。如今40年过去了,我再没见过他们。"大嘴"的一家应该还好吧!

三、漂洋过海来看你

这次王博士推荐我阅读的是2月14日《新民晚报》第21版中的一个"爱情故事"。妈妈告诉我2月14日是西方的情人节,在这一天男女要相互交换礼物来表达爱意,是一个关于爱和浪漫的节日。在我的脑袋里,爱情就是"王子和公主幸福地生活在了一起",还有就是像爸爸和妈妈这样叫爱情。但是报纸上的这个爱情故事却是发生在两只鸟之间的。

这篇题为《异地恋16年,他每年飞跃一万公里去和她团聚》的报道告诉大家:1993年在克罗地亚,一只雌白鹳被猎枪打伤,被一个老人救起带回家悉心照料,并给它取名为玛丽安娜。然而冬天来了,由于翅膀残疾这只鸟儿不能和同伴们共同迁徙到南半球去。2001年的一天,有一只雄白鹳来到了玛丽安娜的身边,他们成了一对"恋人"。然而这是一对候鸟,"爱情抵不过寒冬",大K(雄白鹳)在冬天要飞往南半球过冬。令人惊讶的是来年的春天他又回来了。这样冬去春来,一飞整整16年。

两只鸟儿彼此之间的不离不弃,让我动容。无法对抗作为候鸟冬天要迁徙的本能,但是大K选择在冬天来临时最晚离开,在春天刚刚到来时,最早回来。"人"飞走了,心却一直牵挂在玛丽安娜这里。我想象着他们每一次的依依惜别,他们是如何恋恋不舍,但是我想我的想象力是远远不够用来描述这两只鸟儿彼此的款款深情的。大K坚持了那么远的距离,坚持了那么久的时间,没人知道他在那么漫长的过程中曾经遇到过什么样的困难。

还有一个不得不提的人,就是那个救了玛丽安娜的老人——一位老教师。他帮助玛丽安娜渡过重重难关。在他的细心呵护下,玛丽安娜活了下来。冬天到来,在大K最初离开时,玛丽安娜伤心难过,心比冬天还要寒冷,老人聪明地想到了放映拍摄的两只鸟儿你侬我侬时的纪录片来宽慰她的心。这真是一位智慧的老人。

有人可能会说这样的飞翔值得吗？我认为很值得。因为自己的爱人在哪儿，你就应该回到哪儿。

附：鸽子和小伙伴

王泠一

玛丽安娜的候鸟故事，发生在克罗地亚。我小学三年级时，只知道有一个叫南斯拉夫的社会主义国家，这个国家反抗法西斯侵略的革命领导人叫铁托。克罗地亚，是我大学毕业后才了解的国度；因为它从南斯拉夫（联盟）分裂中独立出来了。而先后独立出来的国家居然有6个，克罗地亚属于经济和文化比较发达的。

我小学时最喜欢看南斯拉夫的电影，是描述城市游击队的。有教堂、有铁路、有钟表店、有和平鸽……和我们自己电影里的岗楼、地道、饭堂、狼犬……景观完全不一样。当时最著名的电影有《瓦尔特保卫萨拉热窝》和《桥》；大人和孩子都能背诵影片里的大段台词，也都会吟唱影片的主题歌。其中，有一个场景是一样的，那就是中国和外国的游击队都没有发报机，消息的传递靠信鸽脚上携带的纸条。于是，我一方面觉得很神奇，另一方面也就很想拥有一只信鸽。

信鸽，很快就拥有了。那时，没钱，也没有花鸟市场。我偷偷地养了只会下蛋的母鸡，为什么是偷偷的呢？因为当时的市区就反对饲养鸡鸭了，居委会也经常检查的。但这只母鸡可是我极大的一笔财富，我喂她我自己省下来的大米，还要捉各类昆虫给她补营养。我就用她下的4个鸡蛋，从一个退伍军人家换了只信鸽。

信鸽到手，小伙伴们挺高兴，可是，到底派啥用场呢？先是友情传递，如从你家飞到我家，轮流用硬玉米来喂，那鸽子一点都不害怕人，在我的头顶、肩膀和手掌里自由站立，神气得很。后来，我们琢磨怎么发挥信鸽传递消息的功能。那时，我成绩挺好，班主任瞿佩珠老师从不上门（告状）。但我那几个时不时亮红灯的摸鱼捞虾的小伙伴，就有段顺口溜："天不怕，地不怕！只怕老师到我家！"因为班主任只要一家访，男孩们就得"竹笋烤肉"（家长用竹制的量衣尺狠打屁股）。怎么在第一时间知道班主任要来，又如何传递消息，就成了我们的大事情。

班主任家那时还没有自行车，步行到第一个差生家里需要一刻钟。我同桌的女孩成绩也不赖，和班主任是隔壁邻居。我就把信鸽放在她家，只要班主任一出门，信鸽马上就会飞到我家。我再迅速飞奔到几个差生家（也都是邻居），通知他们仓皇出逃；只要他们避免了"竹笋烤肉"，我就给同桌女孩一只鸡蛋，在夏天则会给她我们从小河里摸上来的小龙虾。当然也有来不及转移的情况不幸发生。

随着我私人财富的积累，如把鱼、乌龟、小龙虾等先去换鸡蛋，攒够了鸡蛋再去换鸽子并加以训练，我终于在小伙伴们之间建立了信鸽群。我最早那只经常潜伏在班主任家隔壁即同桌女孩家的"咕咕"，就是这信鸽群的领头。只要"咕咕"一起飞，马上我们的上空就会出现一群鸽子在飞翔。于是，我们就像看到消息树倒下一样从容转移，顺利"大逃亡"。这个秘密，到小学毕业时都没有暴露。

四、学习的力量

《一把晒干的荞麦杆》是这次寒假王博士推荐给我的第四篇文章。文章讲述了一个彝家三代人的教育故事。读完文章，我觉得文中所讲述的"学习"和我正在经历的"学习"有很大的不同。

为什么要学习？其实对于这个问题，我一直没有好好思考过。总听大人们说，读书好才能有好工作，现在辛苦点，将来才能有出息。然而对于彝族的人们——这一个在1949年前还没有读书概念的民族而言，却是改变他们生活的重要也是唯一方法。在学习中他们找到了快乐，看到了生活的希望。

上学是件难事吗？对我而言，上学是理所当然的事。从幼儿园毕业后，就会上小学，小学毕业后，还会去上中学。我从来没有想过如果不学习我还会干什么。但是对于文章中的彝族孩子而言，上学并不是轻而易举的事情。经济条件有限，没有足够的学费。上学路途遥远，吉河岗杆小时候每天要

"爬下悬崖去读书"。

彝家三代人成功学习靠什么？相信知识的力量。文中一句话给我印象深刻，"翻开的书本，就像张开翅膀的老鹰"，这句话和我背诵的一句名人名言意思一样——书籍是人类进步的阶梯。彝族人们相信只有读书，才能改变命运。其次是坚忍不拔的毅力。无论面对怎样的苦难，他们都能咬紧牙关努力前行。即使自己不能实现读书梦，也一定拼尽全力让自己的孩子能够上得了学。最后还有国家的扶持。在文章最后我很高兴地看到，很多部门都在帮助他们，当地的教育部门也为他们牵线搭桥，让彝族的学校和成都的学校"牵起手"，让两地的学生可以共同学习。学习对于彝族人民而言不再是奢望。

我也重新问自己，读书是为了什么？我想并不只是为了自己的将来的幸福生活吧，更是希望能够有力量去帮助更多的人。

附：小康的智慧

王泠一

彝族，是我记住的第一个少数民族。时间是在中山西路第一小学三年级快结束的时候，我们突然有了些课外读物，不仅有丰富的故事情节，还有好多精美的人物插画。我已经能够阅读长篇小说和革命回忆录，并借助父亲不久前给我的生日礼物——《新华字典》查阅生字。彝，就是通过字典认得的，一并知道了彝族。

那年全国人民爱戴的周总理去世了，我就读了一本刚出版的革命回忆录《跟随周副主席长征》，作者是长征时期周总理的警卫员魏国禄，"副主席"则是周总理在长征时期的军队职务。书中就提到历代反动派的压迫和剥削，让深山里的彝族等少数民族群众一起过着饥寒交迫的生活。长征中的红军，给彝族群众送去了衣服、医药、革命道理和自卫用的武器弹药，并且买卖公平地从当地采购了粮食和盐。老师告诉我们，这叫作民族团结和一起打倒国民党反动派。父亲还告诉了我刘伯承和当地彝族头人结盟的故事。后来我知道头人叫小叶丹，地方是大凉山。

知道小叶丹和大凉山，是在高中的地理课堂上。那个年代，我们还都熟悉愚公移山的典故，觉得世世代代奋斗是可以"移山"的。一直到我工作了好多年之后，直接参加了国情调研和扶贫帮困的有关工作，才明白大凉山的穷，不是靠"愚公移山"的思路可以从根本上改变的。那里的群众也想改变命运，那里的干部也很努力，那里的情况包括悬崖村小学得到不断报道，物资和资金的援助都很可观。

  为什么还是那么贫穷呢？恐怕战略思路上出了问题。习近平总书记成为党和国家的领袖之后，亲自抓扶贫、脱贫工作；在深入大凉山等全国所有的贫瘠之地调研以摸清底子的同时，也相应地调整了发展思路。其中，有一条崭新的战略性思路就是异地搬迁式脱贫，这是小康路上的重要转折点。也就是承认，在一方水土养不活一方人的条件下，按照科学规划实施移民工程。在新的地方合理安排社会生活和产业发展，一方面可让群众摆脱资源稀缺矛盾下的贫困根源，另一方面也让孩子有读书的便利，没有必要每天去翻越悬崖。相信再过3年，面貌会彻底改变。

五、人和人之间是有温度的

  王博士写的题为《暖》的文章中，和我们共同探讨了智能系统或者机器人是否能够替代一切人类行为的问题。王博士认为"人的情感是智能或者机器人所不能替代的"，我十分赞同这样的说法。

  的确，在我们周围，有很多东西都是由信息化技术代替的，如：公交车、地铁刷卡（现在居然还能刷手机），购物付款，网络查找资料，电子警察拍摄违章车辆，智能图书馆电子借阅图书，商场智能机器人导购……运用科技手段节省了人力，很多问题都能更高效地解决了。但是细想来，在我们的生活中，有些东西，是永远不可能被智能所替代的。

  首先我想到的一个词就是：亲情。当我在学校遇到困难时，当我考试失败时，当我被人误解时，当我一股脑儿地将这些烦恼倾诉给爸爸妈妈听时，爸爸妈妈总会说，"来宝贝，让我抱抱"，拥抱的力量胜过千言万语。每次我要参加比赛前，妈妈总会用她的大手紧紧握住我的小手，说将力量传递给我，掌心的温度给了我勇气。"慈母手中线，游子身上衣"，这一针一线都包含着母亲爱的温度。程序化的语言,没有温度的触摸,智能机器人怎能敌得过亲人之间的款款深情。

第二个在我脑海中浮现的词语是:友情。划船不可以没有桨,扬帆不能没有风,人是不能没有朋友的。失意时与友人举杯诉说,得意时与朋友共享快乐。我的"大朋友"王博士,幽默风趣,笑起来有可爱的眯眯眼,会和我共同阅读,一起写作,会鼓励表扬我写得还不错,这种交流多么可贵。没有喜怒的脸孔,没有语调的说话,智能机器人怎能敌得过朋友之间的真诚相待。

即使走在路上,我们要问路,最方便的也是询问擦肩而过的路人,他的热心相助,我的微笑感谢,这是一幅多么和谐的画面啊!

虽然现在高科技越来越发达,人们也在努力做更多更好的实验,但是智能化也好机器人也好,他们永远都没有最真实的情感。就好比机器人弹琴的速度能超过艺术家,然而它所演奏的乐曲却永远缺少人情味儿。

我不希望周围的一切都被信息化、智能化所替代,这样的世界会变得十分冷漠,人的心也会渐渐变得寒冷起来。

在这里,我要感谢班主任庄怡老师,感谢大队辅导员包黎老师,她们让我和同学们的课堂内外格外温馨;我要感谢校长孙爱军老师,把我们的学校治理得井井有条,像四季常青的花园。我还要感谢爸爸(王昕)、妈妈(郑静洁)的日夜陪伴和精心呵护;感恩爷爷(王克勤)、奶奶(陆惠丽)和外公(郑国营)、外婆(谈解惠)无微不至的关怀、牵挂。祝你们身体健康,生活圆满,永远开开心心!

附:暖

王泠一

我挺害怕过年的,主要是害怕小孩子来拜年。这些戴着红领巾的十龄童,总是带着寒假里的思考型问题或者叫作课题来"请教"我。拒绝,有负孩子们的信任;回答,则很费功夫。如狗年春节,有个神童就很哲学地询问:"有温度的城市,到底是怎么样的呢?"在他的朴素概念里,温度就是团聚、就是一家人在春节里要团圆。至于加班,他不理解;聪慧的他认为信息化可以替代假日里的值班。

他觉得智能系统可以解放交警、环卫、医院等很多岗位,这些岗位上的叔叔和阿姨就可以在节日里回家陪伴他们的孩子。我和他说不清楚技术的局限性,再说"咖啡的热气"也替代不了"城市的温度",得到现场去看看吧。正好《新民周刊》的微信公共号在提倡向节日里坚守岗位的白衣天使致敬,我和神童就去了他推荐的上海市第八人民医院(以下简称"八院")。因神童读幼儿园时比较过几家医院,这地处地铁一号线漕宝路口的八院"打针不疼",让他记忆犹新。

和任何医院都一样,除了特急抢救业务,八院通常就医的第一道窗口就是空间特别宽敞的门诊部。门诊部护士长沈伟晔,很罕见地接待了不是患者或者是患者家属的我们。"春节里好像求医的人不是很多吗?"我看了一番环境后很自然地发问。"瞧你说的!过年嘛,第一句祝福的话不就是'身体健康'吗?然后才是'恭喜发财''万事如意'。没有健康,一切都是'零'啊!再说,过年前来求诊的大病、急病基本上都控制住了嘛!"快人快语的沈护士长还一脸的自豪。

神童接着发问:"那么平时,你们都特别忙吗?""很紧张的!经常有突发事件和急救患者,还有转院过来或者医联体接力的业务,像流水线一样,容不得一分钟的耽误和任何环节上的差错。"沈护士长如此回答。再了解下来,其实狗年春节的相对"就医量不饱和"是个孤案。绝大部分时间,白衣天使们都是超负荷运转的节奏;"三班倒"是常态,年轻的医护人员往往就选择在八院附近租房。

突发性因素一旦光临,超负荷运转就是必然的。沈伟晔介绍说,前一阵子的上海突降瑞雪,十年一遇,朋友圈里晒的都是诗情画意和勃勃兴致,但八院医护人员应对老人跌伤、成人滑伤和幼儿病感冒,也是聚精会神,十分辛苦。还有些配合全局的医疗保障任务,也得做好完全准备,如沈伟晔本人就连续5年参加了上海国际马拉松赛事的医护保障,她和同事们都很自豪地把所有的运动危害消灭在初始状态,没有发生过有些城市的运动伤害事件。另外,总有突发的因素来源于患者自身。如2018年2月5日,一位已过八旬的陈老太太正在办理住院手续,前一分钟还言语正常交流,却突然不省人事,当场昏厥。一场生死时速就此在相关部门联动中展开,最终把陈老太太从鬼门关前抢回来。沈伟晔参加了这场"与死神拔河的战斗",看到老人恢复正常之后也特有成就感,并归功于平常的预案演练。

而看着眼下的平静,也许是另一场"战斗"前的蓄力吧。"那么,不是很紧张的时候,您喜欢什么呢?"神童继续探究。"喜欢机器猫!那个无所不能的蓝胖子;喜欢同事赠送的水仙,那冰清玉洁的神韵。还喜欢织围巾和围脖!"沈护士长如此作答。"织毛衣?是给您的孩子吗?""孩子已经读大学了,不用我太操心了。和姐妹们一起织围巾和围脖,主要是赠送给患者。"赠送给患者?我们一开始以为自己听错了。细细询问下来,原来心灵手巧的护士长和她的小姐妹,认为心理康复是门大学问;而多年的临床实践,又证明亲情关爱极为关键。

然而,不是所有的患者都有亲人、亲属,或者是在需要的时候能够及时陪伴在身边。这个时候,白衣天使就成了不是亲人胜似亲人的亲情守护神。利用业余时间接力编织围巾和围脖,就是八院护士们的亲情康复创意。接着,我们遇到了"有你真暖"活动的主持人、八院的工会主席李银萍女士。她具体介绍说"围巾和围脖"的赠送对象,主要有三类就医人员:一是孤儿,二是90岁以上的老人,三是特别的喜庆当事者。这寿星们的礼遇,我很理解。只是"现在还会有孤儿吗?"我不解。李银萍很婉转地说:"作为政协委员,我调研过,目前在短时间内还没有办法彻底消灭弃婴现象。"弃婴,被好心人送来八院时往往已经病重,治疗后按规定移交给福利院;而儿科的医生和护士过年去看望时则会送上围脖。

至于"特别的喜庆",则是可遇不可求的。八院,大年初一就遇上了。原来有一位叫王晶的妈妈产下了徐汇区的第一个"小狗宝宝",是个2 780克的健硕男孩,和外婆还同一个属相。八院党委书记、儿科专家周建元教授代表全院白衣天使,赠送给"小狗宝宝"家的喜庆大红包贺礼中,就包括了红红暖暖的"围巾和围脖"。至此,神童也恍然大悟——人的情感是智能系统或者机器人所不能替代的。

(作者王淇仪为上海师范大学第一附属小学四年级学生)

心的钥匙：
打开二十年后上海的未来之门

郝心榕

我有一把心的钥匙，把它藏在我的秘密花园，开启快乐的密码，掌握在我自己手中。我有一把心的钥匙，阳光灿烂的时节，五彩缤纷的光影，折射出了我的笑容。我有一把心的钥匙，我偷偷打开了别人的心房，偷走了他们的烦恼，把烦恼扔进了垃圾桶。

一、画鼻子

"哈哈！"教室里传出一阵震耳欲聋的笑声，语文课怎么会比体育课更受欢迎？原来，这节课我们就要来玩画鼻子的游戏了。瞧！黑板上没有鼻子的小女孩正眼巴巴地望着我们，好像在说："小主人，快给我画一个鼻子吧！"

同学们看了，都争先恐后地想给小女孩画鼻子。老师却微笑着说："没有规矩不成方圆。让我先来介绍游戏规则：首先，要用眼罩把眼睛紧紧地遮住，再在原地转三圈，然后再在黑板上给小女孩画上一个鼻子，最后摘下眼罩，看谁画得最准，谁就赢了。"

讲完了游戏规则，游戏正式开始了。老师请张昊林上来画鼻子，只见他激动又紧张地走上了讲台，有点迷惑的表情浮现在他脸上。张昊林先戴上了眼罩。这时，教室里传来了一阵笑声。原来，他戴上黑漆漆的眼罩，远远看去，就像长了一双滑稽可爱的熊猫眼。接着他就像喝醉了酒似的，摇摇晃晃地开始转圈。可是，当他转了两圈半时，便拿着粉笔在空气中摸索着。此时的教室乱成了一团，有的人在大喊，有的人在捧腹大笑，有人甚至在用力地拍着桌子,整个教室的屋顶都要被吵闹声掀翻了。

张昊林见摸索了半天没摸到什么东西,赶紧又转了一会,终于摸到了黑板,拿起粉笔刚准备画,就听见"向左""向右"的声音,他不知所措,只好随意在黑板上画了一个鼻子。教室里又沸腾了起来,大家都笑得前仰后合,张昊林摘下眼罩一看,发现自己把鼻子画在了脸的外面,也不好意思地笑了。

张昊林的挑战失败了,轮到周锡桓登场了。他先做好前面的准备工作,开始转圈。瞧!他的步子是那么小心翼翼,当他转完圈后,在小女孩的脑袋中间准准地画了一个鼻子。顿时,教室里掌声雷动。他摘下眼罩一看,也高兴地笑了。看!小女孩现在变得十全十美了,正高兴地望着大家呢!

很快,游戏就在欢乐的笑声中结束了。我的心情却久久难以平静,我想:我们把眼罩戴上了一会儿,就觉得很不方便,而盲人每时每刻都得不到一丝光明,那是多么不方便呀!我们一定要保护好我们的眼睛。

二、智勇双全的小宠物

我很喜欢小动物,所以我特地为一种小动物编了一个谜语,你快来猜猜看吧!"身上绿绿的,小腿绿又短,尾巴细又长,身背绿背壳,爬得慢悠悠。"你猜出来了吗?哈哈,它就是我家养的宠物小乌龟。它是我一次逛街时在街上见到的,我对它爱不释手,恳求妈妈给我买一只。在我的再三恳求下,妈妈终于答应给我买了。在家里,它总是在盆里爬来爬去,用尖尖的爪子挠出"当当"的响声,我便叫它"小淘气"。

"小淘气"圆圆的,当它把头缩进壳里时,就像一个绿色的"硬饼"。可是这块"饼"可不能吃呀,因为它连老虎和狮子的尖牙都不怕。它的头上长着一双水灵灵的大眼睛,脸上红红的,好像是为了见我特地化了妆。它的嘴虽然小,可是一咬人可是不听见雷声不松口!它的四肢又短又扁,小腿上还长着尖尖的爪子。它的尾巴也很短。这可真是一种可爱的小动物。

"小淘气"不仅可爱,还很聪明呢!在一个阳光灿烂的好日子,我把"小淘气"和我朋友的小乌龟"丽丽"放在靠墙的地上比赛爬行,"小淘气"在外侧,"丽丽"在内侧。比赛开始了,我和朋友用树叶把各自的小乌龟往前引,两只乌龟便开始向前爬。我心里给"小淘气"打气:"小淘气加油!你只要赢了比赛,我就会给你好多肉吃!"可就在这时,"小淘气"停了下来。"别停呀,小淘气!"我着急地说。"小淘气"似乎能听懂我说的话,继续爬了起来。可这次它没有往前爬,而是往里挤着爬,"丽丽"被挤得无路可走了,只好等"小淘气"走掉再走。这一等可不要紧,"丽丽"再也追不上"小淘气"了,"小淘气"以智取胜了!从此,这只小乌龟又多了一个名字:"机灵鬼"。

如今,这只小乌龟已经陪伴我3年了,我希望它能永远陪伴我,我也希望自己能像它一样聪明、活泼、可爱。我真想对它说:"我爱你,我永远的朋友!"

三、我爱下雪

有天晚上,天开始下起了小雪。第二天早晨,雪仍旧下个不停。有的雪花太小了,一落到地上,就化成了水。

放学后,只见雪越下越大,我听见外婆说:"外面大雪纷飞,我们出去走走吧,体验一下在雪中散步的感觉。"我抬头一看,窗外一片白茫茫的景象:树木、房顶和汽车上都盖着白色的"棉被"。下大雪了,这可是上海近10年来下的最大一场雪。我高兴地说:"好呀!"于是,我拿上雨伞,和外婆一起出门了。

一到楼下,我们就看见树叶被白雪覆盖了。再往前走,只见汽车的车窗和车顶上也都是积雪,我挑了一辆积雪最多的车,用手指在上面写道:"风雨送春归,飞雪迎春到。"

过了一会,我发现雪下得更大了。雪花们像淘气的孩子,有的往上飞,有的往下飞,还有的直往我身上冲,好像想要和我来个热烈的拥抱。我赶紧用雨伞挡住它们。突然,我看见雨伞上的小水珠变成了小冰块,它们从我的伞上调皮地滑落,仿佛在争先恐后地玩滑滑梯的游戏。

很快,散步的时间花光了,我依依不舍地回到了家。

我爱雪给世界带来的美景,更爱它带给我们的欢乐。

四、一场别开生面的机器人音乐会

现在的科技越来越发达,机器人也各式各样。今天,我要和妈妈一起去看一场别开生面的机器人钢琴家和人类钢琴家的对战了!

在演奏开始前,主持人向大家介绍了机器人钢琴家。它从来不会出错,还有一个有意思的名字:Luke。接下来,轮到机器人钢琴家上场了,他有一头金发,一看就知道是"歪果仁"。

首先,Luke给观众们做起了自我介绍:"大家好,我是Luke,我不但不会弹错一个音,而且我演奏的速度比人类快!现在我要为大家演奏一首肖邦的曲子。"说完,Luke就弹了起来。可是,Luke刚弹了一会儿,人类钢琴家就抓狂了,他站起来表示抗议:"你这样弹完全破坏了肖邦的曲子,你要加上感情啊!"机器人Luke却说:"感情是你们人类自己加上的,这样对作曲家太不尊重了!"台下传来一阵阵笑声。

"那么,Luke,你还有什么优点吗?"主持人问。"当然有。"Luke说,"我还会边弹边唱。现在,我为大家表演我的拿手好戏:《我的太阳》。"机器人的歌声十分滑稽,人类钢琴家也忍俊不禁,笑着说:"真有意思!"

这天,我度过了美好的夜晚。在我看来,机器人和人类演奏钢琴各有所长,但我更喜欢人类钢琴家的演奏,因为他融入了自己的感情和风格。

五、让未来的上海变得更加繁荣昌盛

我有一把魔法钥匙,只要它一发光,我就会被带进一场魔幻旅行。

一天中午,我正在和我心爱的机器人超能蛋聊天,突然一道金光闪过,我扭头一看,魔法钥匙开始发光了。此时的我心情既兴奋又紧张,它要带我去哪里呢?

没一会儿的功夫,我来到了一个陌生的地方。这里虽然也人山人海,看起来和现在的上海没有什么差别。可是如果你仔细观察,会发现许多人的穿着打扮十分奇特,虽然正值寒冬,却只穿着单薄透气的衣服;一些汽车插翅在天空自由飞翔,却井然有序,毫无堵车的烦恼。

更让我好奇的是,路上的一部分行人走起来怎么手脚僵硬?我定睛一看,原来那些都是穿着各式工作服的机器人,他们走进了教室、工厂、办公室里。瞧瞧他们,可帮人类做了不少事情呢!

我走进学校,一群孩子映入了我的眼帘。他们都戴着红领巾,可是看起来比我矮了许多。我低头一看,发现自己已经长成了一个身材高挑的大姑娘。对于这个突如其来的变化,我感到十分纳闷。

就在这时,一张横幅吸引了我的注意,上面写着:"建襄小学80周年校庆"。这是怎么回事?我离开超能蛋的时候学校还是庆祝成立60周年呢。我恍然大悟,原来这里就是20年后的上海。

只见学校里也有许多机器人,他们正在忙着帮老师批改作业、备课,帮园丁浇花,帮清洁工打扫卫生。一个正在打球的小朋友突然脚下一滑,眼看就要摔倒,说时迟那时快,一个机器人以迅雷不及掩耳之势冲上前去,抱住了他,避免了一起可能发生的意外,周围响起一片掌声和喝彩声:"小Q真棒!"

当我正沉浸在这美好的时光,魔法钥匙开始发光了,似乎在提醒我:该回家了。我依依不舍地离开了未来的上海,心里默默地想,我一定要努力学习本领,让未来的上海变得更加繁荣昌盛!

谨以此文献给我热爱的建襄小学60周年华诞,感谢亲爱的陈静校长为学校未来的发展和全体同学描绘的美好前景。感谢班主任赵玮老师和所有教过我的课内外老师,感恩母校徐汇科技幼儿园。感谢爸爸、妈妈和所有关心我成长的长辈。

(作者为上海市徐汇区建襄小学五年级三班学生、少先队员)

诗情画意张马村：
在朱家角遇见千年悠扬的乡音

徐彩红

千年的泖塔巍然屹立，河水浩渺、菜花摇曳、杨柳青青、田肥林茂、白墙黛瓦，这幅浑然天成的水墨画卷就铺展在上海的水源涵养保护区青浦朱家角镇的张马村。这个没有工业、历史悠久、文化遗存丰富的小村庄，成为上海的又一处世外桃源。暑假里，我就带着几个喜欢探索的孩子一起，寻访了这个家乡的村庄。

漫步于错落有致的装点在农田和绿树之间的农居中，河道两旁花红柳绿，每个角落都散发出江南水乡古镇的韵味，让人流连忘返！以前，这里曾经是出了名的"穷村"，近10年来，这里先后进行了村庄改革和漂亮乡村建设等，才使村落面貌大为改观，经济发展也就逐步走上了快车道。"早先有许多年轻人为了营生和改良寓居环境外出打工买房，这些年，年轻人回村的频率越来越高，有的人还把家重新搬回了村庄，村里人气越来越旺了。"张马村党支部书记朱惠根这样感叹道。

如今，我和孩子们的眼里：在张马，小河小湖小浜清澈秀美，错落庭院掩映于绿丛中，美了乡间；在张马，度假村、香草农场、农情园、蓝莓园层出不穷，富了农民；在张马，田山歌、立家训、摇快船，民间文化传承不息，暖了民风。

一、生态保护美乡村

小桥流水，人家炊烟，漫步张马村，宛若置身江南水墨画卷。泖河，正是这座美丽乡村的母亲河,陆龟蒙、宋庠、董其昌等历代大家慕名来游,吟咏不绝。可就是这条母亲河过去"脏乱差",河道旁的鸡鸭棚搭得横七竖八,河道里满湖的浮萍,鸭子艰难地在其中"开道"嬉戏,严重影响了河道运输安全与河道水质;岸上鸡鸭成群,鸡粪鸭粪随处可见,用村民的话说就是"走到河浜头,都在皱眉头,有的捏鼻头,有的横摇头"。

从 2014 年 4 月开始,张马村开始了如火如荼的"美丽乡村"建设,据村书记介绍,此次水环境综合整治党员干部带头,村民代表紧密配合工作,掀起环境卫生整治热潮,清理 318 条沉船,拆掉 158 座鸡鸭棚;同时,疏浚全村 14 条河道,在两岸建起生态护坡,并种上花草。现在张马村的村民们又开始到河边洗菜、洗衣服,人们的眼里又看到了江南水乡的美景。

如今的张马村令人心旷神怡:阡陌交通,水田纵横,丰茂的茭叶丛宛如青纱绿帐,不时有白鹭水鸟低飞掠过;清澈的小河小浜、整齐的护岸河堤紧接着 1 150 米的生态长廊,脚边波斯菊在缤纷绽放;游船水路将村里的农事景点联成一线,人行桥串起了户户农家,临水楼舍小巧精致,绿篱菜园诉说着最质朴的乡情,形成"车在路中行,人在花中游"的优美意境。对此,吴忆雪同学是这样描绘的:

美丽"水村"

朱家角小学四3班　吴忆雪

今天,老师要带我们去参观著名的"美丽乡村"张马村,我们怀着愉快的心情出发了,一路上叽叽喳喳、说说笑笑,很快来到了目的地。

我们沿着村里的走道一路边看边说边笑,所见之处,让人神清气爽。村里没有豪宅大院、雕梁画栋,只见一座座朴素整洁的农家院落充满了生机。沿着清澈的河流,大树成荫、绿草菁菁,一派久违的江南水乡清丽景象。

走着走着,只听见走在前面的小丽说:"你们看,前面的河埠头上有位奶奶在洗碗呢!"顺着她手指的方向看去,可不是吗,有位奶奶正蹲在石条上洗碗呢,边上的脸盆里已经装着好几个洗过的碗盆呢!"这河水能洗碗吗?""对啊对啊,河里的水有污染,怎么能洗碗呢?"我们纷纷议论开了。

小丽首先走上前去打招呼。"阿婆,侬在河里洗碗啊?""是啊,先在河里洗,然后到龙头水过一下就好了。""洗得干净吗?""当然洗得干净,我们还洗衣服呢。以前水脏时不行,现在可以了。"

正说着,又有一位奶奶端着一盆脏衣服向河埠头走来,她告诉我们说:"我在这河边生活了40多年,小时候河水很清,我们在河里洗衣服洗碗洗澡,这条河可是我们的乐园,后来村里发展起来,各种污水往河里直排,河水变得很脏,别说是洗碗,什么都不敢洗了。可是自从我们村开始整治这条河,一切又变得好起来了,你看这水,多清啊!"

我们一起看向河水,真的,河水清澈见底,河底的鹅卵石清晰可见,水草间小鱼正快活地游来游去呢!"我好像也回到了小时候,那时我们村里也有这样一条小河,每到夏天,我们一群孩子就在河里洗澡摸虾,不到父母千呼万唤都不肯回家。"老师感慨地说。

一路说一路走,我们来到了村委会,村里的领导告诉我们,生活在水边,就盼水质好,水好老百姓就满意了,因此,张马村陆续建设7个村级污水处理站,成为朱家角镇第一个实现污水纳网全覆盖的村。另外,村里还对违法违规、不符合排放标准的企业采取关、停、淘汰等措施,杜绝污水直排的现象。如今,每家每户的生活污水都能通过管道输送到处理池进行净化,经过油水分离器等设施处理,处理后的污水可达到一级排放标准。

张马村真不愧是"美丽乡村"呢!

二、生态经济富农民

美丽乡村不仅美在环境上,也要美在产业和农民的收入上,不能美了环境,穷了口袋。张马村党支部"把风景变产业,把美丽化为生产力",逐步探索出一条既要金山银山,又要绿田青水的"生态经济"发展之路。

为了让"美丽乡村"不变形,张马村按照"规模化、标准化、市场化、生态化"的发展思路,围绕农业产业化主线,先后引进了上海太阳岛国际俱乐部,上海寻梦园香草农场、农情园,上海泖蓝果树种植专业合作社(蓝莓园),形成了"三园一岛"特色产业。"三园一岛"不仅让村内的劳动力供不应求,农业也从单一的种植水稻、茭白发展到规模化种植香草、蓝莓、有机水稻和无公害有机茭白、蔬菜等丰富的经济作物种植模式,促进了农民增收,同时,休闲度假、香草飘香等让"美丽乡村"更加"美不胜收"。"村民生活在美景中,也收获在美景中。"朱惠根书记一语道出了"三园一岛"在村里举足轻重的作用。

时尚而生态,张马村内没有任何工业和房地产项目,而是聚焦高价值的乡村旅游。今年,村里引进了玫瑰花种植,美化农家庭院,打造乡村民宿。赠人花海美景的同时,张马村也留下休闲经济的余香。实地考察后,张安宁同学这样记载:

蓝莓采摘之旅

朱家角小学四3班　张安宁

星期六早上,爸爸对我说:"琳琳,我们今天去浦江蓝莓园种植基地采蓝莓好吗?"我一听高兴得一蹦三尺高。因为我虽是土生土长的朱家角人,却只吃过蓝莓,但从来没有采过蓝莓,我从来都不知道蓝莓是长在哪儿的。于是,我就催爸爸妈妈快点出发。

来到采摘基地,就有阿姨向我们介绍,本园是"浦江蓝莓"最大最晚建成的一个园,是吴晓春教授致力于蓝莓产业的又一力作,更是他在上海10多年间蓝莓种植经验和智慧的结晶。本园区有20多个蓝莓品种,这些果实风味独特,口感之美令人回味难忘。园内的蓝莓品种都是吴晓春教授多年来悉心挑选培育的,有的品种更是市场上相当少见的特级蓝莓。

听了阿姨的介绍,我迫不及待地钻进大棚,成片的蓝莓树呈现在眼前,那一颗颗蓝莓果就像蓝色的宝石镶嵌在绿叶丛中,蓝莓果一束挨着一束多得数也数不清,大的有水晶弹珠那么大,小的也有旺仔小馒头那么大呢;颜色各种各样的,成熟的蓝莓是紫黑色的,快要成熟的蓝莓是红色的,未成熟的蓝莓却是青绿色的。看着这么多的蓝莓,馋得我直流口水!尽管天气炎热,大棚里又晒又热,可我却提着篮子在树中穿梭,忙得不亦乐乎。

我先采了一颗又大又圆蓝黑色的蓝莓放入口中细细地品味着,哇!好甜,果肉细腻,还有怡人的清香,真是令人回味无穷。再来尝尝紫蓝色的蓝莓,哇!又酸又甜,味道也不错!就这样我一边摘,一边吃,看看这颗很圆,看看那颗更大,挑得我眼花缭乱。过了半个多小时,我一瞧盛蓝莓的小篮子,还不到1/3。原来,篮子提在我手中,我常常对篮子下手——把我认为大的蓝莓果"偷吃"了……

  天渐渐暗了下来,爸爸催促我快摘,我不得不改变"策略":以前是摘5颗吃4颗留一颗,不得不改为吃一颗留四颗。很快我们就摘满了一篮,我的肚子也被撑得饱饱的!

  啊!多么诱人的蓝莓果,真不愧是水果中的"皇后"。我爱这次蓝莓采摘之旅!

三、文化传承暖民风

  自唐朝起,张马村这方宝地便积累了悠久的历史文化,商旅墨客在此云集,陆龟蒙、宋庠、王安石、朱熹、董其昌、林则徐等历代名人慕名来游,吟咏不绝。1994年至今,每天到这里学修佛法或者旅游观光者川流不息,对张马村乃至青浦的社会经济、文化发展起到了积极的促进作用。

  世代生活在泖河边的张马农家,民风淳朴,东吴文化、泖塔文化长期惠泽村民,张马人讲文化、爱文化、传文化。广为流传的田山歌、摇快船等非物质文化遗产得以传承,唱田山歌、小河摇快船已经成为农家人耕作之余的娱乐节目。村内有10位平均年龄为76岁的老人被授予田山歌传承人。这些田山歌传承人经常出去演出,在外也小有名气。同时,这10位田山歌传承人还肩负使命,一对一教授幼儿园老师,再由老师把这门"绝活"传授给小朋友,让田山歌传承后继有人。张马村建有文化长廊、农家书屋、农具展示屋、文化墙、家训墙等。这些年,张马村先后荣获了上海市文明村、市生态村、"我最喜爱的乡村"、全国最美休闲乡村、全国生态文化村等殊荣,并于2005年被授予青浦区田山歌传承基地。

  民风淳朴、文化传承、田歌家训……关键在传。而吴思彤同学是这样认知的:

家 训

朱家角小学四3班　吴思彤

　　早就听说在我们古镇朱家角最南端的张马村是一座具有江南水乡特色、充满乡情的"美丽乡村"，2015年年初，入选首批15个"上海市美丽乡村示范村"，今天，我便缠着爸爸妈妈带我前去一睹"芳容"。

　　走进张马村，小桥流水，人家炊烟，漫步村庄，宛若置身江南水墨画卷，真不愧是"美丽乡村啊"！我被村里干净整洁的护岸河堤、清澈见底的小河小浜、竞相开放的路边小花所吸引，手里的手机"咔咔咔"拍个不停，真有了一种"人在画中游"的优美意境！

　　就在我兴致勃勃之时，发现在我的镜头里又多出了另一种风格的画面——雪白的墙壁上有耳熟能详的名人名言、有描绘精美的各种图案。"爸爸，这是什么？"我放下手机，疑惑地问。"这就是张马村的文化长廊啊！"爸爸一边走上前细细观察一边回答我。我也连忙跟了上去。"锲而舍之，朽木不折；锲而不舍，金石可镂"，"勿以恶小而为之，勿以善小而不为"，这些人们耳熟能详的名人名言出现在这道"文化长廊"上。"文化长廊"图文并茂、生动活泼，内容主要涉及《角里文明"三字经"》、名人名言和农耕文化等，既利用了空白墙面，又美化了村容村貌，还起到了文明宣传的作用。"这'文化长廊'可被村民们称为'幸福墙'呢。"爸爸说。

　　在一座民宅的外墙上，我看见了这样一句"以孝为先，以勤持家，以和处事"。爸爸告诉我，这是他们的家训，张马村家家户户都是家训上墙的。说来也巧，就在我们说话间，这家的女主人提着个水桶走出来，看见我俩正在看她家的家训，就告诉我说家是温暖的港湾，为了一家其乐融融，平时家中的成员都应该孝敬长辈，认真勤俭持家，遇事以礼待人，家和才能万事兴。

　　在另一处民宅墙上是"爱护公物，遵纪守法，造福子民，服务社会"。我想，这户家长肯定知道如何为人处世，在社会发展中，坚守自己的底线，做一个对社会有用的人。

　　每个家庭的家规都有所不同，有成文的，也有不成文的，爸爸说，一句话、一个故事、一段记忆都可能成为张马村村民家规的载体，它们在生活点点滴滴中影响着人们的心灵,塑造着村民的人格,从而带动整个社会乃至整个国家向前发展。

爸爸的话让我思绪万千,是啊,良好的家风可以帮助家庭中的成员更好地学习一些人生的道理和做人的道理,张马村之所以能被评为"美丽乡村",美的不仅仅是环境,更是他们的精神。

毫无疑问:如今的张马村正一步一个脚印地向前行,利用本村得天独厚的自然生态环境,不断思索村庄发展,创新规划思路,愿张马村的明天更加绚丽多彩!

(作者单位:上海青浦区朱家角小学)

雷锋伴随着开放的
力度正成为新的中国梦元素

要 英

今年的3月5日,是开国领袖毛泽东主席向全国人民发出伟大号召"向雷锋同志学习"55周年的日子。雷锋因公牺牲的时候,实在是太年轻了;如果他活着,今年也只不过是78岁。半个多世纪以来,我们常说"雷锋感动了无数人",这里指的是国人。其实,在世界范围内,尤其是改革开放以来,雷锋的事迹也感动了无数外国人。这包括来自国外的参观者、在华工作的外国人和留学生。

如在徐汇区天平社区,我就遇到过外籍活雷锋抢着做好人好事;在徐家汇商圈和漕河泾开发区那些外籍员工相对集中的楼宇,洋雷锋并不稀奇;还有不少外籍孩子在上海已经国际化了的基础教育系统接受常规教育,自然也和本土同学一起学习雷锋。那些了解雷锋事迹的海外人士以及外籍的孩子们,有的将雷锋的故事传播到世界和母国,有的在中国的岗位上身体力行地践行雷锋精神,有的从中探究中国的软实力和亲和力。可以说,雷锋伴随着开放的力度正成为新的中国梦元素。

3月5日,我主讲复旦大学国际文化交流学院汉语言专业文化方向2015级本科生高级汉语写作课的开学第一课。内容就是让韩国留学生们在课堂上研讨雷锋精神,并用汉语撰写学习雷锋心得。这些来自近邻的20岁左右的年轻人,对中国国情和社会已经有了基本的认知,他们的见解让我更觉得他们仿佛是新上海人。限于篇幅,仅摘录若干心得:

如姜旻成在"我对雷锋精神的想法"中这样写道:"自从1963年3月5日毛泽东为雷锋题词,此后每年的3月5日都成为官方指定的学雷锋日。那谁是雷锋?雷锋是1940年12月18日在湖南出生的一个男孩子。那他为什么这么有名呢？他到现在还有名的理由就是他的无私奉献的精神。这就是所谓的雷锋精神。"他是这样解读雷锋精神的："无私奉献是很难做到的事情。这一点我很佩服他。而且自己的收入情况并不是很好，还能帮助别人，是个令人感叹的行为。现在的韩国社会，有相当多的人很自私，自己有钱也不捐款。雷锋的这种牺牲精神是值得学习的方面。因为每一个人捐一块钱人民币，那全世界70亿人口，就能捐70亿人民币。70亿人民币能救多少孤儿和贫困地区的人呢？他们能吃能喝的话，他们也可以去找工作。那么经济也会发展起来。不会再有贫困的人了。"

来自首尔的青年崔峨榄璨则谈到了向雷锋看齐的话题，他认为："雷锋，把别人的困难，当成自己的困难；把同志的愉快，看成自己的愉快。而大部分的我们为自己的利益或者自己追求的'善'而行动。如果自己突然有了1 000元，人们会想：这个月可以多吃些好吃的，多买点衣服。我冒昧预估一下，如果雷锋还活着，他会把这份钱为人民花。"他还进一步批判："现代社会中，个人主义泛滥，个人主义风潮正向社会各方面蔓延。个人主义不是一种问题，但利己主义可以说是个问题。当然个人主义如果走向极端，将变成利己主义，个人主义一般不影响别人，利己主义常常会影响别人。"因此，他主张学习雷锋的"利他主义"，因为她自己"作为一个追求个人主义的一个人，被雷锋说过的话感动得心里一阵发热。人的生命是有限的，可是，为人民服务是无限的……人的生命确实有限，我们为了什么度过一生？"由此，她打算这样和留学生们一起共勉——"我们现代人需要一个明确的目标。雷锋尽力为人民服务，尽力帮助人民。我们也要像他一样，在工作上，要向积极性最高的朋友看齐；在生活上，要向水平最低的朋友看齐。"

还有一位叫朴明成的留学生出乎我意料，他给天上的雷锋写了封信。他写道：

尊敬的雷锋：您好！

我是在中国上海留学的一个韩国学生。今日正好是毛主席题写"向雷锋同志学习"的日子，我也向您写一封书信。

我今日在课堂上听到您活着的时候的故事。虽然您那年代家庭方面有些困惑，在一个农村家庭，一个孤儿，饱尝着生活的艰辛，但拥有雄大的志向，用自己美好的青春，投身于国防事业，参加中国人民解放军。

您本人沦于生活困境,还能感到热爱国家的隆重的仪式感,我十分佩服您、赞扬您。

而且,我曾经听过您活着的时候为人善举的故事。在您自己处于生活困境的情况下,还能把那些点滴积储的钱都存起来,甚至有许多次遇到处于困境的人,就把那些钱分给处于困难的人。有一次您遇到在车站一位老奶奶路费用光了,焦急地徘徊着,忐忑不安,您为她做出一份善举,请老奶奶吃饭,给她买好到儿子驻地的车票。

如果您还活着,大概是一位78岁的老人,您一定朗照现代世界。您为人善举的道德,我们铭记在心。我们会好好学习您的心地善良、乐于帮助别人的品德。最后,我再次表示尊敬,献给为最壮丽事业牺牲的您!

敬礼!

朴明成
2018年3月5日

还有不少留学生,都从自己的观察角度进行比较,得出别具一格的心得。如有观点认为,雷锋积极承担国防义务最值得韩国青年学习,而韩国社会里不少富裕家庭总是在想方设法帮助自己的孩子逃避兵役。看了真切、真挚而不加修饰的邻国青年学子的见解,我也觉得对雷锋的认知就像"为人民服务"一样是无止境的。

(作者为复旦大学国际文化交流学院教授)

"绣花针"让我对徐汇的未来充满憧憬

陈铱婷

大年初三,我去给爷爷的邻居、上海社科院王泠一博士拜年。王伯伯给了我一本书,书的名字叫《城市治理的 25 枚"绣花针"》。他还向我介绍了这本书的主编秦畅老师。秦畅老师是上海人民广播电台的著名播音员,也是每天中午品牌广播栏目《市民与社会》的主持人。她获得过金话筒奖,也是我们徐汇区的居民。

回家一看到秦畅老师这本书的这个标题,马上就有一个问题从我脑海里冒了出来:"绣花针"是什么?这和城市治理有什么关系呢?带着这个问题我打开了这本书。按照王伯伯的吩咐,我先是仔细阅读了社会学家邓伟志先生特地为这本书写的"序"。原来,这里的"绣花针"特指的是精细化的社会创新治理实践。

一开始我其实很疑惑,因为创新治理和社会发展对我来说确实很陌生,可是当我打开目录,马上有点明白了。特别是因为我经常和爸爸妈妈参加漕河泾社区的公益活动,所以在几个篇章中公益篇章一下吸引住我了,而"一个鸡蛋的暴走"瞬间吸引住了我的眼球。脑海中出现的是一个卡通形象:有手有脚,还面带微笑正在奔跑的鸡蛋。可是这和公益有什么关系呢?带着这个问题我阅读了这篇文章。

原来文章里的鸡蛋源于一个特别善良的愿望,就是可以帮助到一些贫困地区的孩子每天能够吃上一个"鸡蛋"。而这群为了帮助别人而进行公益跑的叔叔阿姨们,一跑就是 7 年,而且还会坚持跑下去。那么,一个鸡蛋要花费多少钱呢?妈妈告诉我菜场里基本上是 5 毛钱一个,但有时因为市场供求原因价格会出现点波动。

让我感到不可思议的是：原来生活在同一个国家，可是还有那么多的小朋友每天连一个鸡蛋也吃不上，想想自己吃个鸡蛋还是爸爸妈妈硬逼着才肯吃；这些孩子连一支笔一个书包都是奢侈品，而我的文具常常丢三落四；这些孩子能正常上学就很幸福，而我有课外补习的机会还不珍惜。这些孩子住在哪里呢？书里的描述是在国家中西部的山区里。他们的情况让我觉得应该更珍惜当下的生活，作为祖国接班人的责任感油然而生，希望可以尽自己所能帮助到这些同龄的同学们。

而书里那些叔叔阿姨为公益而坚持的精神，也深深打动了我。刚开始我对跑 50 公里没有概念，但是看到要走 12 小时的时候有点惊呆了，如果换作是我，我能坚持吗？我想，善良是一种力量，能帮助到别人的快乐应该是这些好心人坚持跑下去的动力！而这种感觉在我为养老院的老人们服务和做文明小使者的过程中也有过，我想上海作为一个大都市，这个城市的温度应该就是情暖人心的大家庭。

最后让我深有体会的是，原来要做成一件好事还需要考虑那么多问题，有那么多环节。从活动开始前的策划准备到正式开跑过程中的指路、保障、摄影等等都需要管理有序，看得我眼花缭乱，但是渐渐明白了这就是"绣花针"的力量，做任何事情有一个好的想法是基础，但是过程的组织管理更为重要，要想做成做好一件事就要学会思考。现在回想，怪不得徐汇区创全的时候学校老师会这么辛苦。

总之，这个暴走的"鸡蛋"让我看到了这座城市的温暖，我喜欢这篇文章。

(作者单位：上海市西南位育中学初一年级六班)

小朋友让我对祖国的未来充满期待
——对陈铱婷同学寒假作文的点评

要 英

一个初中小女孩的作文，真挚、朴素；让我联想到面向复旦大学文理科本科留学生的国情教育课程"中国概况"，选课每学期有 5 个班，每个班人数有90多个。可见外国留学生对中国国情了解的渴望度之高,这可是新时代的命题。而小朋友通过自学秦畅的书,也就是从一个非常微观的讲述,了解中国,这是一个极好的案例。她的作文用有些讶异的口气记录了自己的收获,语言很稚嫩,视野的扩展却不容小觑。这种阅读加写作式的学习值得复旦的中国概况课老师借鉴,以避免概念式的灌输,弄坏学生胃口。为小朋友热烈鼓掌、叫好、点赞、献花!

(点评老师单位:复旦大学国际文化交流学院)

课外活动记：观科普系列片《我们需要化学》有感

欧昊芸

燃料电池里，田垄地埂上，绚丽服饰中……在我们身边处处"藏"着化学，是化学让我们的"分子改变世界，合成创造价值"。化学，它神奇而美丽，青春而充满活力，更永葆一种创造性的魅力。这是我高中二年级时的一个难忘的体验。

当时，我所在的徐汇中学高中部特别讲究文理兼容。看见《我们需要化学》系列科教片的开头，就让我有一种在看"科幻大片"的真实感，好像立刻拥有了一双"能够透过现象看本质，透过物质看结构"的慧眼：我们喝水用的杯子、刷牙用的牙膏、填饱肚子用的面包、遮风挡雨用的雨伞、让我们的新能源汽车能够又节能又持久地疾驰的燃料电池……视角一转换，它们边上就都显示出了各种各样的化学式、化学方程式，等等。原来，化学早已经渗透在我们生活的方方面面。

化学已经改变了世界，它所带来的创造正造福着人类。经过化学家的不断努力，我们现在可以用各种化肥、杀虫剂来提高农作物的产量和质量，让全世界的百姓们一步步远离饥荒；我们现在有了各种食品添加剂，让食物的色彩、香味、口感都得到了质的飞跃和升华；我们现在有了人工合成纤维，能够大批量生产制作各式各样的服装，通过自由调整衣料来满足不同的功用，让人们的穿着更加时尚……未来，只要我们正确地利用好化学，就能为人们的生活创造无限的价值与可能。当然，也有不少对于化学介入生活的担忧，这是需要辩证认识的又一领域。

科学家对氧气的认识从"燃素说"到"助燃剂"经历了百年的历程，"元素周期表"的设计是从"音节与琶音"中汲取了灵感；液晶屏幕从第一次制成到成熟应用更跨越了两个世纪……这样看来,在化学领域的研究探索过程中,人们从来都不缺少"错误的认识"。譬如说,一开始科学家就认为氧气是一种"燃料",这种认识放在今天一定会让大家觉得荒唐可笑。但是,"错误"不等于"废物",探索本就是不断接近真理的过程,而真理又是动态发展的,科学家就是经历了这样不断假设、尝试、探索、失败、再继续探索的过程后,才能不断接近真相与成功。其中的每一次创新都是人类历史上宝贵的经验教训和财富基石。而我认为这种"敢想敢做"的探索精神正是我们很多青少年所欠缺的,所值得学习的。在化学领域的研究探索过程中,人们也从来都不缺少"多领域的互通"。"化学"与"音乐"似乎是完全没有交集的两个领域,但是它们却能在某些地方相通,俄罗斯科学家的"元素周期表"就应运而生了。这也告诉我们,我们学习化学需要"多领域、多视角"的融会贯通,其实"多元"往往能给"专一"带来灵感。在化学领域的研究探索过程中,人们还从来都不缺少"冷落与寂寞"。起初,在液晶被发现的时候备受冷落,但是过了两个世纪,它却能让我们的世界"大放异彩",刺激了人们的视觉神经。我想,能够"站在前人的肩膀上"何尝不是一种幸运?但,愿意挺起胸膛"让后人站在自己的肩膀上"这更是科学家们的伟大。

在《我们需要化学》的最后一集,我看见一群孩子来到上海有机所参加"化学体验日"活动,他们都对那些神奇的化学变化感到惊叹不已。绚丽夺目的色彩,不可思议的现象,在经过实验室老师生动有趣的讲解后,这些孩子们仿佛打开了一扇"新世界的大门"。我对此情此景印象深刻,这也是科学家们的远见。因为,"化学"不是作为一个单词,不是作为一门学科,而是作为一个"有趣的事物"在孩子们的心里扎下了根。不知将来又会有多少小朋友成长为化学家呢?化学,就是不断创造,它神奇而美丽,青春而充满活力,更永葆一种创造性的魅力。

(作者单位:香港中文大学)

聚焦金山篇

梁啟超金山論

修身润德：以市民修身行动
滋润金山文明乡风

金山区文明办

一、背景·缘起

金山区是上海市的农业大区之一，近年来，随着新农村发展步伐的加快，金山村民的生活水平大大改善，村民在田间劳作之余，对精神文化生活有了更多需求，也有了更多时间和兴趣投入到职业技能、文化休闲、时政新闻等活动中，在这种情况下，需要有先进的文化来填补，润泽村民的精神世界。在推进全国文明城区创建过程中，金山区精确对标村民对精神文化生活的需求，充分发挥市民修身在农村社会价值引领、道德教化、文化传承、促进发展中的作用，创造性地推进工作，服务美丽乡村建设，全力打造"厚德金山礼尚之滨"，取得了可喜的成效。

二、举措·机制

（一）建设一个"学习圈"，让乡风文明有精细刻度

"十五分钟学习圈"，就是让村民在步行 15 分钟范围内能有适合自己学习提升的场所，参与各类文化活动或开展自主学习。2016 年起，金山区以廊下镇为试点，将"十五分钟学习圈"打造成为建设社会主义新农村新风貌重要的载体，打通村民参与创建实践活动、提升文明素质的最后一公里，并在

全区各镇推广铺开。2017年,全区已累计建立修身学习点285个,举办各类修身学习活动近3 000次,参与市民达近12万人次,取得了非常好的效果。

以廊下镇为例,该镇社区学校与镇文明办结合农民居住以自然宅基村落为主的特点,联合建设形成了镇社区学校—村、居教学点—宅基学习点"三位一体"的社区教育格局。在15分钟学习圈内设立了36个宅基学习点、26个健身点、14个村居活动室、6个企业学习点、6个农业实训基地、2个民俗文化体验点,拥有12支志愿者服务队。在此基础上,一是挖掘资源,丰富村民学习内容。编订出了传统美德、家庭教育、民俗文化、科普创造、文明道德和休闲娱乐等八大类教育内容,最大限度地为村民创造修身条件,满足不同层次和不同阶段的需求,全面提高村民的参与率和覆盖面。二是有序管理,形成规范运行机制。通过宅基学习点的建设和实施,形成具有区域特色的宅基文化课堂的运行机制,为村民提供发展平台。规范管理各个宅基学习点,做到组织人员落实、场地经费落实、活动内容落实,建立相关制度,明确工作职责。三是弘扬美德,培育农村良好风尚。针对村民实际情况确定了六大板块学习内容,包括突出"孝文化"的传统美德教育、突出家风培育的家庭教育、突出农事习俗的民俗文化教育、突出诚信健康的科普创造教育、突出移风易俗的文明道德教育、突出人文健身的休闲娱乐教育,以满足各年龄段、各层次群体学习。同时,各宅基学习点以"巡展、巡讲、巡演"的方式开展活动,利用每周四傍晚村民晚饭后和每周五下午休息时间,由志愿小分队到宅基、楼组点,相约村民来观展览、听故事、看演出,用寓教于乐、启发引导的方式,在潜移默化中传递社会主义核心价值观基本理念,倡导文明礼仪、道德公信、乐善好施等理念,让新农村成为睦邻友善、夜不闭户的美好家园。

(二) 抓住"两个头",让乡风文明有精准抓手

"两个头"是指埭头和宅基头。金山区紧紧抓住埭头和宅基头两个农村地区基层管理的基础单元,以"美丽一条埭"建设和"相约宅基头"活动推进农村地区的市民修身行动,让文明乡风建设有了精准抓手。

以"美丽一条埭"为抓手,让人居环境美起来。一是挖掘埭头文化,叫响一个"埭头名",如亭林镇驳岸村为了弘扬和传承埭头精神,深入挖掘埭头历

史文化,调动埭头村民取一个响亮的名字,在埭头的主干道设置埭头名指示牌,在方便村民,让村民尤其是年轻一代对埭头历史、形成过程有更深了解。二是强化埭头服务,推选一名"埭头阿哥(阿姐)",通过埭头村民民主推选选出埭头阿哥(阿姐),作为埭头村民的主心骨,承担好宣传员、巡访员、消防员、快递员、服务员、组织员的职责。三是扮靓埭头环境,打造一条"埭头绿飘带"。创建美丽一条埭,最直观的就是看埭头的环境整不整洁、美不美观,各个埭头在创建过程中,充分结合各自的实际,因地制宜,打造埭头景观带,同时建立埭规民约,让村民自己来说"可以做什么、不可以做什么",诸如"生活垃圾要袋装,袋装垃圾要进箱;自留地要勤打理,菜园果园无杂草;鸡鸭畜禽不散养,田间棚舍不乱搭;道路两边要干净,绿化植被要护好"等,让美丽埭头建设汇集了村民的"最大公约数"。四是丰富埭头载体,建立一个"埭头展示点",在每个埭头建立室外展示点,按照"追根溯源""精彩人生""我是党员""我们的约定"等板块,分别展示埭头历史、人物、党员风采、埭规民约等,有力地增强了埭头村民的归属感和凝聚力。六是加强基层建设,完善一套"埭头治理体系",形成了"村党总支——三支队伍——埭头阿哥(阿姐)"的三级治理体系,有效缓解了村民小组长、党小组长、村民小组长三支队伍难免无法全覆盖的问题,使农村党组织服务的触角进一步延伸到埭头。

  以"相约宅基头"为抓手,让乡风文明美起来。宅基头是农村的最小单元,由邻近的十几、二十几户村民组成。早年,宅基头上哪家造房子,邻里之间都会互相帮助;那家发生突发困难,邻里之间也会伸出援手,成为约定俗成的宅基规矩。随着形势的变化,人们的价值取向也发生了变化,邻里之间变得越来越"陌生",甚至出现一个村民小组的人相互不认识的情况。金山区紧紧抓住宅基头这个神经末梢,让邻近村民"相约宅基头",重拾认同感、归属感,建设宅基文化,推进村民自治管理,营造和谐文明的村风、民风。镇、村干部们主动到宅基,与村民们座谈,商议宅基文化建设,引导村民制订宅基公约。如廊下镇党委书记专程到山塘村姚家宅与村民座谈,村民们你一言我一句地订立出了"姚家宅公约",仅该镇就有36个自然村落都订出了各具特色的"宅基公约"。"移风易俗,老人活着的时候待他们好一点""不乱扔垃圾,宅前屋后打扫干净""自留地里蔬菜种整齐""邻居见面问声好""邻居有困难要帮助""拴养宠物,不要忘记打预防针"等各具特色的宅基公约,简洁、直白、易懂又接地气,既表达了村民的心声,更便于村民践行。宅基公约张贴在经常聚集的宅基联系人家中,让村民对照检查、互相监督,大大激发了广大村民参与宅基文化建设的积极性。

(三)依托"三画话文明",让乡风文明有精良载体

在农村地区推进市民修身行动,只有坚持联系实际,实现内容和形式的有机结合,才能找准与群众思想的共鸣点、利益的交汇点。金山区通过"三画话文明",将社会主义核心价值观深刻内涵以人民群众喜闻乐见的文艺形式根植于心,转变于形,使其落地生根,开花结果。

金山农民画被誉为"东方毕加索",是世界民间艺术珍品;丁聪漫画、程十发国画更是独树一帜,享誉海内外,在他们家乡金山家喻户晓、妇孺皆知。他们的许多作品,不仅画面似一个个活脱脱的生活景象,而且具有强烈的时代特色和浓郁的生活气息,一文一画,相映成趣。金山将悠久的历史文化、丰厚的地域文化、淳朴的人文文化和社会主义核心价值观相融合,深入挖掘创作并制作"金山农民画""丁聪漫画""程十发国画"系列公益广告,形成了颇具特色的"三画话文明"公益广告品牌,美化了农村环境,浓郁了文化气息,起到了润物无声的效果。

近年来,金山从近千幅丁聪漫画作品中,精选出 101 幅颇具丰富内涵的精品进行编排,分成"社会秩序""公共道德""诚信经营"三大类,编撰了以丁聪漫画为主题的"讲文明树新风"公益广告集,并发放到村宅;选用程十发的国画制作了主题为"涵养道德文明"的凉扇、环保袋、书签等宣传品;各村还开展公益文化廊美化活动,由村民、学生等手绘农民画扮靓环境,已制作各类宣传品 80 多万份、墙体画面积 2 万多平方米。金山还不断丰富金山农民画的内涵和外延,通过农民画将农村的农耕文化、传统文化和乡贤文化等特色文化结合社会主义核心价值观对村民进行思想引导、道德教化、礼仪培养和文化熏陶,发挥文化对人的精神抚慰作用和凝聚作用,筑牢村民群众的精神支柱,充实村民的精神家园。如枫泾镇中洪村作为金山农民画的发源地,发挥金山农民画资源特色,"以画促廉洁""以画绘文明""以画育公德",在传播文明、扮靓村貌中推进市民修身行动;廊下镇将"二十四节气"以水井画的

形式装饰在遍布农村的水井上,弘扬了优秀传统文化,传承了民俗文脉,提升了村民的文化素养。

三、成效·创新

一是修出了好村风好民风。各村通过修身活动,让广大村民丰富了业余生活,加强了自身修养。如朱泾镇大茫村、山阳镇渔业村通过村民议事等方式,编撰了本村的修身手册;张堰镇建农村打造了全区首个村民修身公园,开展"十个一"修身活动;又如山阳镇东方村举办"当家人班""妇女班""青年班"等进行分类修身培训,让村民在修身养性中,"修"出了好村风好民风。

二是修出了好村容好村貌。各村将修身行动与生态文明建设有机结合,不断改善村域环境。如金山卫镇卫通村、建农村以修身激发村民自治内驱力,六大类整治对象100%签约;漕泾镇护塘村,通过拆违"公开墙"形式将拆违工作让村民进行自我监督;万名志愿者"我为创城,文明护河"大行动,将市民修身行动融入中小河道综合整治工作中,有效地推动了重点工作,让美丽乡村更有颜值。

三是修出了文明有礼村民。各村通过把改变不良风气、强化行为规范作为修身行动重要内容,让修身行动转化成人民群众看得见、摸得着、感受得到的实际行动,在寓教于乐中促使村民养成文明习惯。随着市民修身行动的开展,村民在实实在在的变化中感受修身意义,参与修身行动,保持宅前屋后整洁,爱水护水习惯逐渐形成。

四是变灌输教育为自我教育,实现理念意识创新。市民修身行动改变灌输式的宣传教育方式,选取村民农耕文化、乡土情怀、传统文化、科普知识,充分尊重村民学习的习惯和规律,倡导自我学习、自我提升和自我教育,在健康娱乐、和睦交融中实现素质提升,满足精神文化需求。

五是从寥若晨星到满天星斗,实现载体手段创新。通过285个修身学习点和40个市民修身基地,将市民修身点建到村民家门口,改变以往文化资源、学习资源集中在城区、镇区的状况,有效满足了村民修身的需求;通过广泛开展星级文明户评定等方式,让村民修身的成果可见、可观、可量化展示,更加激发了村民修身的热情。

四、启示·展望

要强化组织引导。要注意做好农村地区修身行动顶层设计，坚持理念先行、宣传先行、教育先行，繁荣农村文化，引导广大农民群众理解、参与修身行动。金山在全市率先构建市、区、镇、村四级公共文化资源配送平台，实现"你点单、我配送"，很大程度上满足了农村群众日益增长的精神文化需求。

要依靠群众参与。村民修身行动，归根结底是为了以文化的力量来塑造文明的村民。因此，要坚持村民主体地位，满足他们的需求，培育为主、管理为辅、环境陶冶，启发村民修身自觉性和主动性。要丰富活动载体，设计符合农村特点、吸引村民参与、培育高尚情趣的活动，让村民在寓教于乐、寓学于乐中提高精神文明素养。

要典型人物引领。要顺应农民群众比着干、照着做的道德意愿，构建多层次示范群体。近年来，金山以好人文化作为城市精神坐标，打造好人主题公园，运用原创文艺作品加大传播力度，诠释社会主义核心价值观，有力引导村民崇德向善、见贤思齐。

要社会力量助推。在推进修身行动中，金山区一大批社会组织、社会人士主动、广泛参与修身行动，或主动加入市民修身基地，或组建国学志愿者等团队，积极为广大村民提供修身活动场所和资源，成为源头活水，产生了强大的修身助推力。

市民修身行动的重要载体。未来，金山区将加快市民修身基地建设，完善全区布局，并向农村地区倾斜，发布修身地图，引导村民自主修身有新载体；将健全各类修身机制，推出一批修身品牌项目，加大修身达人的宣传力度，推出市民修身线路，激发修身走向社会自觉有新突破。

市民修身行动是金山培育和践行社会主义核心价值观，提升城市文明程度和市民文明素质的新抓手。未来，金山区将以市民需求为关注点，加快市民修身基地建设，健全修身工作机制，激发市民修身热情，通过市民修身行动弘扬新时代文明风尚，塑造与全国文明城区相匹配的市民文明风貌。

关于加强新的社会阶层人士统战工作的实施意见

中共金山区委统战部

为深入贯彻落实中央统战工作会议和全国新的社会阶层人士统战工作会议以及中共中央办公厅、沪委办公厅印发的《关于加强新的社会阶层人士统战工作的意见》精神,进一步加强我区新的社会阶层人士统战工作,现提出如下实施意见。

一、充分认识新的社会阶层人士统战工作的重要意义

党的十九大报告指出,要做好新的社会阶层人士工作,发挥他们在中国特色社会主义事业中的重要作用。新的社会阶层人士是建设中国特色社会主义事业的重要力量。新的社会阶层人士主要包括民营企业和外商投资企业管理技术人员、中介组织和社会组织从业人员、自由职业人员、新媒体从业人员,这些人员主体是知识分子,大多是党外人士。新的社会阶层人士统战工作对象是新的社会阶层党外人士,重点是其中的代表人士。加强对新的社会阶层人士的团结引导,广泛凝聚他们的智慧和力量,对于金山推动落实"两区一堡"战略定位、加快打造"三区""五地"、全面建设"三个金山"具有十分重要的意义。全区各级党组织要深刻认识做好新的社会阶层人士统战工作的重要意义,切实增强责任感和紧迫感,健全机制,搭建平台,完善载体,把更多的新的社会阶层人士团结在党的周围,为实现"两个一百年"奋斗目标、实现中华民族伟大复兴的中国梦凝聚新智慧,增添新力量。

二、新的社会阶层人士统战工作的指导思想和工作原则

(一)指导思想。全面贯彻党的十九大精神,以习近平新时代中国特色社会主义思想为指导,认真落实党中央关于统一战线的决策部署,认真落实充分尊重、广泛联系、加强团结、热情帮助、积极引导的方针,以教育引导为主线,着力增进政治共识,以培养使用为重点,着力加强党外代表人士队伍建设,以组织为依托,着力创新平台载体和工作方法,以健全机制为支撑,着力构建社会化的大统战工作格局,努力把广大新的社会阶层人士紧密团结在党的周围,使他们成为党长期执政稳固的阶级基础和群众基础,成为推动党和国家事业发展的重要力量。

(二)工作原则。坚持党的领导,牢牢把握正确政治方向,不断增进和凝聚政治共识;坚持信任尊重团结引导,夯实共同思想政治基础,不断扩大团结面;坚持创新工作方式,运用新的社会阶层人士易于接受的方式开展工作,增强工作实效;坚持分类施策,有针对性地开展工作,有效团结凝聚新的社会阶层各类群体。

三、新的社会阶层人士统战工作的主要任务

(一)加强思想教育引导

开展主题教育活动。及时了解掌握、分析研判新的社会阶层各个群体的思想动态,在新的社会阶层人士中开展坚持和发展中国特色社会主义主题教育活动,以习近平总书记系列重要讲话精神、党的理论和路线方针政策为主要内容,坚持开展经常性的学习活动,把政治理论学习融入新的社会阶层人士职业教育、道德教育、法治教育之中,引导他们爱国、敬业、诚信、守法、贡献,不断增强中国特色社会主义道路自信、理论自信、制度自信、文化自信。

创新教育引导的方式方法。善用网络平台,发挥新媒体优势,采取建立微信群、QQ群,采用微信公众号、微博、在线论坛、网上沙龙等多种形式,增进与新的社会阶层人士的思想交流,增强政治培训的实效性,拓展教育引导的覆盖面。组织新的社会阶层人士深入基层、深入实际,开展国情市情区情调研和社会服务等活动,帮助他们客观理性认识社会问题。把思想引导与服务帮助结合起来,及时了解新的社会阶层人士的利益诉求和实际困难,加强沟通协调,维护合法权益,帮助解决创新创业、工作生活中遇到的困难和问题,为他们事业的健康发展和个人健康成长营造良好环境。

发挥先进典型的示范引领作用。把新的社会阶层党外人士纳入各级组织人事部门和工会、共青团、妇联等群团组织的评选表彰活动,纳入相关部门和单位的创先评优活动。推荐新的社会阶层党外人士作为表彰人选时,要加强政治把关,并征求所在单位党组织、非公有制企业和社会组织党建工作机构及人民团体意见。加大对新的社会阶层党外人士中先进典型的宣传力度,开展"学先进、做榜样、比贡献"系列活动,营造良好舆论氛围。

(二)创新工作平台载体

充分发挥政协组织、民主党派和群团组织等载体的作用。政协组织要发挥大团结大联合优势,加强对新的社会阶层人士的团结联谊工作。支持各民主党派立足界别特色,有序适度发展新的社会阶层人士,做好联系培养工作,引导有序政治参与。支持区镇工会、共青团、妇联、科协、区文联等群团组织发挥统战功能,加强对所联系新的社会阶层人士的团结引导。支持工商联积极探索开展民营企业管理技术人员的统战工作。鼓励区镇侨联、区欧美同学会做好归国留学人员中的新的社会阶层人士工作。发挥行业协会商会平台载体作用,拓宽团结联系渠道。进一步加强非公有制企业和社会组织中的群团组织建设,推动积极开展工作。

探索建立新的社会阶层人士联谊组织。以新的社会阶层人士为主体的联谊性组织,具有统战性、民间性、专业性,是党和政府联系新的社会阶层人士的桥梁纽带,是开展新的社会阶层人士统战工作的重要载体。区级层面建立金山区新的社会阶层代表人士联谊会。支持各镇、石化街道、金山工业区、有关部门探索建立各级、各类新的社会阶层人士联谊组织。符合社会团体法人条件的,依法到民政部门登记。积极探索联谊组织管理运行机制,凸显新的社会阶层人士的主体作用,通过政府购买服务等形式,构建党委领导、依法管理、社会化运作的运行模式,防止行政化、空心化倾向。

着力创建品牌活动和品牌项目。在"海上新力量"的总体要求下,全力打造"金山新联心"活动品牌。积极开拓创新、大胆探索实践,注重发现和培育典型做法,及时总结推广经验,以点带面促进工作全面发展。结合本地区、本行业、本领域实际,依托"新交流""新联谊""新服务""新建言"活动载体,积极搭建各种新的社会阶层人士参与的活动平台。通过组织专题研讨会、沙龙等,发挥新的社会阶层人士专业特长,为区域经济社会发展献计出力;通过组织考察团、服务团等,帮助新的社会阶层人士参与社会治理和社会建设;通过成立新的社会阶层人士行业联盟等,把新的社会阶层人士联系起来、组织起来、活动起来、凝聚起来。把基层社区作为党团结凝聚新的社会阶层人士的重要阵地,创新社会治理品牌项目,组织动员新的社会阶层人士参与基层社会治理。加强基层协商民主的载体和平台建设,引导新的社会阶层人士在社会治理和基层建设中发挥作用。

加强对新的社会阶层人士"自组织"的团结、服务和引导。鼓励人民团体、统战社团、行业协会等枢纽型社会组织,对新的社会阶层人士中自发产生的大量以兴趣、职业、公益、交友类"自组织",加强团结联系和服务引导,通过购买服务、项目合作、经费赞助等方式支持其健康发展。通过团结联系新的社会阶层人士"自组织",进一步延伸工作手臂,及时掌握思想动态,加强扶持帮助和团结引领。对有影响力、符合条件的"自组织"可吸纳到群团组织、统战社团中。

(三)加强代表人士队伍建设

拓宽选人视野和推荐渠道。聚焦新的社会阶层人士集中的地区、行业和领域,注重向非公有制企业、行业协会、中介组织和社区拓展,重点关注新技术、新产业、新业态、新模式等领域,重点关注职业经理人、律师及其他专业人士、社会组织负责人、自由撰稿人、新媒体企业出资人、网络作家、"网络大 V"等群体,注重发现并培养有品行、有能力的青年人才。建立新的社会阶层代表人士数据库,充分利用大数据和技术手段做好数据统计等基础工作,实现信息共享、长期跟踪、动态管理。建立分级分类、科学实用的综合评价体系,积极试点探索开展综合评价工作,为选人用人提供客观依据。

加大教育培养力度。把新的社会阶层党外代表人士队伍建设纳入统一战线代表人士队伍建设总体规划,纳入人才战略总体规划,做好发现培养和安排使用工作,努力造就一支政治坚定、素质优良、数量充足、结构合理的新的社会阶层党外代表人士队伍。把新的社会阶层人士教育培训纳入统一战线教育培训工作整体规划,分期分批组织开展教育培训。坚持因人施策,针对新的社会阶层人士不同群体的特点,制定个性化培训培养方案。

做好合理安排使用。把新的社会阶层党外代表人士使用纳入党外代表人士安排使用总体规划,在区镇人大代表、区政协委员中适度增加新的社会阶层党外代表人士。区级政协委员安排比例不低于10%。积极推进社会安排、荣誉安排和其他方面的安排。推荐符合条件的新的社会阶层党外人士进入各类特约监督员队伍,进入群团组织担任兼职领导,进入新的社会阶层人士集中的行业协会商会领导班子。制定完善具体政策措施,畅通体制内外流动渠道。

加强联谊交友。把新的社会阶层代表人士纳入联谊交友范围,建立各级党政领导干部、各有关部门列名联系制度,要求领导干部明确一定数量的重点联系对象,定期见面谈心。突出交友重点,深交一批关键时刻经得起考验、能发挥作用的挚友、诤友。充分运用新媒体等手段,创新适合新的社会阶层人士社交特点的联谊交友方式,加强经常性联系沟通,增强联谊交友效果。

四、加强对新的社会阶层人士统战工作的领导

(一) 发挥各级党组织主体作用

新的社会阶层人士统战工作是全党的工作,要在党委统一领导下,充分

发挥各级党组织主体作用。各级党委(党组)要切实按照《中国共产党统一战线工作条例(试行)》要求,把新的社会阶层人士统战工作放在重要位置,加强领导,统筹协调,把新的社会阶层人士统战工作作为新的社会阶层组织党建工作的重要方面,纳入党委领导班子和领导干部考核内容。各地区、各部门、各单位党组织要切实负起责任,加强与本地区、本领域、本部门、本单位新的社会阶层人士的密切联系,及时了解掌握新的社会阶层人士情况,采取灵活多样、务实管用方式,增强工作实效性和工作吸引力。"两新"组织中的党组织要增强党的意识和统战意识,加强与本组织新的社会阶层人士沟通联系,了解思想动态,听取意见建议,做好思想政治工作,鼓励支持他们发挥作用,把特别优秀的吸收到党组织中来。

(二) 建立分工明确的责任制度

党委统战部门要加强牵头协调,协助党委制定完善政策,加强统筹谋划,确定重点工作,注重督促检查,协调相关部门共同开展工作。要以党外代表人士工作为重点,建立完善调查研究、教育培训、联谊交友、走访慰问等制度。各有关部门和群团组织、社会组织要增强统战意识,发挥职能作用,共同做好新的社会阶层党外人士的政治引领和培养使用工作,研究解决突出问题。引导新的社会阶层人士所在企业出资人和单位负责人增强责任意识,积极承担相关任务。

(三) 健全协调配合的工作机制

把新的社会阶层人士统战工作作为重点,指导建立健全统战部门与有关部门、行业协会商会等的工作协调机制,密切相互配合,形成工作合力。建立统战部门与宣传部门、网信部门、公安部门、经济和信息化部门以及互联网行业组织、重点新媒体企业的沟通机制,及时研判网络舆情动态,妥善处理有关问题。建立统战部门与组织部门、宣传部门、社会工作党委、民政部门、工商联等的工作联动机制,形成资源共享共用,工作共研共做的格局。

（四）加强工作队伍建设

各单位党委（党工委、党组）要加强新的社会阶层人士统战工作力量配备，任务重的单位要有专人负责新的社会阶层人士统战工作。要有计划地在社会工作者和新的社会阶层人士中，培养一批了解和热心统战工作的代表人士和工作骨干，充分发挥他们的示范引领作用。新的社会阶层人士统战工作经费纳入年度统战工作经费预算。加强对统战干部、相关部门和单位负责统战工作的干部、基层党建工作者、社会工作者等统战理论政策和业务知识培训，不断提高做好新的社会阶层人士统战工作的能力和水平。

亭林：有效推进城市管理精细化暨"三个美丽"建设

张伟东

2018年是贯彻党的十九大精神的开局之年，是改革开放40周年，是决胜全面建成小康社会、实施"十三五"规划承上启下的关键一年。2018年以来，在区委、区政府战略引领下和镇党委、镇政府的坚强领导下，在镇人大的监督支持下，亭林镇全面贯彻落实习近平新时代中国特色社会主义思想和党的十九大精神，牢牢把握稳中求进总基调，围绕金山区落实"两区一堡"战略定位、加快打造"三区""五地"、全面建设"三个金山"的目标，实施建设"强镇富民、宜居和谐"新亭林的发展战略，大力推动经济转型升级，持续改善生态环境，促进城市精细化管理，逐步优化社会服务能力，着力加强政府自身建设，为顺利完成全年工作任务奠定了扎实基础。本文主要就城市管理精细化的条件、措施和理念进行说明。

一、完善产业布局，促进经济焕发新活力

经济运行平稳，发展形势良好。亭林镇经济社会发展总体呈现稳中有进的良好态势。1—6月，实现规模以上工业总产值58.71亿元，同比增长1%；实现税收总收入14.51亿元，同比增长48.64%，完成人代会指标的71.90%；实现固定资产投资1.73亿元，完成人代会指标的69.20%，其中工业性投入完成1.52亿元，完成人代会指标的76%；实现外资到位资金827.40万美元，完成人代会指标的165.48%。

优化营商环境，实现招商转型。转变招商方向，创新招商方式，拓展招

商阵地,聚焦重点领域、重点产业、重点项目,实现实体经济和注册型经济"双轮驱动",智能装备制造产值同比增长26%,远超全区平均增速,其中华维灌溉融入国家"一带一路"项目,实现产值155%的增速,医疗器械、信息技术、文化传媒等重点行业招商户数和注册型税收完成率分别为78.5%和61.6%。淘汰落后产能13家,低效用地二次开发98亩,为经济转型升级拓展空间。与中建八局、中科产业网络联盟签署战略合作框架协议,在主导产业布局、高端产业导入、生产性服务业功能区、新型城镇化建设等方面达成共识。

推动科技创新,激发经济活力。促进产业向"智造"转变,组织企业参加各类科技创新政策培训,引导、鼓励和支持企业建立多种形式的研发机构,亭鑫农业科技成功在新三板挂牌,嘉麟杰获上海市科技进步奖发明专利二等奖。进一步对接企业需求,制定内容包括高端人才所得税、人才公寓、子女入学等方面的"亭林镇4+8企业及人才科技创新扶持政策",为科技型企业和科创人才提供有力扶持和全面保障。

发展现代农业,推进乡村振兴。做好"农创"的文章,加快发展智能农业,发挥互联网在农业生产中的优化集成作用,鼓励"众创入村",积极培育和扶持点甜机器人智慧农场等青年农业创业项目。做好"农特"的文章,大力发展绿色、有机农产品,实现全镇农产品"三品"认证率达到92.2%以上。做好"农旅"的文章,打造各类农产品生产基地,提升荷之轩、叶盛、盛秋等农庄的休闲农业功能,完成点甜智慧生态科技农业旅游项目、亭林采摘垂钓旅游项目等休闲旅游项目,全面推动"爱在亭林"田园综合体建设。

二、加强环境治理,促进生态良性循环

有效治理环境顽疾,改善生态面貌。扎实开展"无违建居村"创建,拆除生产、仓储、经营、出租等重点领域和主干道可视范围区域违法建筑13.67万平方米,全镇已有10个村(居)成功创建"无违建居村",另有5个村(居)正在公示。坚持狠抓违法用地整改,针对国家土地督查上海局发现的问题,及时恢复耕地和农用地用途。继续抓好中小河道整治,深化河道常态长效管理,

对19条河道进行生态修复,完成53条河道劣Ⅴ类水体整治,完成小微水体性质划分,探索河道水闸养护一体化模式。严格落实企业环保整治,推进13家电镀企业全面达标排放计划,正式启动第二次污染源普查,强化对废气重点企业监管。

充分利用现有资源,进行开发保护。关注环境整治后土地利用开发,盘活闲置土地资源,丰富区域内绿化景观,新增绿化面积约1.85万平方米。加大生态公益林建设,不断提高森林覆盖率,已形成公益林2 200亩。优化农村生态环境,累计消除48户畜禽养殖不规范排污,219户蔬菜、果林田间窝棚及生猪养殖符合生态标准,加强耕地环境保护,推进化肥农药减施、秸秆禁烧综合利用和农药包装废弃物回收等工作,形成减量化、再利用、资源化的农业生产方式。积极引入农村垃圾处置第三方服务,已实现6个村农村生活垃圾市场化管理,占比排名全区第一。

结合创城正确引导,形成良性循环。召开亭林镇同创全国文明城区专项工作会议,举办厚德讲坛,开展创城点位培训会,明确具体标准,确保责任落实,补齐创城工作短板。集中开展无序设摊、乱倒垃圾、户外违法广告等专项整治,查处案件50余起,规范城市管理秩序。引导社区居民积极参与垃圾分类减量行动,镇领导带队开展"自查"行动,分"住宅小区""主干道背街小巷""农贸市场营业厅"三个专项进行创城实地检查和现场办公,及时追踪问题整改进度。依据市第三方测评、区创城办等"他查"的反馈问题,及时整改,保持创城工作常态长效。

三、创新社会治理,促进城市管理精细化

实施重点项目,持续推动新型城镇化建设。加快2035总规划编制工作。推进亭林大居建设,完成总建筑面积8.831 807万平方米的21-03地块动迁安置房项目方案批复,设计配套商业22-05地块建设方案,同步推进亭林大居外围三条配套道路建设的前期动迁和管线迁移工作。落实市政道路、排水管道、绿化、农村公路等设施的第三方养护管理。制定亭林镇区、松隐社区及4个村的"亮灯工程"实施方案。完成二次供水设施改造工程,惠及

21个住宅小区3881户,改造面积32.1055万平方米。在全区率先完成G320拓宽工程(亭林段)前期动迁工作。推进直管公房修缮项目,共修缮住宅小区楼屋面和厨卫共计4.016万平方米。建设完成用于农村综合帮扶的新亭人才公寓项目,总建筑面积2.747552万平方米。

建设"美丽乡村",逐步打造新农村新面貌。以"亭林美丽一条埭、美丽乡村示范路、美丽乡村观光园、水清岸绿景观河、美丽乡村文化牌"工程为引领,积极推进"美丽乡村"建设。村庄改造继续发力,完成2018年度村庄改造项目立项,涉及5个村3654户农民,并编制亭西村村庄改造计划。农村硬件设施建设不断完善,通过改建修缮农村道路桥梁设施,实施污水收集管网建设,逐步改善村民生活环境。以"百姓广场、百姓课堂、百姓基地、百姓公益、百姓茶馆"工程为抓手,开展文化活动和公益服务,形成金门村志愿服务积分制、亭西村"13579"工作法等创新项目,提升美丽乡村软实力。

创新工作模式,着力提升城市综合管理。进一步创新社会治理,优化城乡综合管理机制,在原有网格化综合管理的基础上,融入网格化党建的内容,以党建为引领,促进"美丽乡村""美丽街区""美丽家园"为重点工作的精细化管理,努力实现"组织建设在网格、问题解决在网格、群众满意在网格"的工作目标,促使党建引领下的社会治理服务水平显著提高。上半年网格化中心平台共受理各类立案工单30 611件,涉及全镇25个部门和单位,已处置29 183件,处置率为95.33%;12345市民热线工单691件,办结579件,处置率为83.8%。

四、"三个美丽"建设的总体目标和基本设想

毫无疑问,亭林镇将进一步提升城市精细化建设管理水平,提升城市功能品质,全力打造"强镇富民、宜居和谐"的发展目标,不断推进城市精细化管理工作,推动新市镇发展,而下一步城市管理精细化暨"三个美丽"建设的设想如下:

总体目标是:通过加强精细化管理,创新体制机制,加快补齐短板,创建示范性"美丽街区""美丽家园"和"美丽乡村",打造安全有序法治、高效便捷

智慧、天蓝地绿水清的城市环境。到2020年也就是党的百年诞辰前夕,实现在城市设施、环境、交通、应急(安全)等方面的常态长效管理水平全面提升,城市更加有序安全干净,生活更加方便舒心美好的符合亭林人民期盼的发展目标。

具体工作内容有:

(一)补齐市政市容管理短板,全面提升城市环境整体水平,推进"美丽街区"建设

1. 提升市容环境品质,优化城市服务。镇区内主要道路、主要河道及两侧、人民群众主要休闲服务和集中居住等重点区域,制定指导性标准和要求,以路面平坦、管道通畅、井盖平整、路口顺直、空间净化、美观生态、附属设施齐全为目标,实现平面、立面、空间、建筑、文化、历史等多维度的总体协调,提升镇区内涵、底蕴、特质,体现精致、精品、精细管理要求,开展示范性"美丽街区"建设,以点带面,推动市容环境品质提升。2019年年底前完成1个主要休闲服务功能区(东至亭学路、南至大慈路、西至亭升路、北至亭枫公路)的"美丽街区"示范点试点建设。2018—2020年,同步建设镇区"两横一纵"3条商街:华亭路(松金公路—寺平北路)、寺平北路(亭枫公路—大通路)、大慈路(寺平北路—亭升路),逐年实现"美丽街区"建设全覆盖。

2. 推进街面秩序执法,改善城市环境。着力推进"五乱"(乱设摊、乱占道、乱设广告、乱张贴、乱抛物)治理,强化管理、执法、引导,做好拾遗补阙、成效巩固工作。深化无序设摊治理,继续巩固治理成效,防止易发生聚集的点位出现反弹,遏制新增聚集点。巩固占道亭棚综合治理,规范亭棚设施,2018年6月前,全镇福利彩票亭均已全部规范,2处售货亭和2处书报亭已全部整治,6块非法跨街广告栏已完成拆除。2018—2019年,积极探索店招店牌管理新机制,加强店招店牌管理,完善全天巡查制度,同步完善亭棚综合治理。到2020年,认真总结执法整治工作经验和做法,建立健全街面环境秩序常态长效管理机制。

3. 打造亮点绿化景观,提升城市品质。强化日常养护,结合道路建设、环境整治、河道绿化等建设项目,加大镇区区域色叶树种配置比例、种植力

度,提高城市绿地植物覆盖率,打造美丽城市空间。全面提升养护管理队伍、技术、设施等多方面水平,积极创建林荫道和绿化特色道路。着力推进绿地品质提升,打造一批景观亮点突出、园艺水平精湛、创新技术集成的绿化特色街区。2018年新增樱花公园3 000平方米,新增公益林绿化面积8 300平方米,两项工作均已完成。2018—2020年,逐年完成绿化改造,提升镇区景观(绿地、围墙、广告牌)品质。推进单位、居住区等所属的街面化绿地托管工作,提升其管养质量。

4. 落实"三重"保障,维护城市安全。通过落实空间环境治理、景观绿化提升、应急管理工作等,切实做好"重大活动"期间市政市容保障工作;继续强化巡查督办、注重安全管理、营造良好氛围,全面做好春节、清明节、劳动节、国庆节等"重要时段"环境保障工作;不断加强镇区主要道路、景观区域、市容环境较为薄弱的中小道路等"重点区域"的市政设施建设和市容环境治理。加强堤防、水闸、排水设施等的养护管理,排水管道设施检查、抽检的合格率稳定达到95%以上。持续开展积水点改造,加快排水系统空白点建设,不断完善排水除涝体系,增强易涝地区排水能力。

5. 鼓励生活垃圾分类,实现城市低碳。积极探索村居、学校"两网协同"垃圾分类模式,鼓励镇区内所有小区实施"绿色账户"激励机制,鼓励部分单位先试先行,3年内居委会和学校实现生活垃圾减量全覆盖。加强实施环卫设施建设,加大全镇15个农村近100座垃圾箱房的升级改造和新建扩建工程。推进农村生活垃圾分类减量工作,创建农村垃圾分类示范村。同时,加大对农村垃圾分类的宣传与培训,提升村民知晓率与参与率。到2020年,全镇形成"绿色账户"与"两网融合"有机结合,有效推进生活再生资源的循环利用。

(二) 加强房屋使用安全管理,持续开展住宅小区综合治理,推进"美丽家园"建设

1. 强化房屋安全隐患整治。健全覆盖住宅、非居住房屋、公共建筑的安全排查和处置机制,落实房屋业主和使用人主体责任,完善房屋定期检测、维修及限制使用等制度,继续推进老旧住房安全隐患处置工作,高层房屋须

有电梯维修保养记录。到2020年,完成排查发现的一般损坏老旧住房隐患处置,基本消除建筑外墙外保温系统、外挂结构及附属设施的安全隐患。强化消防安全管理,按照"防大火、控小火"的目标,聚焦高层建筑和老旧小区,落实安全责任,加强智能消防感知体系建设,及时发现火患,确保灭早灭小。

2. 有序推进无违小区创建。不断增强全社会防控和治理违法建筑意识,全面遏制违法建筑行为,加大违法建筑治理力度,加快消除历史存量,实现违法建筑"零增长",着力形成防控和治理违法建筑长效机制。2018—2019年,争取全镇无违建小区创建完成率达到90%。到2019—2020年,巩固创建成果,落实长效管理机制。

3. 完善住宅小区综合治理。加大住宅小区综合改造力度,着力提升物业行业整体服务水平,持续改善住宅小区居住环境,逐步实现"美丽家园"全覆盖。2018年,住宅小区二次供水设施改造移交接管工作全面完成;旧住房"厨卫和屋面等综合设施改造"完成了7.8万平方米;创城住宅小区建设共涉及10个住宅小区,已纳入区建设"美丽家园"道路围墙修缮项目。2019—2020年,着力解决住宅小区雨污分流改造、住宅电梯安全评估和使用监管长效机制、住宅小区设施设备改造更新等工作。

(三)提升农村基础设施水平,改善农村生态环境,推进"美丽乡村"建设

1. 夯实农村建设基础。全面实施农村基础设施建设,完善农村路网系统,整修翻建村内危桥,2018—2019年新增4条镇域公交线路,保障农民出行便利和安全。因地制宜开展农村生活污水处理项目建设,按需建设公共厕所、垃圾厢房等农村环卫设施,安装村内照明装置。开展宅前屋后环境整治,集中收集处理生活垃圾。在村庄规划保留区内,加大村主路、村支路、入户路建设,确保出行通畅,路面硬化率达到100%,实现"户户通"。2018年,计划改造驳岸村、周栅村、南星村、金明村及金门村5个行政村(其中驳岸村609户、周栅村720户、南星村1 010户、金明村937户、金门村378户),计划改造3 654户。2018—2020年积极打造亭西村、金门村和驳岸村为金山区"美丽乡村"示范村。进一步美化村庄环境,完善基本公共服务设施配套,提

升农民生活品质。

2. 提高污水收集处理能力。继续完善污水收集管网建设,深化农村生活污水治理,实现村庄改造和"美丽乡村"建设,使地区农村生活污水全收集、全处理。到2020年,全镇农村地区污水收集处理率达到95%。

3. 推进中小河道治理。常态化落实河长制,进一步推进农村中小河道疏浚、黑臭河道整治、断头浜整治、河道生态修复、劣V类水体整治等水环境整治工作,优化村域水环境,使村域内主要河流等地表水体水质达标。2018—2020年,根据建成区基本消除黑臭的要求,对招贤泾、王家泾等13条河道进行综合整治。

4. 改善农村生态环境。稳步推进公益林及生态廊道项目建设等重点生态工程,全面改善乡村生态环境,逐步形成具有中部生态圈韵味的生态景观布局,使"绿色"成为美丽乡村建设的最好底色,2018年将完成1262亩的公益林建设。同时已规划787亩的公益林建设、827亩廊道林建设,以及市级(绕城高速2017亩和沈海高速470亩)、区级(龙泉港和金山支线两侧718亩)的生态廊道林的建设任务。

(作者为中共亭林镇党委书记)

张斌：关于枫泾特色小镇建设基本轨迹的口述

朱滔 高巍巍 吴银飞

张斌，1967年3月生。曾先后担任金山区教育局副局长，华东师范大学第三附属中学党总支书记、副校长，金山区枫泾镇党委副书记、镇长，金山区政府办公室主任、法制办主任、外事办主任。2011年11月起，担任枫泾镇党委书记，一直主导并致力于枫泾特色小镇建设。本文口述：张斌；采访：勾瑞、车健；采访时间为2018年6月18日；最后由朱滔、高巍巍、吴银飞完成整理。

一、不积跬步，无以至千里

一个小镇，1 500多年，生生不息，依然保持着生机和活力，定有其好风好水。我极为有幸参与了迄今为止枫泾特色小镇建设的全过程。

早在20世纪90年代中期，枫泾镇即被列为全国500家小城镇改革试点镇之一，为方便工作开展，金山县于1996年专门在枫泾成立了小城镇建设办公室，完成了枫泾镇总体规划、土地利用规划等编制工作。现在回想起来，那个时候是上海郊区乡镇企业发展的旺盛时期，枫泾也借这股东风，通过工业园区的建设来推动小城镇发展，那个阶段是小城镇建设的"草创"时期。

到了"十五"期间，在构筑特大型国际经济中心城市城镇体系的大背景下，2001年，枫泾镇被上海市政府列为"一城九镇"改革发展试点镇之一，当时的定位是"以服装机械为产业支撑，以商贸流通、旅游休闲、居住生活等为主体功能，建设具有特色风貌的现代化生态城镇"。

也在这个时候，周边的乌镇、西塘、朱家角等地正蓬勃兴起古镇热，枫泾是有着1500多年历史的千年古镇,镇党委政府萌生了古镇旅游开发的想法,2001年年底成立了古镇保护与旅游开发办公室,次年成立枫泾镇旅游公司,正式启动枫泾古镇的开发和旅游建设。这一举措,随着游客的增加,不仅使枫泾的知名度越来越高,更是让上海这座城市及时保留了成片的明清古建筑群,也让有深厚底蕴的古镇人文得以很好传承。2005年,成为上海地区首家被国家住建部评定的"中国历史文化名镇"。

2005年3月,迎来重大利好,枫泾与兴塔两镇合并为现在的枫泾镇,地域面积与地区实力得到显著提升。后又好事连连,2008年,枫泾先后被命名为"全国环境优美镇""全国文明镇",2009年10月,枫泾古镇(枫泾寻画)被评为"新沪上八景"之一,汇聚全国各地农民画的"中国农民画村"对外开放。一系列的荣誉,为枫泾赢得了较大的美誉度和知名度。

这阶段,历届枫泾镇党委政府带领干部群众奋发图强,日积月累打下的坚实基础,为后来赢得国家级特色小镇等重大机遇做了充分的准备,占尽了发展的诸多先机,应了那句老话,机遇给了有准备的人。尽管枫泾的城镇建设由于种种原因,未能像泰晤士小镇那样乘势而上,但为下阶段的发展积累了经验,也留下了大量宝贵的城镇建设土地资源。

二、善战者,求之于势

枫泾特色镇建设起始于2010年,其时我已离开枫泾,在区政府任办公室主任,工作之便,也算经历了枫泾特色镇的决策过程。在上海市区县规划调整的大背景下,三届金山区委十二次全会通过的金山区域发展战略规划纲要,明确了金山区"1158"城镇建设体系,枫泾区域发展上升为全区重大发展战略,其中的第二个"1"就是枫泾特色镇。金山对特色小城镇建设的重视远远早于其他地区,现在看来,当时的战略是富有远见的。眼下特色小城镇建设已在全国如火如荼地发展起来,这是我们始料未及的。

2012年2月,市政府同意《枫泾特色镇总体规划(2010—2020)》,并作出批复,强调枫泾特色镇建设要充分利用上海国际化环境和区位优势,成为推进长三角一体化进程中放大上海两个扇面功能的重要支点。

随后,金山区人民政府印发了《关于加快推进枫泾特色镇建设的若干意见》(金府〔2011〕3号),明确了新枫泾开发建设有限公司作为枫泾特色镇开发主体参与枫泾镇建设和发展。这一决策在枫泾特色镇建设历程中极为重要,没有这一顶层设计,后续发展都是纸上谈兵,如无根之木,无源之水。

2011年11月,正当特色镇建设徐徐拉开帷幕的时候,我又回到枫泾工作,担任枫泾镇党委书记。2012年5月,枫泾镇特色镇总体规划发布会在上海国际会议中心隆重举行,根据规划,全面提升城镇功能,把枫泾建设成长三角地区综合性节点城镇和上海郊区重要的先进制造业基地以及商务产业集聚区。总规的发布,就如同"发令枪"的枪声,全镇上下为之振奋。同年,我们梳理出G60跨线桥工程、枫叶国际学校项目等20项重点工作,涵盖了产业发展、功能服务、基础设施、房产等各领域,并按照"先易后难、先急后缓、先功(能)后形(态)"的原则,大力推进。

不过,这里需要解释的是,当时的特色镇建设与后来国家发改委下发的《关于加快美丽特色小(城)镇建设的指导意见》中的特色小城镇建设是一致的,同一含义,但和特色小镇还不同,前者是城镇体系背景下的小城镇建设,后者是产业体系背景下创新创业的平台建设。现在有很多人把两者混为一谈,很多情况下,大家说起特色小镇,其实包含了特色小城镇。实际上,在发展路径上面,特色小镇和特色小城镇是迥然不同的。

三、临渊羡鱼,不如退而结网

2013年年底,枫泾的经济发展遇到了高速发展后的"回档期",土地开发与出让受挫,造成资金回笼不及时,为遏制债务高企,又叫停了拟建的许多基础设施项目,但特色小镇在选择具体实施项目上,我们坚持把可持续性和可控制性作为考量的底线。从现在来看,当时调整是及时的,使后几年政府的投入与产出处于良性平衡状态,政府性负债也始终处于可控状态。

经济滑坡,项目滞后,镇里一些同志对"特色镇"的信心动摇,甚至有的同志开始质疑自己的发展方向。无疑,特色镇建设遭遇了挫折。接过特色镇大旗之后,我也一直问自己一个最基本的问题,什么是特色镇?怎样建设特色镇？把问题想得越深固然越好，但关键往往不是想深了，而是基本问题还没有搞清楚。

于是2014年下半年开始，我们组织了一批镇里年轻同志开始研究特色镇，历时大半年，理出了一些头绪，我自己撰写了《大都市周边小城镇发展战略研究》一文，因为当时我正在上海一所高校在职学习，正好赶上写毕业论文，一举两得，写了这篇报告。我们对特色镇有了更广更阔的看法，认识到特色小城镇的建设一定要结合自身资源禀赋和条件来发展，还要主动承接大城市的功能转移和功能分工，积极向上争取推进以交通为核心的重大基础设施配套建设，又要联动周边大中小城市与小城镇发展，要尝试社会资本和政府合作区域性"PPP"开发的模式，希望市里因地制宜实施"一镇一策"，作为小镇自身要配套推进行政体制改革，健全基层社会治理体制，等等。沉下心来研究，让我们有了更强的定力，面对现实问题，反而变得平静而坚定了。

孙子在"谋攻"中曰：知可以战与不可以战者胜。我认为，对一个地方政府而言，知可以做与不可以做者赢。

也正是这一年，我们果断开始进行战术调整，最终确定了"10＋10＋8"的细化项目。同时，对经济发展也进行了战术调整，2015年我们痛下决心，坚定不移地进行结构调整，2016年经济增长趋稳，2017年又是快速增长，毫不犹豫地出手调控，使2018年目标稳稳地锁定在30亿元（税收）大关上。一个乡镇，不过30亿元（税收）很难说是经济强镇。

2015年，在浙江省特色小镇如雨后春笋般兴起的背景下，我们也积极尝试产业创新和功能型平台的探索，与上海临港集团联手打造了临港·枫泾科创小镇。说起这个创建过程，还很有意思。2015年4月1日，是愚人节的一天，由于临港集团与金山合作开发的枫泾现代服务业集聚区进展缓慢，双方主要领导见面商议下一步如何推进，会上头脑风暴，提出在枫泾打造科创小镇的想法，在场的枫泾的同志们和临港派出的合作团队当即表示马上推进落实。会后，我问大家：科创小镇，我们明白了吗？结果都摇头。我自己也一知半解，但我也表态了。于是我们马上进行学习研究，对附近的浙江特色小镇走了个遍，边学习、边琢磨。

谁也没有想到77天之后，即2015年6月16日，完成了房屋改造，建立了运营模式，打造了上海临港·枫泾科创小镇，构建"产学研创孵投"大平台大联盟大集成,为创新创业者搭建起航的舞台,还获得了科技部颁发的国家级众创空间,当时在上海远郊这是唯一一家,真是无知者无畏,当初误打误撞的一个大胆的创新实践,现已成为枫泾经济发展的重要引擎,也为后来打造升级版的长三角路演中心建设,积累了很好的经验。

在特色小镇建设过程中,需要不断创新,其实这条创新之路是我们别无选择的选择,我们还有什么更好、更省的路可走呢?对一个镇级政府来讲,更应该是一种资源整合式的创新。这也正是我们目前加强与大企业、大集团进行合作开发的重要原因。比如,在创新创业、产业转型发展上,我们与上海临港集团合作,不断提升产业发展能级。目前,合作的智能制造园一期已完成,二期正开工,三期正拿地;在长三角联动发展上,与上海张江管委会合作,加快推进张江长三角科技城项目;在古镇保护与开发上,联手上海建工集团,共同打造长三角有影响力的历史文化古镇。

说起与上海建工的合作,还有一段鲜为人知的往事。2016年8月2日,时任上海市委书记韩正利用休假期间来枫泾"微服私访",我在古街上"邂逅"了韩书记,韩书记对我说,枫泾古镇原生态保护得很好,千万要守住,一定要想明白了再去开发。我抓住这短短十几分钟的见面机会,赶紧向韩书记提出,希望像上海建工这样的国有大企业能够参与枫泾古镇的保护与开发,韩正书记听得很仔细,当场没有表态。事后,韩书记很关心这件事情,询问了政企双方主要负责人的推进情况,后在各级领导的重视下,2016年的12月28日,上海建工与金山区人民政府、枫泾镇人民政府合作开发枫泾古镇协议正式签订,2017年上海建工在枫泾建设上总投入近20个亿。

所以,我们以为,小镇建设既是立足自身资源、区域优势、人文历史等要素以实现自我发展的过程,又是汇聚各方发展资源、导入各类要素资源的过程。特色镇启动以来,枫泾紧紧抓住这样的机会,上联大企业、大集团、大院校等各类社会优质资源合作共赢,下联周边东西南北区域小城镇联动发展。

四、长风破浪会有时,直挂云帆济沧海

2016年10月,枫泾被国家住建部、发改委和财政部联合评定为全国首

批127个中国特色小镇之一,也是沪上3家之一。说起入选过程,还有一个小插曲。我们接到申报国家特色小镇的文件,要求在短短的一周内完成材料申报,刚来的分管镇长有点着急,因为要完成一个特色小镇的规划报告需要一个过程,他问我要不要请专家来组织撰写,我问他申报材料需要多少字,他说4000字,我跟他说,那就不要着急了,我们自己手头上现成的材料也有四五万字了,浓缩一下,没有问题的。在规定的时间内,我们如期上报,不久,如愿入选,也许是笨鸟早出林吧。

我们认为,特色小城镇首先是小镇的基本建设,如医疗、教育、文化等公共服务,以及交通、道路等基础设施,然后才是特色建设,围绕小镇做文章。我们这么说的,也是这么做的。"十二五"期间,我们在基础设施和公共服务上做了很大的投入:医疗方面,投资1.5亿元改建了枫泾医院的综合病房大楼,并与龙华医院合建了上海中医药大学附属龙华医院金山分院;教育方面,与华东师范大学合作,把枫泾中学变为它的附属艺术学校,引进枫叶国际学校;文化方面,与上海人民滑稽剧团合作,打造"笑天地",周周有演出,百姓喜闻乐见;城建方面,投资1.3亿元打造交通枢纽,等等。这些思考和探索得到了国家发改委有关领导和专家的认同,这更加坚定了我们的信心。

我在5年的市十四届人大代表履职中,一共提出了23件代表建议,绝大多数和小城镇建设有关,希望通过代表的身份把小城镇建设中存在的问题和诉求反映到市级相关层面,呼吁上海在国际化大都市建设中,既要大城繁华,又要小镇美丽,欣慰的是超过一半建议已经得到采纳。

2017年,是枫泾特色小镇狠抓落实的一年,我们选择了特色小镇建设未来4年要完成的34项重点项目。但特色小镇方案不管听起来多么诱人,说起来多么详尽,如果得不到统一认识和认同,那它就是一张废纸。所以从2017年起,几乎所有镇政府会议室里都安放了一块黑板,要求汇报工作,不能坐而论道,要落地、落图,站在黑板前人人会绘图、讲图,倡导挂图作战,鼓励大家在黑板前互动、答疑、论辩。年初的特色小镇形势任务宣讲,也要求班子成员用黑板解析特色小镇基本思路,直观且言简意赅,听的人不仅易懂,且思想集中。

在特色小镇建设路上,我们大胆向前,同时有一股力量始终在背后支持我们,区里主要领导一直激励我们前行;各分管领导现场办公,推进落实;各部门为我们想办法出主意。自特色镇建设以来,区里大大小小推进会、协调会不下百次,力度之大,少有前例。

天时地利人和,我们再出发。2017年9月22日,金山区人民政府召开了枫泾特色小镇建设情况通报会,提出枫泾要全力打造上海版的特色小镇。这是在区委第五次党代会明确进一步优化"一城一圈一带"城镇体系建设布局下,制定了《关于加快亭枫城镇发展带建设的意见》和《关于金山区加快特色小镇建设的实施意见》背景下,对枫泾特色小镇建设的一个新目标、新定位,提出了"小镇更新"和"众创汇聚"的发展目标,"小镇更新"主要是以现有资源禀赋为基础,以古镇更新、产业更新、社区更新和乡村更新为内涵推动实现现有存量资源的改造改善、转型升级、功能完善和环境优化;"众创汇聚"以"众创+古镇"为特色,充分利用上海大都市科创资源的集聚和辐射效应,融合科创、农创、文创于一体,为创业者搭建创新创业的服务平台。

这是一个崇尚行动的时代。实际上要说的已越来越少,要做的却越来越多。

2018年是枫泾特色小镇首轮发展布局的收官之年,凝聚一体化发展共识的长三角路演中心建设、承载乡村振兴使命的新义村田园综合体"众创入乡"项目等都将在年内完成,年度目标就是枫泾特色小镇要"初显形态、初见轮廓"。

特色小镇建设还在路上,前方的路依然不会平坦。但是特色小镇是产业发展积累到一定程度与城镇发展达到一定水准后的客观规律,因而具有强大的生命力,对未来,我们充满信心。

我们深深地知道,特色小城镇建设是一个复杂的、系统的、长远的社会性大工程,需要一起交流和沟通,共同解释小镇现象、揭示小镇真谛和预见小镇未来,才会使我们的目标和追求越来越符合实际,但愿每一个成熟或不成熟的见解和认识都跳动着一颗对小镇梦想和信念追求的纯真之心。

(作者单位:金山枫泾镇)

廊下笔记：一间民宿和两代人的"思想碰撞"

俞惠锋

明里暗里经营了整整一年后，黑户口等来了"准生证"。彭晓燕终于可以理直气壮地跟一贯不看好她的"老顽固"老爸说一声："相信我，没错的吧！"想想当初老爸问她"一堆烂木头要来做什么"，彭晓燕的眼泪还是忍不住在眼眶里打转。做民宿不单是身累，更多的是"心累"。一年多来，她每天不仅要跟客户和市场打交道，更要跟老爸头脑里的顽固思想做斗争，那才真叫一个"累"。

涵七，是金山廊下山塘村枫叶岛边上的一个民宅改造的民宿。这栋民宅的户主姓彭，今年68岁，是一位有着43年党龄的老共产党员。老彭一直在村里做事，是村里很有人缘的村干部。快70年了，他从没远离过村子，生在山塘，长在山塘，这辈子就和山塘河水为伴。老了，每天枕着门前山塘河的水声和枫叶岛被风吹过的树叶沙沙声入眠，清晨在屋后竹林里的鸡鸣犬吠中醒来，含饴弄孙、颐养天年就是他此生的追求。

老彭和老伴育有一儿一女，一双儿女如今又有了儿女。子女都在市区工作，家里就剩下老两口安度晚年。在乡下，吃穿不愁，小日子过得红红火火，与附近的乡邻比起来，老彭算得上志得意满。老彭自诩是个能人，里里外外都是一把好手，家里大小事情都是他说了算，家长的权威那是相当了得。可是，3年前，在市区工作的女儿突然买了一堆烂木头回来，说要装修家里的老房子，还口口声声说要开什么民宿，原本的宁静生活一下子被打破了。更关键的是"女儿翅膀硬了，敢不听他了，要自己做主"，这可把一个"老脑筋"给急坏了。

在一个老农的头脑里，朱红大漆的八仙桌、红色的大理石客厅、不锈钢门窗、三门五门的壁橱,那是现代新农村的"时尚标配"。村里大多数人家都是这么装修的,老彭自然不能落后。要说这几年美好生活唯一的遗憾,可能就是儿女工作太忙,不能经常回家看望二老。为此,他也想了好多办法,比如跟周围有些人家一样,把家里装修装修好,抽水马桶、淋浴设施再提升一个档次。他想着,这样肯定能吸引孩子们常回家看看。都说"可怜天下父母心",此招彼招都不太奏效。孩子们难得回来一次,总是来也匆匆去也匆匆,基本不住下来。

因此,女儿最初说要重新装修老宅时,是用"装修得好一点,我们就多回来住住"来说服他的。他很起劲地去镇上买来最新式的大理石瓷砖,等着女儿回来表扬他。结果发现,等来的,是女儿快递回来的一堆烂木头。女儿说,她要把家装修成原木格调,做民宿。

但很快,老彭就发现自己"上当"了。原本他花大价钱买的不锈钢门窗被统统换成了落地玻璃。气派的朱红大漆的八仙桌,被换成了一张张小小的榆木方桌。铺好的大理石不要,只在水泥地上刷了一层清水漆。一排排的壁橱统统不要,只留下空洞洞的四面墙,据说是要用来放投影。老彭感觉自己的心血都白费了。更烦心的是,村里老伙伴都来劝他:"我们这种乡下地方谁会来啊""落地玻璃很贵的,有小孩子不小心碰碎掉多危险"……老彭心里本就揣着十五只提桶——七上八下,经不住老伙伴们七嘴八舌,他和老伴更焦虑了:"好端端的房子,我们老夫妻住得好好的,干嘛要给外人住啊?"

彭晓燕明显感觉到,父亲这是担心自己的地盘要被外人"侵占"。"建立一种新的思维易,破除一种旧的思维难"。在农村,墨守成规,惯性思维,安于现状,往往更容易被大多数人接受。"不破不立",说起来容易,做起来难,乡风文明建设道阻且长。

民宿断断续续前前后后装修了近一年。过程中,彭晓燕与父亲之间的分歧与争执不断,她为此还流了几次眼泪。但好在,她最终如愿以偿了。

用彭晓燕的话来说,做民宿是遂了很多城里人"回乡"的愿,更是圆了她自己的一个梦——有花园、有小店、有书、有咖啡、有音乐,更重要的是,还有一帮志同道合的朋友。

为了留住乡愁,她把小时候院子里打水的古井和妈妈腌制咸菜的瓮都保留了下来,周围种上花花草草,一点也不违和。去年4月,整修后的老房内外焕然一新。近旁,就是300亩枫叶岛,背靠是一片竹林,几米开外,池塘里时不时游过戏水的鸭子。屋前,是大片的油菜花和蘑菇棚。被赋予新生命的老房子,活脱脱就是一幅梦里江南水乡的样子。因为是在儿子小梓涵7岁时打造的,彭晓燕给她的民宿取名叫"涵七"。

自从有了"涵七",老彭想让孩子常回家看看的心愿倒是达成了。因为开张一年来,基本上每个双休日都有客人,女儿儿子每周末定期回来。不知不觉,老彭慢慢体会到了"涵七"的好。

有一回,廊下镇文体中心介绍一位南京来的老编剧前来住宿,原计划是暂住一宿,没想到,老编剧住下后文思泉涌,之后,欣然决定连住三晚,直接把大作完成了。每日一个屋檐下起居,老彭和那个老编剧一来二去还成了朋友,两人每天晚上就着花生米喝老酒。兴致上来,老彭忍不住夸赞自家一双儿女多么多么优秀……老编剧把话传到彭晓燕那里,她感慨不已:一向不善言辞的老父亲,表面上羞于表扬子女,原来内心还是以她为傲的……老编剧临走还给老彭留了南京的电话和住址,让他闲来去南京找他玩。老彭感慨,如果没有民宿,估计他这辈子都只会和村里的老农打交道,不会结识与自己根本不是一个圈子的文化人。

慢慢地,老彭也变了。今年初,金山区旅游局发来通知,"涵七"可以办理民宿备案了。老彭又开始忙活起来了。这回,他是主动请缨,帮女儿跑东跑西办这个证、填那个表。在女儿的"调教"下,他还开始学起了用IPAD上网,每次碰到不会填的,就直接拍个照片网上发给女儿。彭晓燕说,"老脑筋"一开始是很抗拒IPAD这种"新式武器"的,因为老头不好意思放下架子来"请教",每次她教会他之后,他还会不忘补上一句"我给你们读了那么多书……"言下之意是——"我如果读那么多书,才不用你们来教呢!"

涵七的诞生,不仅开辟了一片新天地,探索了一种乡村新业态,更为老农民开拓了新思维、新可能。

无独有偶。就在两公里开外,同在廊华路一侧的另一家民宿"江南莲湘"也是和"涵七"同一批拿"准生证"的人家。民宿主人曹月芳,今年55岁,做过镇文体中心主任和旅游公司老总,曾是上海市第十次党代会代表、区优秀共产党员、旅游工作先进个人、"双学双比"女能手。她的民宿之所以取名"江南莲湘",一来是立志要传承江南文化,二来,廊下是中国莲湘文化之乡和全国莲湘文化传承基地,她希望把廊下的特色文化做出文章来。

凭着在文化条线和旅游行业摸爬滚打积累的经验,曹月芳退休后抱着半农半文半旅的心态,在村里租了几间废旧仓库做起了民宿。"江南莲湘"民宿,主要展示莲湘起源、发展历史、土布体验、二十四节气等传统民俗文化和区域文化特色。曹月芳设计的"八个一"活动,是每位游客可以任选的体验项目:学一节莲湘舞蹈,玩一个农家游戏,画一幅简易扇画,学一句本地土话,做一道农家点心,干一下农家小活,学一个节气知识,缝一个手工包包。

有人说,民宿文化就是"老板娘"文化。曹月芳把久居城市的人们吸引到廊下来,"累了歇歇,有空来坐坐""学土话,吃土菜,做土布",充分展现了一位老"文艺青年"的情怀。

沿着一条廊华路,自"江南莲湘"向西,还有以版画为主题的民宿,以树屋为主题的星空度假营,以马术为主题的金廊马术农庄等。再往西,还有一批农民自发打造的民宿,如"可宿""宿田农舍",等等。在廊下郊野公园里,民宿群落正在悄然崛起,而镇里规划的"国际旅居颐养小镇"蓝图也已铺展开来。

对于乡村新经济,人们兴致勃勃,但遇到的瓶颈也不少。比如,规划用地,所有权、使用权、经营权分离,资金筹措,利益分红,风貌保护等方面问题。这几年来,廊下镇也给予了种种扶持,比如通过"农场主沙龙"解读民宿政策,组织农民外出考察,协调区级部门办理民宿备案,想方设法服务新农民、老农民,在他们迷茫的时候"指点迷津"……希望这个昔日偏远闭塞的纯农小镇,能在新旧碰撞中绽放出美丽而灵动的花朵,成为乡村振兴画卷上一道引人注目的风景。

(作者为中共廊下镇党委委员)

暖心大茫：
这里的一切都留得住你的乡愁

徐 吉

走进大茫村，映入眼帘的是，天地接壤的绿色农田显得尤为宁静。贯穿村庄的大茫中心河平静清澈，河岸边的绿化焕然一新，道路两旁的灯杆整齐划一，村道更靓丽，环境更美好，村民举止更文明……大茫的一切都留得住乡愁。大茫村位于朱泾镇最南首，全村区域面积5.66平方公里，耕地面积5 501亩，下辖34个村民小组，1 117户人家，总人口3 420人，拥有1个党总支，下设4个党支部，9个党小组，163名党员，党总支班子人员5名，分别是书记1名、副书记2名、委员2名。在2011年创建成"全国文明村"，2014年被中国村社发展促进委员会特色工作委员会授予"中国特色农庄"，2015年被中国住建部评为"全国第二批宜居村庄示范点"、第五批全国"一村一品"示范村。在2018年5月的最新一届党总支选举中，周秀良同志光荣地当选为总支书记。大茫近期文明工作亮点有：

一、宅基学堂的设立

阳春三月，大地回春，万物苏醒，万象更新。在全面贯彻落实党的十九大精神的开局之年，2018年3月7日下午在大茫村文化活动室，隆重举行"巾帼心向党 扬帆新征程"，大茫村纪念"三八"国际劳动妇女节108周年暨"暖心娘家"艺术团揭牌仪式。让人眼前一亮的村自编自导的《我爱我家》舞蹈拉开活动序幕。镇党委委员金慧奕作了讲话，她充分肯定大茫村妇女在幸福大茫建设中发挥村民自治作用的同时，提出了三点希望：一是要加强学习,提高素质有深度;二是要勇于奋斗,建设美丽大茫有力度;三是要团结协作,关怀妇女有温度。

村党总支书记周秀良作节日贺词,村委会主任沈建明宣读了获得大茫村妇女工作先进集体、公益集体和优秀妇女工作者、先进妇女工作者名单,对上述获奖的集体和个人给予表彰。温馨姐妹"创业能手"外来媳妇肖其会,走上创业之路后不忘回报社会,她伸出援助之手,现场与本村外来媳妇结对送礼。大茫村土生土长的上海永太服装金山有限公司党支部书记、董事长李长虹与青年创业者提交了结对承诺牌,让青年创业者增强了创业底气。

整个活动内容丰富多彩:金山区就业促进中心朱泾分中心和大茫村结对共建签约仪式,上海社科院文明办授牌大茫村"宅基学堂"开学,上海越剧院授牌大茫村"种文化"示范基地开班,大茫村"暖心娘家"艺术团成立揭牌。整个现场充分呈现出妇女们自我锻造、自我提高的现代女性形象。"暖心娘家"艺术团还送上了快板《夸夸我村里好媳妇》,由上海社科院文明办主任王泠一作词,上海越剧院谱曲的越剧对唱《暖心娘家》把纪念活动推向了高潮,压台戏《不忘初心》引起全场一片掌声。

说起宅基学堂,在宅基埭头很是热闹。2018年5月17日,在"暖心娘家"议事团成员肖琦奇家中,学习由上海社科院王泠一博士主编的2018年《上海民生发展报告》。2018年7月26日,在胡一芳家中开展酵素制作活动,在体验变废为宝的制作过程中,促进邻里关系,以群众需求为导向,带领更多群众参与,以村民自治促进社会治理。为进一步提升女性的内涵素养,2018年7月28日,在陈含淑家中开展"至善至美"绘画培训,帮助大家学会与自己对话,进而发现自我、认识自我,实现"内外兼修至善至美"的梦想。

二、种文化的越剧院

这是值得铭记的时刻:2017年3月25日,全国文明村大茫村的田间地头洋溢着浓浓的戏曲韵味,"唱响文化四季歌 扮靓美丽新农村"2017年上海市民文化节·金山暨越韵芬芳映大茫——朱泾镇"结对子·种文化"三下乡活动启动仪式举行。副区长张娣芳，区委宣传部副部长朱卫新，区政府办公室副主任、督察室主任褚慧，区文化广播影视管理局局长陆引娟，区卫生和计划生育委员会党委书记阮仙华，镇党委副书记、镇长夏红梅，镇人大主席陆水平，镇党委副书记韩亚弟，以及镇相关领导等出席。

启动仪式上，上海越剧院一团党支部与大茫村党总支部进行结对共建签约，并为共建揭牌，将越剧这一优秀传统文化的"种子"播撒到农村大地，合力"种文化"；相关区、镇领导为11个村赠送优良种子、农技书刊大礼包，把"惠民礼包"送到村民家门口，有效丰富了村民的文化生活，提高了科技水平，倡导了社会新风，扎实推进精神文明建设，凝聚力量打造美丽乡村。随后的主舞台现场，一场在田头举办的"越韵芬芳映大茫"专场文艺演出受到广大村民们的欢迎。由上海越剧院带来的经典越剧折子戏《西厢记 琴心》《孟丽君 游上林》《梁祝 十八相送》等精彩上演，台上的演员们形神兼备，纯正的唱腔，让现场观众身临其境，真切领略传统文化魅力。其间，还有区、镇文化团队的歌伴舞《美丽的大茫》、旗袍秀《春光美》、舞蹈《盛世花灯》等节目同样赢得热烈掌声。

此外，当天的活动中，艺术名家进农家面对面演出，戏曲明星为民星手把手教唱，形式多样的志愿服务暖民心，民间、民俗文艺团队现场展示……这一系列精心准备的文化活动开展得有声有色，让群众在家门口就能欣赏到精品文化、高雅艺术，让群众在生活中感受到文化带来的实惠，也希望广大市民能踊跃参与，让文化绽放异彩。

文化如春雨，润人细无声。近年来，朱泾镇以文化服务民众为本，围绕"文化乐民、文化惠民、文化润民、文化福民"目标，将目光锁定在基层一线，大力开展"千宅万户种文化"惠民工程，推行以"春送、夏种、秋收、冬晒"为内容的四季行动，唱响了文化四季歌，努力形成具有农村特点、朱泾特色的基层公共文化服务体系，点亮群众文化生活，让文化生活真正美起来、活起来。在朱泾，丰富多彩、四季不断的群众文化活动正潜移默化地改变着群众的生活方式。

2017年重阳节前夕，大茫村结对共建单位上海越剧团一团党支部送戏下乡，来到大茫村文化活动室进行敬老慰问演出，大茫村两委班子人员与大茫村的村民一同观看了越剧团精心准备的越剧演出，演出曲目有《常言道》

《手心手背都是肉》《梁祝》等经典越曲。演员们精湛熟练的表演技艺、精彩细致的身段技法、婉转悠扬的唱腔赢得村民们阵阵热烈的掌声。村民们津津有味地欣赏着越剧团带来的精彩表演,品味着中国传统文化的独特魅力和韵味。

习近平总书记在党的十九大报告中指出:"文化是一个国家、一个民族的灵魂。文化兴国运兴,文化强民族强。没有高度的文化自信,没有文化的繁荣兴盛,就没有中华民族伟大复兴。"文化自信作为一种无形的精神力量,具有强大的渗透力、辐射力和影响力。文化自信,是美丽乡村建设的"原动力",我村提出"让美丽乡村建设融入文化元素"的口号,提升幸福的内涵和品质,让村民们获得了更多的参与感、获得感和幸福感。而王泠一博士获悉后,他是这样赞美的:

沃　　土

王泠一

越剧一团党支部
送戏下乡如亲属
大茫秋深情更沉
共享时代新沃土

三、出品了暖心诗集

今年元月,大茫村"暖心娘家"出品了《王博诗集》,诗集内容是上海社科院王泠一博士聚焦金山朱泾所创作的 26 首诗歌,朱泾镇党委书记李士权为其写了序。在这篇题为"幸福,都是奋斗出来的"的序中,李书记这样兴致勃勃地写道:

> 新年前夕,习近平总书记在 2018 年的钟声即将敲响的时候,满怀深情地向全国人民发表了新年贺词。在贺词中,他告诉我们,在 2017 年里收到了很多群众来信,他说:"让我感到千千万万普通人最伟大,同时让我感到幸福都是奋斗出来的。"
>
> 总书记还特地强调:"我们伟大的发展成就由人民创造,应该由人

民共享。我了解人民群众最关心的就是教育、就业、收入、社保、医疗、养老、居住、环境等方面的事情,大家有许多收获,也有不少操心事、烦心事"。多么贴心的话语啊,充分体现了人民领袖与人民之间的深情厚谊,也更是我们农村工作的指南。

值得指出的是:操心事、烦心事,在一定条件下是可以转化为新鲜事、暖心事的。尤其是在文化自信、群众共享、环境保护等方面,大茫村走在了发展、探索的前列,涌现了一大批新鲜事、暖心事;王博士的诗集就是其一个侧面的观察。

地处金山古城朱泾的大茫村,是个远近闻名的全国文明村,但同样也面临着河道整治、就业援助、收入增长、孩子教育等十分突出的民生诉求。近年,大茫村党总支和村委会不畏艰难、砥砺前行,在为民服务和两个文明工作等领域多有创新。如积极引入河长制、满足村民文化品味需求,并在更高层面上和上海社科院建立了文明共建关系,一方面为农村治理注入了新鲜的活力,另一方面也为农村丰富发展思路提供了新的参照。对此,王博士用他热情的笔记录了这样的活力。

群众的事情无小事,爱心是化烦心为暖心的催化剂。朱泾大茫村的实践还证明:专业的智慧可以有效凝聚更广泛的爱心,这应该是今后所坚持的。同时,农村的舞台、群众的期盼,也是基层干部事业成就感的土壤。而"九层之台,起于累土",对农村工作来说,一步一个脚印最为重要。脚印多了,也就成了路径。

四、垃圾分类新模式

为进一步推进大茫村美丽乡村建设,使农村生活垃圾分类见成效,探索建立农村生活垃圾分类新模式,培育形成独具"大茫特色"的垃圾分类长效常态管理机制,最终实现"美丽乡村 幸福大茫",以改善村民居住和生态环境为目标,结合我村实际,制定了大茫村垃圾分类工作实施方案。

"剩菜剩饭、菜梗会(腐)烂的,要放在湿垃圾桶里;玻璃、塑料袋不会(腐)烂的,就要放在干垃圾桶里。硬板纸、可乐罐可以再生利用的,要放在可回收垃圾桶里;废电池、废旧灯管含化学物质的垃圾,就要放在有毒有害的垃圾桶里。"大茫村文化活动室里在召开垃圾分类的宣传动员会,大茫村党总支书记周秀良仅用两句话就把垃圾分类的要义讲清楚了。

"阿婆,我是垃圾分类志愿者,是来宣传垃圾分类知识的,今天你垃圾分类了吗?"近日,我村组织30余名垃圾分类志愿者,携倡议书、宣传资料,挨家挨户地开展了一场垃圾分类入户宣传活动,旨在提高村民垃圾分类的知晓率、分类意识和参与率,为本村垃圾分类工作顺利开展做好宣传工作。

我村组织三支队伍、志愿者、村民代表采取集中发放、入户等多种方式,及时把垃圾分类宣传资料发放到每户家庭。并借此机会听取他们对垃圾分类的意见和建议,对他们宣传垃圾分类知识,引导村民积极投入到垃圾分类减量化工作中,进一步提高村民的文明素质和城市文明程度,营造垃圾分类宣传的浓厚氛围,全力推动垃圾分类工作深入开展。同时,大茫村实行垃圾分类服务群众网格管理,即一级桶长由班子担任,二级桶长由三支队伍+"暖心娘家"和志愿者担任,三级桶长由保洁员担任。

从一点一滴的小事做起,从唤起每个人的环保意识开始。我村积极建立农户宅基地使用范围内环境卫生责任制度,提高农民"爱护家园"意识和参与垃圾分类的自觉性,做到宅基清;督促农户和保洁员加强垃圾桶日常保洁,做到垃圾桶清;督促保洁员和分拣人员加强分拣(回收)点、垃圾房、宣传栏等日常维护保洁,做到设施清。

五、送药志愿者队伍

"徐老伯,你需要的药,我们帮你送过来了。"大茫村建设7组老徐家中,两名穿着粉色马夹的年轻志愿者,脸上挂着微笑,把老徐因高血压而每天都要服的药送到了他手中。"真好,真好,你们真周到,谢谢你们,谢谢。"老徐连声感谢,心中充满感激。

这两名志愿者是大茫村外来媳妇议事团成员陈含淑和龙贵花,根据村委会的安排,她们踊跃加入到送药志愿者队伍,为全村不方便的老人送药上门,那么这是怎么回事呢?

事情的背景是这样的，大茫村原为两个大组合并而成，东为增产组，西为建设组。由于村部在增产，综合活动楼软硬件比较符合卫生室运行条件，所以卫生室就设在东部。镇党委副书记韩亚弟在大调研过程中发现村里80岁以上有需长期配药的老人280人，而建设组占一半，这些老人的子女或搬住在镇上，或上班早出晚归，配药很不方便，距离最远的老人得步行40多分钟才能到医务室，光路上来回就1个半小时。韩亚弟亲身体验"医途"，要求村委会要想方设法，打通这"最后半公里"。

"我们立即采取行动，对配药不便的老人进行统一排摸，建立信息库，并利用现有的资源去解决问题。"大茫村党总支书记周秀良表态。经过共同商量，村委会在西部建设组老人茶室旁腾出一个房间，作为村里的健康驿站，每周三由一位乡村医生为建设组村民提供配药、量血压等便民服务。值得一提的是，在村里的发动下，外来媳妇议事团成员陈含淑、龙贵花等人立马表示每周三参加志愿服务给老人送药，出一份脚力，送一份温馨。就这样，一支20人组成的送药志愿者队伍诞生了。

在健康驿站里，一张送药志愿者服务清单清楚地写着送药时间和志愿服务人员联系方式。每周三下午，志愿者从乡村医生那里取药，首先由乡村医生确认，再由两名志愿者将药送到老人家中。这一小小举动，暖了老人们的心。让村里的老人感受到"女儿"的一片孝心。

据了解：2014年5月，大茫村成立了具有大茫特色的"暖心娘家"外来媳妇联谊会，为大茫的媳妇们的家庭生活、工作学习搭建平台，并提供多方位的教育培训、帮助服务和贴心关怀，多搞活动让她们更好地"入乡随俗"。"村里很关心我们这些外来媳妇，提供各种帮助，这让我感觉如同回到了娘家，很温暖，这次我终于可以为村里的老人做点事情，我很开心。"志愿者龙贵花说道。

大茫村的党总支书记周秀良经常对村里的年轻人说道："年轻人，要往前冲，胸怀要大，未来是属于你们年轻人的。"大茫村文明创建永远在路上。我们将撸起袖子加油干，谋划新一轮的发展蓝图，依靠群众智慧、凝聚群众力量、激发群众热情，让美丽大茫村，向着一座生态、文明、宜居的村庄前进。

（作者单位：金山朱泾镇大茫村）

鲁迅知己篇

魯迅小說集

回答柚子之问：
鲁迅先生那个时候吃蛋糕吗？

王泠一

清明前夕，约好了上海鲁迅纪念馆的大专家乐融先生，他承诺接待徐汇区向阳小学师生参观团，给孩子们讲讲课本外的鲁迅故事。参观团中最小的成员是一年级女孩朱沐恬同学(昵称"柚子")，她戴着绿领巾的清新模样几乎是人见人爱。但最初，我并不愿意和我熟悉的柚子参加这个祭奠活动，因为她实在是太小了。

柚子的校长范建军是数学老师出身，但特别注重在课外活动中提升孩子的作文欲望、兼顾德育滋养。去年为了喜迎党的十九大，我曾经陪同柚子和她的同学，去田林中学的烘焙课程实验室学习过如何做蛋糕。当时我的本意是让柚子他们知道劳动可以带来快乐、劳动可以产生价值。但末了，柚子的理解是——蛋糕，是小孩子对美好生活的向往，大人应该努力满足孩子对这种向往的追求。从此，她迷上了蛋糕。她也是这样向班上的同学介绍十九大的，意思是十九大的奋斗目标实现之后，那些远方的孩子、山里的孩子都能像上海的孩子一样吃上蛋糕了。

这回学生代表团去鲁迅纪念馆，范校长和语文教研组事先就安排了培训。培训内容很管用：鲁迅是谁？后人为何要纪念他？他的贡献在哪里？李磊老师为此费了不少工夫。这些被我称之为向阳小学鲁迅兴趣小组的孩子中有6位是五年级的、1位三年级、2位二年级，最小的就是一年级的柚子；反正都不是白纸一张。

4月3日，一个明媚早春的下午；鲁迅公园樱花绽放，我和大队辅导员姜颖老师率领的小孩子们在鲁迅纪念馆会合了。在和鲁迅研究大专家、纪念馆的乐融老师座谈之前，我们先行聆听了讲解员姐姐介绍鲁迅事迹；每件文物、每一部书、每个展板,都在述说悠悠往事和民族情怀。如今的上海鲁迅纪念馆,雕塑栩栩如生、声光电再造当年场景、配乐朗诵式说明简洁明了、影像资料也全盘复活,真是个绝佳的素质教育课堂。柚子最欣赏的展品是一个藏书章,这是鲁迅先生自己动手制作的木质微雕,是当年苏联文豪高尔基的头像,就放在鲁迅书房的写作台上。

柚子的妈妈是职业记者,柚子拿着小本本和笔的模样几乎是妈妈的缩影。不过参观完展馆之后,柚子的采访对象却是我,我猜想采访不会是围绕"蛋糕"进行吧。嘿嘿,采访主题还真是"蛋糕"!"鲁迅先生小时候吃蛋糕吗?""他小时候生活在浙江农村,那时小鲁迅不知道蛋糕的。""那他和小伙伴吃什么呢?""罗汉豆!就是我们现在的蚕豆。有时用盐水煮熟吃,有时再加工成茴香豆。""那么鲁迅先生长大后到上海了,他应该经常吃蛋糕吧?""在上海工作之余嘛,他主要的点心都是东方式的糕、饼和汤圆等,鲁迅先生并不喜欢西式的蛋糕以及咖啡。""鲁迅先生不买蛋糕吗?他的孩子也不吃蛋糕吗?""根据鲁迅先生的日记,他的孩子也和他一样不喜欢吃蛋糕;鲁迅先生孝敬过母亲,也就买过一次奶油蛋糕!"

柚子很不甘心的样子,在鲁迅笔迹的名言墙前留影时又问我:"孺子牛是什么意思?""孺子,就是你和同学们;牛,就是我、范校长和老师。俯首甘为孺子牛的意思,就是大人心甘情愿地为孩子服务。""真好啊!就是牛虽然自己吃的是草,但还是很希望孺子能够吃到蛋糕吧?""岂有此理!牛也是可以吃蛋糕呀!"末了,我告诫柚子不要把全部注意力都放在"蛋糕"上,至少得记住鲁迅先生的主要代表作品,以及这些作品里的代表人物,否则鲁迅纪念馆不是白来啦!

但回家之后,柚子和爸妈说印象最深刻的是——"鲁迅先生实在是太厉害了呀!一个人写了那么多书啊!好几间大房子都放不下呀,比我们学校的图书馆还多啊!"可第二天到了学校,鲁迅先生的主要作品和主要人物,柚子却说不出一个大概。这样的表现,自然不能得到校长奖励吃蛋糕啦!不过,孩子们的结盟意识很浓。三年级男孩许蕴章、五年级女孩金子雯,去年是和柚子一起学党的十九大精神的。他俩先夸我是"孺子牛",再让我想个办法让柚子记住鲁迅元素。这样柚子就能吃上范校长的奖励蛋糕了,当然其他"孺子"和"牛"也可以一起品尝的。许蕴章具体的主意是让我写个童谣,金子雯是金嗓子,提议我写的最好是歌词。

    我三思之后,觉得柚子会唱中国少年先锋队队歌,于是,就以此歌的曲调,我再重新填词。歌词的内容全部是鲁迅元素,金子雯也承诺练熟了再教会柚子。歌词如下:

    我们是鲁迅精神传承者
    传承先生文采的批判光芒
    祥林嫂,孔乙己
    旧中国就是那吃人的社会
    彷徨呐喊,救救孩子
    三味书屋,朝花夕拾
    真的猛士,勇敢向前
    真的猛士,勇敢向前,向前!
    真的猛士,勇敢向前
    我们是鲁迅精神传承者

    我们是向阳小学后来人
    学习鲁迅先生的不朽篇章
    百草园,长明灯
    民族魂就是那东方的黎明
    狂人日记,阿Q正传
    闰土社戏,藤野先生
    人物形象,如此鲜明
    人物形象,如此鲜明,鲜明!
    人物形象,如此鲜明
    我们是向阳小学后来人

(作者为本书主编、向阳小学鲁迅知己社名誉社长)

奋斗一百年：从吃人的旧社会进化到吃蛋糕的新时代

姜 颖　管敏晖　林国海

　　有86年历史的上海市向阳小学，一贯注重历史文化底蕴教育和红色基因传承工作。近年在范建军校长的引领下，学校大队部积极组织红领巾参与力所能及的创全工作、学雷锋行动和天平德育圈活动。这些正能量、可亲近的德育实践和切身体验，得到了学校多位班主任老师、骨干教师、学生家长的积极响应，也得到了上海社科院文明办，徐汇区文明办、教育局，天平街道党工委，上海鲁迅纪念馆等单位的大力支持。2018年6月12日下午，向阳小学鲁迅知己社揭牌仪式得以顺利举行；《人民日报》、人民网、《文汇报》新媒体、徐汇文明网、《新民晚报》《天平社区报》对上海首家小学鲁迅社团的成立进行了报道。以下是部分与会者发言：

一、王泠一：《狂人日记》在上海发表一百年了

　　我很喜欢鲁迅先生的作品，我接触他的作品时和同学们年龄相当。简单来说虽然已是两个时代，但中国社会的变化我们都应该通过对比能够读懂。鲁迅作品里涉及的具体内容，要完全理解，则和我们作为读者的知识结构有关。鲁迅文章里有很多植物的描写，我小时候就觉得不容易看得懂；在复旦大学读本科时，我还特地去选修了生态课，课间、课后我都请教植物老师。我提议你们以后遇到重要节日如教师节、国庆节，去种两棵树，"一棵是枣树，另外一棵也是枣树"，这是鲁迅先生文章里的话。让志愿者管敏晖工程师帮你们找两棵枣树来。这两棵树可以说是献给向阳小学建校一百周年

的礼物,从现在开始计还有 14 年,正所谓十年树木、百年树人。这里出席揭牌仪式的同学中,一年级的朱沐恬同学(柚子)年纪最小。14 年以后你应该是大学四年级,其他同学都是大学毕业,或者研究生毕业,到时候同学们回来看看那两棵枣树还在吗?鲁迅知己社这块牌子还在吗?

我谈点感慨,有两个时间你们要记住,尤其是五年级的金子雯同学就要毕业了,记住一下吧。现在是 2018 年,100 年前就是 1918 年 5 月 15 日,鲁迅先生在上海发表了著名的《狂人日记》,提出来一个论断:"旧中国是吃人的社会"。他发出了呐喊——救救孩子。现在我们中国社会已经发生了翻天覆地的变化,没有人去"吃孩子"了,每个孩子过生日都要吃蛋糕。我觉得从吃人的社会到吃蛋糕的社会,中华民族为之奋斗了一百年。当然,鲁迅先生等先贤应该是可以欣慰的。

第二个也是一百年的概念,一百年前第一次世界大战结束了,德国作为战败国本来占领着我们的青岛,我们是战胜国,应该还给我们,结果西方列强在巴黎开所谓和会,你们初中会学到这段历史,居然移交给日本了,中国人不答应。中国外交代表团拒绝签字,但也没有用!不久,国内就发生了"五四运动",因为一开始主要是青年人发起抗议,所以现在团的生日就是五月四日。而前段时间青岛开上合组织峰会,习近平主席再次就"人类命运共同体"的主张提出了中国的倡议,为中国赢得了空前的国际地位,实现了鲁迅先生当年国家独立、强盛的愿景。时代的变化,依然可以印证鲁迅先生的影响力。包括最近朝鲜半岛局势发生了根本性的变化,有利于整个亚洲和平,这也是按照习近平主席的积极主张、按照中国的外交倡议,所发生的有利于整个亚洲和平环境的变化。朝鲜领导人金正恩委员长从北方一侧抵达韩国境内时,他所说的话就是鲁迅先生类似的话,他说:"三八线那个门槛并不高","踩的人多了,就成了路"。我去丈量过,这个门槛就是一个水泥墩,5 厘米高。而鲁迅先生说过这世界上本来没有路,走的人多了也就成了路。我们外交部向半岛双方发贺词,也用了鲁迅先生的诗句——相逢一笑泯恩仇。

我们今天为向阳小学的校本文化播一颗种子,等 14 年以后回来再看,你们再来察看一下这颗种子是如何得到发育的。总体上我建议我们每年聚会一次,聚会之前我和同学们搞调研,搞采访,也不必太严肃。现在鲁迅先生被学校,被初中、高中都弄得太严肃了,我们可以了解了解鲁迅先生喜欢吃什么,他喜欢吃的东西我们也去品尝一下。鲁迅先生除了城隍庙五香豆,喜欢好多东西,我们可以去体验一番。刚才我来的时候,路过淮海路有个电影院叫国泰电影院,对面是红房子西餐馆。当年鲁迅先生带着他的夫人和儿子,看好电影之后就是到对面红房子西餐馆品尝美食的。你们可以查一查鲁迅先生看过的电影,都有统计的,鲁迅先生看了 100 多部电影,那些电影主要是哪些公司拍的?了解一下,有些公司现在还在,如果你们以后有钱了,把那个公司买下来,叫鲁迅影业公司也未尝不可。我们有充满快乐的学习法、了解法,包括也可以做数学。如听说鲁迅先生收入很高,他不是在虹口住了很多年吗?你们可以模拟计算一下他的钱能不能买得起现在的房子?可以买多大的面积?算算他的孩子要读书,要不要像你们爹妈一样操心?经过 100 年的比较,我觉得大家都可以长点见识,也是能够和鲁迅先生成为知己的。

二、鲁迅知己社的揭牌仪式及相关礼节记录

主持人姜颖:感谢王泠一博士。首先欢迎大家来到向阳小学,今天我们齐聚一堂,共同见证向阳小学鲁迅知己社的揭牌仪式。鲁迅先生是中国现代文学的奠基人,被称为民族的脊梁!民族魂!《呐喊》《彷徨》都是我们耳熟能详的不朽作品,我们学习先生的做人与作文,先生的精神传承至今。向阳小学正深入学习党的十九大精神和习近平总书记的新时代中国特色社会主义思想,全面贯彻党的教育方针,落实立德树人根本任务。那么,如何向 21 世纪一零后的少年儿童传承民族精神呢?范建军校长探索性地提出了学习民族的脊梁——鲁迅先生,将鲁迅先生的精神发扬光大。在王博士的牵头下,范校长为小组成员开设了讲座,大家并于清明前夕参观了鲁迅纪念馆,得到了乐融老师的热情接待与详细讲解,参观之后同学们颇有感悟。五四班金子雯同学深有感悟,下面就请她宣读倡议书。

金子雯:亲爱的老师们,亲爱的同学们,大家好!我是来自五四中队

的金子雯,今天我们在向阳小学成立鲁迅知己社,是为了更好地缅怀他的事迹,学习他的精神。一是学习鲁迅先生爱国主义精神,鲁迅为我们中华人民共和国作出的贡献是不可磨灭的。鲁迅力图用自己的肩膀顶住黑暗的闸门、拯救孩子。让我们把自身的学习、成长和祖国发展结合在一起,培养自己的爱国心和责任感。二是学习鲁迅先生善于学习的态度,鲁迅先生善于在繁忙中挤出时间。他说过"时间就像海绵里的水,只要愿意挤还是有的"。希望大家像鲁迅先生那样和时间成为好朋友。三是学习鲁迅先生热爱人民的高贵品质,鲁迅先生提倡人人平等,我们都知道他的名言——"横眉冷对千夫指,俯首甘为孺子牛"。这也是毛泽东主席最欣赏鲁迅先生的地方。同学们,我们是祖国的未来,让我们一起努力,奋斗前行,谢谢大家!

  主持人姜颖:感谢金子雯同学。在王泠一博士的提议下,他亲自担任名誉社长,他撰写了《鲁迅知己社之歌》,歌词中全是鲁迅元素。下面有请三(5)班的许蕴章同学为大家朗诵。(朗诵)……感谢许蕴章同学。为了一个目标,就是中华民族的伟大复兴。成为知己,彼此进步。下面有请向阳小学范建军校长、上海鲁迅纪念馆乐融老师、解放日报社高渊老师、向阳小学学生代表金子雯同学,一起为鲁迅知己社揭牌。(揭牌)……感谢各位老师,鲁迅知己社作为向阳小学全面贯彻党的教育方针、落实立德树人的探索性社团,在推进学校文化自信的征途上任重道远,更离不开社会各界的热情帮助,感谢上海鲁迅纪念馆乐融老师、解放日报社高渊老师担任向阳小学文化战略顾问,有请范校长为两位老师颁发证书。

  (颁发证书)……再次感谢两位顾问老师,相信在你们的指导下,向阳小学肯定能开拓出更多的文化特色、德育品牌,接下来我们有请一(8)班的朱沐恬小朋友为刚才的两位顾问献花。(献花)……再次感谢两位顾问老师。同样,我们也非常高兴地邀请到了徐汇区青少年活动中心钱文华书记、企业家林国海老师担任校外辅导员。相信在你们的辅导下、参与下,向阳小学的学子肯定能博采众长,学有所长,有请范校长为两位老师颁发聘书。(颁发聘书)……我们有请二(6)班的王悦灵、二(7)班的李泓希同学为两位老师佩戴红领巾。(佩戴红领巾,合影留念)……再次感谢两位辅导老师,在鲁迅知己社成立之际,有请各位老师为鲁迅知己社建言献策,畅所欲言。(鲁迅纪

念馆乐融老师的演讲内容单列,见下一篇)

三、高渊:鲁迅精神势必更长远地影响我们

我简单来讲几句,首先感谢范校长授予我这么崇高的荣誉——文化战略顾问,第一次拿到这么高大上的一个职位。以后向阳小学有什么事情,我觉得一定要尽力而为。特别感谢向阳小学,我儿子就是向阳小学毕业的,他现在在南模上高二了。我一直觉得向阳小学不仅教给学生知识,更重要的是为学生塑造了很好的有幸福感的性格,比较活泼开朗,善于与人沟通,比较容易在社会上跟人家打交道,这是向阳小学比较好的传统。我觉得向阳小学毕业出来的同学,都好像性格上比较活泼、开朗,这点在当今的社会是非常重要的。我觉得学习鲁迅作品和精神完全可以从小学开始,鲁迅知己社以鲁迅的名字来命名,我觉得非常的有意义。

我觉得如果要想读懂现当代的中国,最好的一个办法就是读鲁迅的作品,而且最好读鲁迅先生描绘自身经历的文章。这个确实能读懂我们国家将近一百年发展的历史,而且我相信鲁迅的精神、鲁迅的文字今后势必会长远地影响我们一代一代的中国人,包括学界、教育界的人和青少年群体。我现在负责《解放日报》的专副刊,其中有一个副刊每周四出版,叫《朝花》。《朝花》在全国副刊界来说也是很有名的副刊,这个名字就是从鲁迅先生的《朝花夕拾》中来的。

我觉得同学们有时间、有兴趣的话就多看看我们的报纸,都看看我们的《朝花》,当然要更多地看看鲁迅先生的作品,这个绝对是中国文化的精髓。以后也欢迎大家如果有机会的话,到我们解放日报社来参观一下,报社现在在延安中路的一个小院子里,还是挺有特点的。这个小院子以前就是上海历史文化的保护建筑,后来我们经过改建以后重新焕发了文化功能。应该说比较全国的省级党报办公点,有这样一个小院子来办公,几乎是没有的。一般都是造一幢楼,造一幢楼不稀奇,我们是文化保护建筑,有点像老报纸的那种感觉,其实还蛮有意思的。同学们有机会也可以到我们这里来参观,我希望知己社能够越办越好,谢谢大家!

四、钱文华：希望能够把鲁迅的作品艺术化

首先，我觉得这样一个活动很好，因为我觉得向阳小学是作为我们徐汇区教育系统的一个重要单位，其实是跨出了很好的一步。这个一步是什么呢？就是用好学生的课余时间，这是非常好的。因为前面王博士介绍我是活动中心的，说到活动中心，大家都认为其实是丰富学生的课余生活，在这方面我们正在进行着不懈的努力。就像金子雯同学讲的，时间就这点，除了完成学业，怎么用好课余时间？这是我们每一个教育单位要考虑的问题。我想向阳小学为我们所有的学校做了很好的典范。

第二，我参加这个活动的感觉，是觉得我们现在的孩子在向阳小学里面很幸福。除了有这样的课余的时间，得到了合理安排之外，更主要的是我们向阳小学与德育融合这样的主题，请到了许多高大上的专家加入到我们课余生活的策划当中去。我觉得有的时候，对孩子的教育更重要的是要润物细无声，融化在活动中，与孩子们感兴趣的很多社团活动相融合。这样一来，就有可能让我们的孩子在有限的时间里，能获得一些高大上的东西，同时浸润在德育里面，合理地吸收。

第三，跟前面发言的专家一样表个态，徐汇区青少年活动中心本身是为丰富孩子活动的课余生活而设立的，我们也愿意拿出更多的资源提供给我们向阳小学的鲁迅知己社，如让我们的孩子在舞台上能把鲁迅先生的作品活灵活现地加以演绎。

主持人姜颖：感谢各位专家的真知灼见，你们的亲切勉励，一定会浇灌向阳这片热土、结出德育的丰硕成果。最后有请范建军校长，为今天的活动作总结。

五、范建军：要搞清楚鲁迅有哪些地方值得小朋友学习

非常高兴今天请来了这么多的专家，所以我今天首先要说的就是感谢，

这是我今天要发言的第一个词。为什么这样说呢？因为首先要感谢原在天平街道工作的张建慈同志（现徐汇区委政策研究室主任），是她当时代表天平街道党工委以及天平德育圈牵线搭桥，让我们向阳小学有机会认识了王博，真的是非常感谢我们天平街道的领导，为我们做了这样一件事情。今天鲁迅知己社能够挂牌，其实也要感谢我们的王博，是王博为我们精心策划了今天这样一个活动。其实，早在上个学期我们就已经在陆陆续续做一些准备工作，让我们的学生先要了解鲁迅，然后王博还为我们联系了鲁迅纪念馆，我们有机会去参观。所以今天除了感谢王博以外，我还要感谢鲁迅纪念馆的乐馆长，那天我们的孩子们去参观以后，真的是很有感触。那天，乐馆长很热情地接待了我们，还很详细地为我们的孩子们介绍鲁迅的生平事迹，讲了一些鲁迅的小故事。我们的孩子还看到了鲁迅遗留下来的一些珍贵文物，对鲁迅先生的精神获得了很多直观感性的认识。在此，也十分感谢乐馆长为我们学校今天这样一个活动作了很多的贡献。

其实要感谢的人真的是很多，除了天平街道，除了王博，除了乐馆长以外，还要感谢今天在座的各位专家，而且都是高大上的专家，有《解放日报》的专家，有企业家，还有我们熟悉的鲁迅作品里面的植物研究的专家，同时今天徐汇区青少年活动中心的钱文华书记也来参加我们今天的活动。所以，对于各位专家、领导能够在百忙当中抽出时间参加我们学校这样一个活动，表示衷心的感谢，谢谢各位！这是我今天要表达的第一层意思。

第二层意思，我想作为学校要珍惜，就是要珍惜这样一次一次积累起来的各个单位为我们提供的这样一个良好的机会，我们要抓住这些机会，把这些活动真正地开展起来。不仅仅是我们今天在座的学生代表，大家都来探索怎么样普及我们的德育活动，在面上做一些普及、推广，所以我们要抓住这些机会，抓住这么好的一些平台，把我们向阳小学的德育活动开展得更加丰富多彩。

第三层，我想说除了感谢、珍惜，最重要的还是要落实，落实到位。因为我们向阳有很多传统的德育的项目，比如我们今天的活动，就是我们的一个传统的项目，但是我们要在传统的项目上有新的发展，那么我们如何把这些活动真正地落到实处？就像刚才王博为我们提出的建议，包括我们的乐馆长也为我们提了很好的建议，我们今天只是一个挂牌，挂牌不等于我们把这个活动就已经搞好了,我们挂牌以后,怎么样来了解鲁迅先生的那些故事,来研究鲁迅喜欢的电影啊,鲁迅的朋友圈到底有哪些好朋友,他在朋友圈里怎么样来发挥作用,他们的朋友圈交流一些什么内容,等等。这个是根据我们新时代的一些要求来设计的课外活动课题,我们应该也一定能够把这些活动扎扎实实地落实好。除了我们今天在座的同学以外,我们还会发动更多的同学,一起参加到鲁迅知己社的活动当中,更多地了解鲁迅,学习鲁迅的不朽精神。我们小朋友要搞清楚,鲁迅到底有哪些精神元素值得我们学习?这都是我们鲁迅知己社成立以后,要一步一步落实好的核心课题,去扎扎实实开展的一些活动。所以我在这里希望我们能够真正地传承鲁迅的精神,把知己社的活动丰富起来,特别是内容要更加丰富,活动形式也要更加多样,让我们的同学真正地受益。我就说这些,再一次感谢我们各位专家和领导。

主持人姜颖:感谢范校长!习近平总书记说"幸福是奋斗出来的"。就让我们一步一个脚印,踏踏实实干好工作,这是新时代赋予我们的使命,更是我们向未来作出的承诺。向阳小学鲁迅知己社揭牌仪式到此结束,再一次感谢各位的莅临!

(作者分别为向阳小学大队辅导员,天平街道优秀志愿者,
向阳小学课外辅导员)

用更加活泼的形式来
传承鲁迅的精神
——在向阳小学"鲁迅知己社"揭牌典礼上的演讲

乐 融

今天(2018年6月12日)非常高兴,首先感谢向阳小学的老师、领导,感谢向阳小学的学生们,今天在这里我们鲁迅知己社成立了。而且我也非常荣幸能够接受你们聘请,叫我担任文化顾问。这个顾问一定要又顾又问,那么顾问什么呢?我认为作为上海鲁迅纪念馆来说,我们的社会责任,是要把纪念馆里面的有关鲁迅留存下来的文化遗存介绍给学生们。正像刚才王泠一博士所说的,我们在当前新的历史形势下、条件下,如何用更加贴近我们的生活、用更加活泼的形式来传承鲁迅的精神世界?这个问题实际上王博刚刚提起了头,也让我感想颇多。

首先我觉得鲁迅是一个伟人,是一个高峰。他在形成这样一个高峰的过程中,也是从一个很低的起点逐渐逐渐走上这样一个高峰的。他如何走上去的?又如何形成一个对我们中华民族来说,是一个民族脊梁的文化伟人?我觉得搞清楚这一点,我们学生也好,包括对我们自己也好,都是非常大的一个启发。首先,在鲁迅的思想当中,就像你们学生到我们纪念馆来参观所得到的体会一样,鲁迅非常讲究立人思想,他认为凡事首在立人,他有这样的思想。如何立起来呢?正像我们学生现在在长身体,从刚刚每个小孩生出来是个很小的小孩,然后吸收各种营养,吃各种的饭、菜,然后逐渐长大。同样,在一个人的人格的形成过程中,在一个人的思想精神的丰富提高中,也同样要吸收很多各种各样有益的思想养料,鲁迅就是一个我们最好的思想精神的来源。之所以我们今天在这里,要创办这样一个鲁迅知己社,我觉得原因也在这里。看到鲁迅知己社,我也没请教王博,还来不及跟他说。

使我想起鲁迅在其一生当中,称之为知己的就是瞿秋白,我们中共早期的一个领导人,他认为他是他的知己,他说过"人生得一知己足矣,斯世当以同怀视之"。

这样一种认识,代表了我们现在在传承、继承学习鲁迅精神思想以后,在我们形成共同的价值观、人生观、世界观当中,我们人人都成为知己,这个知己并不是酒肉朋友,并不是大家臭味相投,而是作为一个健康的人格,一个健康的精神世界建立以后,我们成为一个知己,然后共同为我们现在的社会,为我们国家的发展、社会的进步贡献自己的一份力量。同样像刚才王博说的,我们在学习鲁迅的过程中,鲁迅在平时的生活当中是怎样的?我们从中也可以知道鲁迅并不是一个一本正经、一个严肃的老头,而是也跟我们一样,他也有血有肉,有喜有忧。

在我们上海鲁迅纪念馆有丰富的、充分的这方面的资料。比如说他看电影的事情,他在上海看了很多电影,一共看了142部电影。我们有关这方面的资料,可以提供给各位学生,可以在这当中寻求鲁迅这方面的精神足迹。比如说鲁迅喜欢吃什么菜?我们这里有鲁迅在上海的每天的菜谱,都留存在我们纪念馆,这是由他的夫人许广平当时留下来的。还比如说鲁迅在实际生活当中,有许多繁杂的事情影响着他,并不是他在象牙塔中专心一志在写文章,他有许多人情往来,为人家办杂七杂八的事情,但是鲁迅总是亲力亲为,把要办的事情做好。刚才一位女同学(金子雯)说要节约时间,挤出时间,鲁迅正是这样,他在应对各方面生活琐事中,善于挤出时间,在夜深人静之后写文章,搞创作,这都是在一个比较艰苦的条件下,而不是在一个很舒服的条件下来进行的。正像鲁迅说的,人家喝咖啡的时间他在工作,他是通过像海绵挤水一样,挤出时间来做事情的。

回过头来,再来说说刚才说的植物方面的事情,在鲁迅的作品当中有各种各样的植物。刚才说的枣树,就是鲁迅作品当中呈现出来的。我们鲁迅纪念馆的院子里,小朋友来看过百草园,里面所有的植物都曾做过精心布置。1999年改扩建的时候,我们对园林公司有个要求,所有里面的植物都要跟鲁迅作品里面的植物一一对应,我们在下面都做了说明的牌子。比如说枣树、芍药,其他一些植物上面都有说明。跟鲁迅故居的百草园相对应,也便于小朋友在参观的时候可以对鲁迅故居的百草园的环境、氛围有个直观的感受。

总而言之,我觉得同学们在自己的社团——鲁迅知己社创立以后,要在这样一个牌子下、品牌下,不断地学习,不仅要把我们的学习当中正式的语文课或者其他学科学好,而且在我们人的思想精神上面,要建立起完善的一个氛围。对一个人来说,它是一个完善的精神世界,而不仅仅光是读书好就可以了,这样才有利于全面的发展。比如说身体,鲁迅对体格的健壮和身体健康非常重视。因为鲁迅一开始是去学医的,他学医为什么?当时被人家说我们国家是东亚病夫,所以鲁迅一开始觉得医疗病体,就是促进健康。后来他觉得除了健康之外,还有一个思想精神。如果要思想精神好,就是要用文艺这个工具来作为我们的疗救的方法,这个都是成体系的,不是孤立的。我觉得这是一个方面。

我今天就谈这些,以后我们在和大家的交流当中,也欢迎你们到鲁迅纪念馆来,我们从各个方面都可以展开讨论,各个方面我们共同来学习,共同探讨。我也希望鲁迅知己社成为我们大家学习的好地方,我祝愿我们向阳小学的学生们天天向上,学习好,身体好,各方面好!谢谢大家!

(作者单位:上海鲁迅纪念馆)

读鲁迅的书，
永远把脊梁骨挺得笔直笔直

许蕴章

从隐隐约约知道点鲁迅先生的片断，到进一步了解鲁迅先生的基本事迹和静心阅读鲁迅先生的代表作，并和老师、同学进行互动交流，是我今年的特大收获。

一、参观鲁迅纪念馆有感

清明节前，在校外辅导员王泠一博士和大队部姜颖老师的带领下，我们向阳小学的10位同学，去参观了在虹口足球场附近的上海鲁迅纪念馆。这是学校和学校所在区域天平德育圈安排的一次重要德育活动，目的是为了缅怀文豪鲁迅先生。

在我很小的时候，我就听爸爸说过鼎鼎大名的鲁迅先生。这次参观之前，范校长和李磊老师又就鲁迅先生的主要事迹对我们进行了培训，我也认真做了笔记。

到了纪念馆，大姐姐一样的讲解员段老师就热情地迎了上来，耐心、细致地为我们讲解。过了一会儿，我看到了鲁迅《自嘲》中的一句非常著名的名言——"横眉冷对千夫指，俯首甘为孺子牛。"是啊，鲁迅爷爷的这种精神是多么值得我们敬佩啊！随后，我们看到了泛黄的书籍《呐喊》和《彷徨》以及漫画《阿Q正传》，等等。接着，就是我印象最深刻的地方了：采用凹凸技术的石块组成的鲁迅头像似乎随着我们脚步的左右移动而一直凝视着我们，还有许多由鲁迅著作里的图片组成的鲁迅头像似乎越远看得越清楚，鲁迅与青年高谈阔论的蜡像在特殊灯光下显得栩栩如生。通过参观我们还了解到，鲁迅先生一生中写了一千多万字，发表了无数的作品，他的好多代表作还进入了教材，鲁迅先生被人们尊称为"民族魂"。

半晌，我们离开了展厅，去和上海鲁迅研究的大专家乐馆长开了个热情洋溢的座谈会。我发现，乐馆长也和王博士一样，很喜欢小孩子。于是，大队主席沈欣岚同学给乐馆长系上红领巾后，我们高唱了一首王博士按照少先队队歌曲调重新填词的《我们是天平社区德育圈》。乐馆长听了，连连拍手叫好。我们问了不少关于鲁迅爷爷的课本外事迹，他都一一为我们解答。我想：真不愧是馆长，知识真渊博啊！开完会后，按照学校大队部祭奠先贤的计划，我们又去扫了墓。扫墓的人可真多啊，正是因为鲁迅爷爷那么伟大，所以才有这么多后人来祭奠他。

傍晚我们恋恋不舍地离开了纪念馆，但鲁迅爷爷崇高的精神与品质却永远烙印在了我的心中。他的生活是如此的简朴，他把他的一生致力于唤醒国民、振兴中华的伟大使命之中。他的每句名言都意义非凡，这些名言会陪伴我们终身，也许等我们长大了，我们会更加理解其中深奥的意义。"你就像一头牛，吃的是……"

第二天，我来到学校大队部对范校长进行了采访。范校长仔细询问了我参观的过程以及关于这次参观活动的感受，还饶有兴趣地跟我谈论了鲁迅的著作。她认为，鲁迅有些作品可能还不是我这个年纪的孩子能理解的，并建议我可以从《阿Q正传》等相对易懂的作品看起。范校长最后说，这是一次很有意义的校外德育实践活动，培养了孩子们的爱国主义精神，学校以后会多组织开展这样的活动。

二、暑假里品读的代表作

校外辅导员王泠一博士很在乎暑假里的阅读积累，并提出具体要求。因此爸爸给我买了一套4本的鲁迅小全集，其中2本是杂文集，1本散文集，1本小说集。我最感兴趣的当然还是小说啦，一拿到这套书，我就翻开小说集，光看题目就有好多熟悉的作品，当然，以前只是听说，我心想，这回可要好好地读上一番。

到 7 月底为止，我已经读了《阿 Q 正传》《孔乙己》《药》等名篇，《狂人日记》读了一半。要说印象最深刻的，还要属《阿 Q 正传》。以前家里听爷爷奶奶闲聊时经常说到一个词——"阿 Q 精神"，现在我差不多明白这是什么意思了。

做人就要挺直脊梁骨，是我对于《阿 Q 正传》体会最深的读后感。其实在暑假之前，我就知道作为鲁迅先生大名鼎鼎的小说《阿 Q 正传》，影响过好多代的读者，而我也有不少感慨。首先，我认为这篇文章的主人公阿 Q，他的性格存在着很多问题。人最基本的品质就是自尊，而阿 Q 却没有，他在闲人面前自轻自贱，叫自己"虫子"。我读到这里的时候，简直是气不打一处来，心想哪有这么卑微懦弱的人，一点人格的尊严也没有。当然，你可以说阿 Q 其实也很可怜，但是俗话说得好，"可怜之人必有可恨之处"，阿 Q 为人处世的态度决定了他人生的悲剧色彩，而最大的原因就在于他的脊梁骨是弯的。如果我走在大街上，遭到别人莫名其妙地侮辱，我一定会勇敢地回击过去，哪怕打不过他，也要为捍卫尊严而战斗呀。

其次，阿 Q 可悲的另一个原因就是他的"弱"。读了这篇作品，鲁迅先生有一段描写给我留下了很深的印象，我觉得可以说是点睛之笔——"估量了对手，口讷的他便骂，气力小的他便打；然而不知怎么一回事，总还是阿 Q 吃亏的时候多。"把鲁迅先生的这层意思翻译成现在的大白话大概就是，阿 Q 自以为有实力欺负别人，但事实证明他实在太弱了：一是嘴皮子太笨，连口讷、结巴的人都说不过；二是"武力"实在太低，连力气很小的人也打不过。我想，一开始阿 Q 是想虚张声势的，但是时间一长呢，周围的人也都知道了他的底，于是就变本加厉地欺负他了。有言道，"人善被人欺"，我看，"人弱被人欺"也是没错的。

读阿 Q 的时候我不由得想到了汉朝名将韩信。同学们应该都知道韩信，也应都知道韩信曾受"胯下之辱"这一典故吧。当时，韩信的尊严无疑是受到了践踏，同时，也正是因为他实力弱小，流氓们才敢欺负他。虽然韩信没有当场做出反击，与那些流氓做殊死搏斗，但他以此为奋斗的动力，不久后就用惊人的成就回击了所有曾经看轻他、侮辱他的人，我觉得，如果说阿 Q 是反面典型的话，那么韩信就是正面典型，他的奋斗历程告诉我们，弱小并不可怕,但甘于弱小则是可悲的。

所以,在我看来,《阿Q正传》这篇小说塑造了一个非常具有批判性的人物形象,鲁迅先生应该也是想借阿Q这个人物来反映当时那个落后挨打的时代、中国社会的一些可悲之处,从而引起人们的觉醒吧。对我来说,从这篇小说中得到的最大的启发就是,做人要懂得自尊、学会自强,永远把脊梁骨挺得笔直笔直。

三、与朱沐恬同学的互动

朱沐恬同学目前二年级,她是向阳小学鲁迅知己社的形象大使。老师、同学和王博士都很喜爱她,都叫她的昵称"柚子"。暑假里,我采访了喜欢阅读的她:

1. 问:柚子,暑假里你读了鲁迅先生的哪些著作呀?对哪一部作品最感兴趣呢?答:读了鲁迅先生的《社戏》。

2. 问:我读了鲁迅先生的不少作品,比如《阿Q正传》《药》《孔乙己》,不过《社戏》倒还没读过,你能给我说说《社戏》主要讲了什么吗?

答:主要讲的是一天他的伙伴都去看戏了,但他没有去看,他伤心了一整天。但是晚上他可以去看了,晚上回来时还和小伙伴们偷了豆子吃。

3. 问:你觉得《社戏》里最让你印象深刻的是哪个场景或者哪段描写?

答:我最喜欢他们偷豆子的那一段,因为好玩呗。因为他们居然偷自己家的豆子,然后还煮来吃了。

4. 问:听你那么一说,还真是挺有趣的,他们玩的东西和我们玩的可太不一样了,你觉得鲁迅先生的少年时代和我们现在比,哪个更幸福些呢?

答:我觉得两个都很幸福,鲁迅先生那个时代有很多好吃的豆子,还有钓虾,还有很多很多的小伙伴;我们也很幸福,因为有很多玩具玩。

5. 问:《社戏》里的场景应该就是发生在鲁迅先生的故乡绍兴吧,我挺想去看看的,不知还能不能找到鲁迅先生小时候和小伙伴们一起玩耍的地方,柚子你去过绍兴吗?

答:没有去过,不过我知道离上海不远的,妈妈说开车过去也就两三个小时。

6. 问：除了读《社戏》，暑假里你还读了哪些课外书呀？

答：除了鲁迅的文章，我暑假里还读了《米小圈上学记》《哈利波特》《旺旺特工队》《神奇校车》。

7. 问：这些书应该都比鲁迅先生的作品容易读吧？

答：我觉得《社戏》比较难，因为用的都是一些我听不懂的词语，必须和大人一起读，不过读起来还是很好玩的，我觉得他们看戏看得很开心。

8. 问：实话说，我也觉得鲁迅先生的文章读起来挺累的，实在搞不懂的地方，我就等爸爸下班回来后问他。不过，王博士强调读鲁迅的作品肯定是对我们大有帮助的，上学期去参观鲁迅纪念馆，乐馆长也是这么说的吧？

答：恩。我也参观了鲁迅纪念馆，印象最深的都是鲁迅先生的书。我妈妈说鲁迅是最会写文章的老师，长大以后我要多读鲁迅先生的作品。

对师妹柚子同学的采访，也是我暑假里的重要收获。我觉得虽然经历了一百多年的时光，但鲁迅先生仍然活在我们心中，我们也仿佛是他的少年知己。最后请允许我感谢范建军校长，没有她在今年春天的鼓励，也就不会在暑假前顺利成立学校新的社团——鲁迅知己社；也得益于她的指点，使得我暑假里在阅读鲁迅先生代表作方面少走了很多弯路。感谢我的班主任傅向阳老师、柚子同学的班主任唐赤老师和大队辅导员姜颖老师，还有所有的任课老师，是你们的辛勤付出让我们有了点初步但可喜的收获。感谢爸爸在繁重工作之后仍然回家不厌其烦地和我交流，感谢妈妈的亲切陪伴；感谢爷爷奶奶、外公外婆等所有长辈的关爱。感谢柚子的妈妈曹玲娟老师慷慨允许我采访师妹，得以在鲁迅精神传递上形成共鸣。

（作者为向阳小学鲁迅知己社社长、四年级五班学生）

暑假里的收获：
了解那位替孩子着想的鲁迅爷爷

张朝竣

在虹口公园,我参观了鲁迅纪念馆,看到了鲁迅先生写过的书,比如《呐喊》《狂人日记》等,这些都是中国文学史上的名作,它们影响了中国的好几代人。

一、初识鲁迅

在鲁迅纪念馆,我还看到了鲁迅先生和家人的照片、他曾经穿过的毛衣。这件毛衣已经很旧了,还有一些破损,说明鲁迅先生不仅是一位伟大的作家,还是一位很节俭的人。之后,我又参加了天平社区德育圈成立鲁迅知己社的活动,聆听了高年级同学参观鲁迅纪念馆的感想。我很高兴能够有机会参加这些活动,了解了一些鲁迅先生的主要事迹和过去的生活背景,增长了不少语文课堂外的知识。

参加了这些活动以后,我很想读一读鲁迅先生的作品,妈妈为我挑选了比较适合我看的《从百草园到三味书屋》。文章回忆了儿时的鲁迅在百草园无忧无虑的生活,以及后来去三味书屋上学的事情。百草园非常漂亮,可以在里面干很多有趣的事情,鲁迅还听了美女蛇的传说。三味书屋也有一个花园,最好玩的事就是捉苍蝇喂蚂蚁。老师很和蔼,不凶,如果发现大家溜去花园玩了,只是大声叫大家回来上课。鲁迅先生还非常喜欢画画,把纸蒙在小说的绣像上一个一个描下来。鲁迅先生描写百草园的植物写得最好了,他把各种植物都写得生机勃勃。

我这才记起自己年龄再小一些的时候曾去过百草园,那是爸爸带我去的。现在想起来,感觉那就是一个安静的菜园,种着几棵大树,斑驳的墙面上挂着一些爬藤植物,地上有一些野草,没什么特别。只是没想到在鲁迅爷爷的笔下,他回忆中的百草园竟然如此生动、有趣。他平时犀利的文笔在这里顿时灵动轻快了起来,这就是那个鲁迅儿时嬉闹玩耍的小天地,百草园在他的笔下熠熠生辉。回看相册,我见到了高大的皂荚树,跳上跳下的石井栏,有无限趣味的泥墙根,甚至于开始怀疑那堆高高的草里会不会有赤链蛇……有故事的百草园,顿时让我感觉好亲切。这大概就是文学的魅力,可见成年后的鲁迅对儿时天真烂漫的故乡生活依然是回味无穷。如果他还在世,应该是对释放儿童的天性举双手赞成的吧!

二、《朝花夕拾》

鲁迅先生是在1927年秋天写出《从百草园到三味书屋》的,这一年的主要散文和回忆文章,后来在上海被编辑为《朝花夕拾》这样一本书。早晨鲜艳欲滴的花朵,等到晚上再去采撷,这便是《朝花夕拾》的书名拥有的优美意境。书中鲁迅先生回顾了自己在童年和青少年时期的心路历程。在了解了鲁迅的生平、生活的变故以及当时所处的混乱年代之后,我似乎也渐渐读懂了他心中的呐喊。

在这本只有10篇文章的回忆散文集中,我最喜欢的自然是《从百草园到三味书屋》。这篇充满对童年回忆的散文,让小读者也仿佛与昆虫为伴,和同伴一起享受摘野花、采野果、捕野鸟的那份属于孩童的快乐。百草园里天真烂漫、令人神往的画面与枯燥、乏味的三味书屋形成鲜明的对比。但在三味书屋(也就是现在的教室里)读书时,小时候的鲁迅还是想方设法在老先生的眼皮底下偷玩。鲁迅细腻而又诙谐的描写,也给沉闷的三味书屋增添了一份趣味。尤其是想象中老先生用绍兴本地方言说的那句:"人都到哪里去了?!"真是令现在的我忍俊不禁。

后来,鲁迅家道中落,让他认清了世情的冷暖。在《父亲的病》中,鲁迅频繁往返在当铺和药铺之间。故事中,鲁迅的爸爸患了非常严重的水肿,请了两位诊金高昂的名医。通过对两位"名医"的行医态度、作风、开方等的种种描述,揭示了庸医巫医不分、故弄玄虚、勒索钱财、草菅人命的实质。这里"神妙"的药引子让当时的"少年鲁迅大开眼界"。如:一对在一窝的蟋蟀、经霜三年的甘蔗……却无一见效,最终鲁迅先生的父亲还是不幸病故了,他的家里也因此更加一贫如洗。我想,这也是日后激发鲁迅走上"西医求学"道路的一个重要原因。

因为我的父亲也是医生的缘故,所以我很注意《藤野先生》一文。文中,鲁迅回忆了自己在日本求学时的医学导师藤野先生。藤野先生正直、善良、治学严格,有胸怀全人类医学的美好愿望。他对"我"的关爱和教诲以及对中国学生的一视同仁,与日本学生对中国学生的轻蔑态度形成了鲜明的对比,体现出藤野先生是个真正的君子。鲁迅曾经认为学医能减轻别人的痛苦,是一种快乐。但当看到国人对待自己同胞麻木不仁的态度后,他毅然弃医从文。因为他看到治疗中国人的病,不在于医人身体,而在于医心,所以他要用那犀利的笔去唤醒中国大众民族的心。

鲁迅先生用很多笔墨批判了吃人的社会,如抨击了一些虚伪的"孝"。《二十四孝图》里提及的小故事,我竟然都饶有兴致地去了解了一番。除了一些正常的,我发现里面还有很多荒诞、令人震惊的故事。如"郭巨埋儿",主人公居然去埋掉自己的儿子来节省粮食好供养母亲,这种畸形的"孝"难道真的值得提倡吗?

回想起来,我也曾经和父亲一起拜访过绍兴的鲁迅故居;懵懂的我不经意还和"听长妈妈讲故事"的铜像合了影。当时,我只以为是一组普通的雕像,原来这个就是《阿长与山海经》里那个"切切察察",睡觉爱摆"大"字的保姆长妈妈。她有许多"我听不耐烦"的规矩,但她善良、质朴,为"我"买来了"别人都不肯做,而她却做成功"的《山海经》,我对她的敬意油然而生。这不,我仿佛正和儿时的鲁迅一起在听她讲故事呢。是"美女蛇"还是"长毛",你说呢?

暑假里,我反复品味《朝花夕拾》,里有华丽的语言、动人的文字,但它却更有鲜活的人物形象,丰富而有内涵的故事,讲述了小故事背后的大道理。文章还谈到了许多民间传说和民俗活动,蕴含着丰富的文化信息,令小读者读完后也深深地了解了关于以前旧社会的一些事,更透彻地理解了鲁迅,长了不少知识。

可以说,鲁迅先生在整个回忆里集中描述了当时旧社会的种种怪事,同时又温情脉脉地回忆了自己的良师益友。最主要的是它呈现出了一个想让民族进步,想让社会安定,为孩子着想的鲁迅爷爷。我们要学习鲁迅的爱国精神,鲜明的正义感和是非观,要热爱祖国的诗书经典,为了"中华民族的伟大复兴"而努力学习。

三、父子对话

我的父亲张仲伟,是上海瑞金医院的医生。70后的他很喜欢鲁迅先生的作品,也因为职业的关系,他对《藤野先生》很熟悉。暑期,我们还有以下的对话:

提问:鲁迅先生留学日本学西医,学习也很刻苦,为什么回国当不了医生呢?

父亲:因为他的家道中落,无法资助他去大城市落脚;特别是老上海的医生往往需要外表的体面。当时,鲁迅先生的家乡还是中医为王,让他无用武之地。

提问:听老师说过,20世纪20、30年代,上海等中国大城市的西医院都是外国人开设的,歧视中国籍医生,鲁迅先生就是谋职了也很难施展才华吧?

父亲:这个假设很有道理,像瑞金医院早年就是西方教会开设的。因为看到了太多的不公平和黑暗,鲁迅先生后来决定以笔为手术刀来医治社会、唤醒民众。

提问:如果是现在,也就是新时代的中国社会,留学日本的鲁迅先生就是很吃香的海归医生,是上海或者北京等大城市的各大医院都要引进的专业人才吧?

父亲:是的,目前高水平的医生是上海、北京等地的稀缺资源。以鲁迅先生的聪明才智,他当个科室主任绝无问题;进一步的话就是学科带头人和领军人物。

提问：电视新闻里有时候报道医患要互相信任。那么，他有可能会收红包吗？

父亲：绝对不会！以他嫉恶如仇又热爱百姓的品质，也许事迹会感动中国。

提问：那么，在如今医院业务都很繁忙的情况下，他还会不会写批判文章呢？

父亲：我认为肯定会的。因为按影响他不是人大代表，就是政协委员，以他的性格，如果遇到问题奶粉和疫苗之类问题，肯定会拍案而起；主题还真是救救孩子。

四、一段采访

暑假里，在学校大队辅导员姜颖老师以及课外辅导员、上海社科院王泠一博士的关心下，我在学校少先队大队部采访了同样喜欢鲁迅先生作品的、小我两岁的本校师妹王悦灵同学。那是8月4日的下午，是台风登陆上海的前夕，天气还是很闷热的。师妹由她的奶奶周丽芳女士陪伴，特地从家里赶到学校，这让我和父亲感到很过意不去。不过，在姜颖老师的热情介绍之后，我和师妹谈得很投缘。

提问：你的家长支持你在暑假里阅读鲁迅先生的作品吗？

回答：当然。爸爸、妈妈自己也喜欢鲁迅先生的文笔，更支持我课外阅读他的作品和参与学校鲁迅知己社的活动。像今年清明前夕去鲁迅纪念馆之后，他们都跟我讨论参观的心得。暑假开始前，妈妈就从图书馆帮我借来了鲁迅先生文选。

提问：嗯。我也去过虹口的鲁迅纪念馆。你参观之后最深刻的印象是啥呢？

回答：印象最深的是鲁迅先生曾经穿过的毛衣。这件毛衣已经很旧了，还有一些破损，要是在现在，人们应该不会再穿出来了。这说明鲁迅先生不仅是一位很伟大的作家，还是一位在平常生活中很节俭的人。但参观那天，鲁迅纪念馆的讲解员姐姐还告诉我：鲁迅先生在上海期间的各种社会收入其实还是很高的,他在资助青年作家出版作品、文化集会,甚至生活接济方面,却又是十分慷慨的。

提问:我也对那件毛衣印象十分深刻。那么,你最喜欢鲁迅先生哪篇作品?

回答:暑假里,我几乎每天都接触鲁迅先生的作品,最喜欢的是《从百草园到三味书屋》。在我看来,这篇作品描写了鲁迅先生和我们一样年龄时期的后花园和他的学校。他的后花园非常漂亮,可以在里面干很多有趣的事情。但有一个地方,他不敢去,因为相传那个地方有一条很大的赤练蛇。他的保姆还给他讲了美女蛇的故事,他的愿望是能拥有治死美女蛇的飞蜈蚣。后来,他去了三味书屋上学。学校里有一幅画,画上有一只鹿。上学前要先拜鹿,再拜老师。三味书屋也有一个花园,最好玩的事是捉苍蝇喂蚂蚁。他觉得老师很和蔼,并不凶,如果发现大家溜去花园玩了,只是大声呼唤大家回来上课。鲁迅先生还非常喜欢画画,如把纸蒙在小说的绣像上一个一个描下来,《荡寇志》和《西游记》描了一大本。

提问:很巧啊!我也特别喜欢这篇作品。那你觉得鲁迅先生为啥难忘百草园?

回答:鲁迅先生通过这部作品表达了对百草园闲暇生活的喜爱,他喜欢在夏天拔何首乌、斗蟋蟀、品尝覆盆子,喜欢在冬天拍雪人、捉麻雀,百草园还有很多神秘的故事,充满了欢乐!虽然三味书屋不如百草园有趣、自由自在,但是也可以在三味书屋的花园里干些有趣的事情,比如折梅花、寻蝉蜕、喂蚂蚁等。这样的闲暇生活很有乐趣,其实我们也喜爱,只是我到目前为止还没有见过斗蟋蟀呢!

听了师妹的回答,我突然发现其实我也没有见过斗蟋蟀呢。父亲带我去过昆虫博物馆,但都是些只有说明却不能动的标本,我想如果能够复活百草园的那些有趣场景,该有多好啊!不过,王博士后来提醒我:"你的母校乌南幼儿园就是百草园!"他的提醒一下子引发了我不少对母校的回忆:一进门就是山楂树,滑滑梯旁呢是 80 多岁的香樟树,还有白玉兰、樱花树、柚子树……龚敏园长和老师们也经常给我和同学们普及植物的常识,只是那时候还小,不知鲁迅。如果有机会能够回母校看看,如果龚敏园长同意,我一定要找找蟋蟀、云雀、何首乌……

最后，感谢爸爸、妈妈暑假里鼓励我阅读鲁迅先生的不朽作品；感谢我的班主任卞方毅老师、大队辅导员姜颖老师和王悦灵同学的班主任黄薇老师，对我们的日常教导；我还要感谢王悦灵师妹的奶奶周丽芳女士在暑假里的不辞辛苦！

（作者单位：上海市向阳小学五年级一班）

致敬夏靖词老师和
十二年后依然怀念的《少年闰土》

郑善匀

身在彼岸,心系着故土。从朋友圈中的信息发布得知,母校向阳小学的鲁迅知己社在今年6月宣告成立。这个母校新社团的诞生,一方面让我对如今范建军校长的远见卓识钦佩不已;另一方面,也让我很思念自己的班主任夏靖词老师。

我们都知道:一百年前的5月15日,上海发行的《新青年》让读者们第一次见到了"鲁迅"这个名字,也第一次看到了以现代体白话短篇小说形式出现的《狂人日记》。笔者第一次知道鲁迅先生似乎是还在科技幼儿园的时候,爸爸妈妈带我去绍兴做了一番不同以往的郊游。在那里参观百草园时,爸爸妈妈让我记住了这个看上去普普通通的菜园子,曾是一位著名中国作家孩童时代的乐园,而这位著名的文学家、思想家,就是当代文学的奠基人——鲁迅(周树人)先生。

我虽然在幼儿园时就从画像上"认识"了鲁迅,但是还不认识先生的作品。第一次真正接触到鲁迅先生的作品就是在向阳小学,初读大约是暑假返校刚拿到新书的时候。回到家一定是迫不及待地先打开语文书,跳过所有的古诗,把所有有插图的、有趣的课文当成小人书一样先看上一遍,还理直气壮地声称自己正在"预习"。在我的印象里,《少年闰土》的课文本身算不上太有趣,但是文旁插画里"闰土"脚下的那一大片西瓜地反倒是应了暑天的景,赚足了我的注意力。到了真正上这篇课文的时候,当时年轻的班主任兼语文老师夏靖词就让我们分角色朗读。

夏老师的设计令人难忘,当时课堂上的气氛很浓烈。"我"的角色很快便被人抢了去;而扮演闰土的那位同学,因为"紫色的圆脸,颈上套一个明晃晃的银项圈"则被同学嘻嘻哈哈地揶揄了好几日。虽然课间休息时不免打趣玩笑,但是鲁迅先生笔下"我"与闰土之间真挚且平等的情谊,在我们心中从最初的情感体验上升为最终的理性认识;也让年幼的我们无一不意识到人与人之间应充满"诚"与"爱"。鲁迅先生之伟大,正是因为他的作品处处彰显着对全社会的人文关怀。

后来,我去了田林三中,再后来,我去了徐汇高中,又陆陆续续地学习了鲁迅先生的散文、杂文以及诗歌。我从向阳小学和夏靖词老师那里积累起来的鲁迅作品阅读爱好,一直保留着,直至彼岸留学。只是之后接触的作品内容逐渐严肃了起来,"礼教吃人"传承的是先生的批判精神,"救救孩子"试图唤醒着国人沉睡的灵魂。鲁迅先生在《狂人日记》中用"狂人"本身的视角反映了当时推行现代化所受到的重重阻碍。受到外国影响而启蒙的先觉之士往往是少数,这些觉醒者、改革者、创新者就仿佛是看着大众的"狂人",他们想要挑战旧礼教,引入新观念,却遭到无情抵制,他们和未受启蒙的"村民"无法沟通,甚至被大众当成已经疯了的"狂人"。逐渐明白:鲁迅先生心中清醒的现实主义精神告诉他这些先觉之士想要进行社会改革,必会因此遭到压迫而变得孤立。但尽管如此,"狂人"决不能"痊愈",若是"痊愈",则等于投降,是背叛了初衷,放弃了反抗。

鲁迅先生一生都希望能通过"立人"最终达到"立国",他将改造和解放国人作为自己的使命。鲁迅先生说,"学医学救不了中国人"!因此,他选择用笔唤醒着民众沉睡的灵魂,致力于改变中国的落后现状,促进社会不断向前发展。我们作为现代公民,是一个个独立的个体,理应具有主体意识,但与此同时,我们也是国家的重要组成部分,应当具备国家意识与爱国精神,并承担相应的社会责任。无论是鲁迅先生的个人经历还是他的作品,都包含了数不尽的爱国元素和民族责任感。我很想告诉夏靖词老师,我认为那些被选入语文教材的鲁迅作品,一开始的出现往往是突出人文关怀,而后更是具有培养学生爱国意识的深远意义。

教材是一回事,如何上好鲁迅作品课又是一回事。夏靖词老师当年的课堂设计,其实是艺术般的情景再造,就是设身处地、直接复活了作品中的角色。这对我之后继续品味鲁迅先生的作品,在理解人物心理背景方面帮助很大。同时感觉到:除了主体意识与国家意识,鲁迅先生的作品中还不乏文化意识。先生在《拿来主义》中调侃似地表达了自己对各国文化的态度,"闭关主义"和"送去主义"一针见血地指出了中国长期以来的丑态,提出"拿来主义"则是希望我们可以充分认识本国文化与世界文化,用甄别的眼光对待外来事物,有选择地将"拿来"的东西取之精华并加以改革创新,把它变成具有本国特色的东西,为我国所用。

  我还渐渐体会到:文学是连接世人的"命运共同体",鲁迅先生作品的深刻性不仅体现在他对社会现实的无情揭露以及思想意识的深刻分析中,更蕴含在他对启蒙意识的召唤里。因当时所处时代环境动乱,再加之复杂的个人经历,鲁迅先生的作品主题大多是为了唤醒国人麻痹的内心从而挽救民族危机,看似对处在和平年代的我们无深刻的启蒙意义,实则不然,鲁迅先生的作品除了批判国人的劣根性,还包含了他对劳动人民的悲悯与同情以及对人性中"诚"与"爱"的呼唤。我还想告诉夏靖词老师:鲁迅先生的作品主题永不过时,在当代,学习鲁迅先生的作品不仅能让我们拥有警醒的民族责任感与求真务实的勇气,更有助于现代公民意识的养成以及塑造。虽然我离开向阳小学也已经12年了,但师恩难忘!

  夏靖词老师,您在上海一定很开心吧!我现在留学的专业是心理学和人力资源。每当我得到一点您的片断消息,在彼岸总是感到特别亲切。我已经知道在我毕业的那年,母校托管了一所百年老校并改名为向阳育才小学;而您作为骨干就去那里挑起了语文教研组的重担。那里的老师、家长和同学们,对您有三个"一级棒"的口碑——"普通话一级棒""公开课一级棒""带徒弟一级棒",我特别为您感到骄傲。还有为了备课,您总是不辞辛劳、身体力行。有一个佳话说有一年的夏天,为了上好"薄荷茶"这篇课文,您带着更年轻的5位语文老师利用午休时间、冒着火辣的太阳到小河边采集薄荷,并栽种在花盆里,为的是让学生在上课时有一个形象直观的了解。而后,每一个教室都飘溢着薄荷的香味……我还知道,您的公开课、您的科研成果,都得到了好多学科高手的推崇。后来,您又回到了向阳小学,继续在班主任的岗位上痴迷着启迪少年中国的事业。

  在歌唱建党90周年的神圣时刻,您深情地为少先队员们撰文:"向阳,是队员们快乐的天地;向阳,是队员们兴趣的王国;向阳,是队员们创造的舞台;向阳,是队员们成才的摇篮。想唱就唱,要唱得响亮;想唱就唱,要唱得漂亮。每个队员都用最优美的歌声唱响生命的华彩乐章,每个队员都用最优美的歌声抒发心中对中国共产党,对社会主义祖国的热爱。"去年9月8日,向阳小学庆祝第33个教师节,是您和黄季冬两位老师用诗朗诵的形式把庆祝大会推向高潮,充分表达了全体老师为自己是一名人民的教育工作者,且身为向阳人而感到骄傲。

当然,到处打听您的消息,不如面对面地向您汇报、向您讨教。希望以后我回上海探亲的时候,能够有机会来母校探望您。最后,祝您和您的家人事事如意。

(作者为向阳小学2006届校友、美国新泽西州立大学留学生)

天平德育篇

天平惠食論

让童谣成为孩子
快乐成长的心灵源泉

张敏薇

童谣一方面是中华民族传统文化中的一颗瑰丽明珠,民间童谣具有几千年传播历史,包含了丰富的历史底蕴和文化传统;另一方面从世界范围来说,童谣也是一种主要的启蒙方式。著名儿童学家,首都师范大学金波教授认为,好的童谣是心灵鸡汤,它能滋润孩子们的心灵,帮助他们健康成长。民间童谣是我国传统文化中的精髓,其篇幅短小,童趣盎然,富有节奏声韵,取材贴近幼儿的生活。幼儿的教育应是通过情感体验潜移默化的熏陶来实施的。童谣丰富多样的形式具有独特的艺术、情感和教育价值,孩子们最容易掌握,他们通过传唱童谣,既可以得到快乐,又可以学到知识,有助于孩子们形成良好的审美能力。并且对儿童开朗乐观的人格塑造,思想品德的形成,美好情感的培养,行为习惯的养成,乃至中华民族语言美感的熏陶都有着潜移默化无可替代的作用。因此,结合幼儿的年龄特点,有必要将童谣渗透到幼儿园的活动中,让童谣成为幼儿生活的一部分。

在微信朋友圈、平板电脑、新电子产品不断介入生活的背景下,我们的做法是:

一、将童谣作为教师专业成长的一部分

要让童谣渗透于幼儿的一日活动中,提高教师对童谣在幼儿教育上重要性的认识,以及提高教师开展童谣教学的能力显得很重要。为此一方面我们积极组织教师参加原创童谣创编活动,让教师在创编活动中体验童谣

和感知童谣的魅力,同时也在兴趣中增加才能;另一方面,我们引进了上海市戏剧学院表演系毕业生从事幼儿教育,利用她的语言优势开设了童谣表演社,让教师在社团中学习准确念童谣、有节奏表演童谣、学习创编童谣等,从而让童谣学习成为教师专业成长的一部分。

二、将童谣渗透于幼儿的一日活动中

幼儿教育不是通过说教来实施的,而是通过体验、感受以及朗朗上口的童谣来实施更合适。

1. 将童谣渗透于幼儿生活中

尤其是小班孩子来到幼儿园,如何培养孩子学会洗手、学会吃饭、学会叠衣服等等有关生活自理能力,教师们往往通过自己编写童谣,让孩子一边念一边做,在快乐中学会生活的技能,知道自己的事情自己做,孩子们生活自理能力很快得到了提高。

例如:

洗手歌

小朋友,来洗手,
卷起袖,淋湿手,
抹上肥皂搓呀搓,
清清水里洗呀洗,
再用毛巾擦一擦,
我的小手真干净。

穿毛衣

先套大洞洞,
再套中洞洞,
最后小手伸小洞。

翻衣服
小老鼠钻山洞，
钻出来咬一口，
啊呜一口拉出来。

穿裤子
两个裤脚像山洞，两个脚丫钻山洞，
左脚钻进左山洞，右脚钻进右山洞，
呜呜呜呜呜呜呜，两列火车出山洞。

2. 将童谣渗透于幼儿游戏中

游戏是幼儿最基本的活动形式，幼儿是在游戏中进行学习，为此，在幼儿园游戏活动中，我在幼儿小舞台里为幼儿提供表演童谣的头饰、服装道具等，孩子们在小舞台里可以自由表演自己喜欢的童谣。

3. 将童谣渗透于幼儿运动中

运动是幼儿非常喜欢的活动，运动既可以锻炼孩子的身体，又可以锻炼孩子的灵活性和敏捷性等，为此我们将一些童谣编制成一些运动小游戏，如上海话：《笃笃笃，买糖粥》：

笃笃笃，买糖粥，
三斤葡萄四斤壳。
吃你肉，还你壳。
张家老伯伯，抱来一只小花狗
汪汪……

还有《丢手绢》《我们都是木头人》等。平时老师还自己编一些童谣开展运动小游戏。

4. 将童谣渗透于幼儿教学中

A. 将数学与童谣巧妙结合起来，帮助幼儿理解数学概念

对于年幼的孩子来说掌握数概念要经历一个复杂而漫长的过程。我们

可以把童谣与数的教学相结合,因为有一些童谣能将数字巧妙地具体化,帮助幼儿理解。如童谣《数字歌》:1. 像铅笔细又长,2. 像小鸭水上游,3. 像耳朵会听话,4. 像小旗风中飘,5. 像鱼钩来钓鱼。通过童谣学习,幼儿能够根据童谣内容将数字化抽象为具体。童谣帮助儿童建立数字概念,培养幼儿逻辑思维能力,启发幼儿空间想象力。

B. 找寻童谣中鲜明的音乐性和节奏感,激发幼儿兴趣

童谣有自己独特的音乐和节奏,活泼的音乐可以激发孩子的学习兴趣。如,方言童谣《上海哎唔报菜名》。

(1) 节奏朗读一:

教师指导语:

* 老师这里有个节奏,谁能打出这个节奏吗?

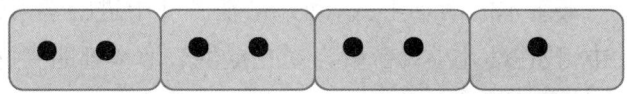

* 哪个小朋友能把《上海话报菜名》用这个节奏读出来?

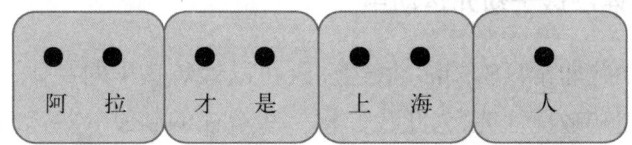

(2) 节奏朗读二:

教师指导语:

* 节奏有了新变化,瞧!这个节奏会打吗?

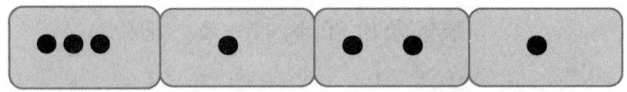

* 把儿歌放进去念念,感觉有什么不同。

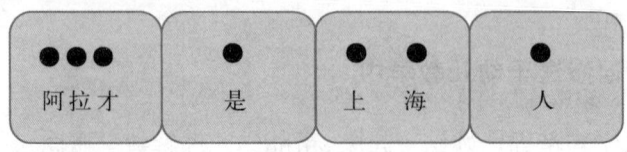

(3) 节奏朗读三:

教师指导语:

* 又要开始变节奏了,瞧!

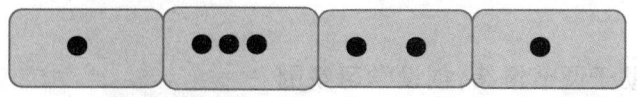

* 这下有没有难住你们呢?

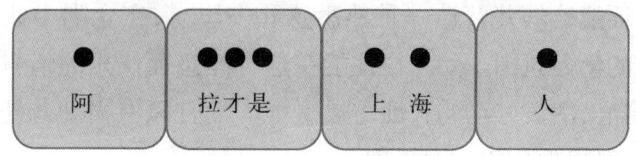

附:

上海方言《上海唉唔报菜名》

阿拉才是上海人,上海唉唔真好听。

菜场里巷兜一圈,各种菜名讲得清。

白菜叫做黄芽菜,玉米叫做珍珠米。

莴笋叫做香莴笋,土豆叫作洋山芋。

西红柿啊叫番茄,茄子茄子叫绿素。

还有叫乖好小菜,大家都来找一找。

不同的节奏使同一首儿歌充满新意,激发幼儿不断挑战自我和朗读的兴趣。

C. 丰富童谣内容和语言特色,让幼儿感受语言美

精彩的活动是儿童语言表达和审美能力提高的前提。现在的幼儿基本上都习惯讲普通话,有的对于家乡的方言并不了解,而很多童谣都具有地方色彩,其幽默、风趣的方言,容易吸引幼儿浓厚的学习兴趣。如上海方言版本的童谣《小八腊子开会了》《摇啊摇,摇到外婆桥》《笃笃笃,买糖粥》《小皮球》等。这样的语言活动能够让幼儿欣赏和感受民间童谣,体验民族语言之美。但在这样的活动中,教师创设情境应注重儿童的情感体验,不能要求幼儿只是刻板记忆。

近年来,上海机关建国幼儿园还通过快乐星期五的特色活动,开设了幼儿上海话童谣社团,让对上海童谣有兴趣的孩子自愿报名参加活动,进一步提高幼儿对童谣的兴趣。我们的努力,也得到了社区和专家们的支持。

三、开展幼儿童谣活动的体会

1. 有助于调节情绪,创设学习氛围

民间童谣中有大量展示日常生活情状和事物的内容,在幼儿园活动中应用民间童谣能给幼儿营造一种熟悉感和安慰感,在念唱中让幼儿感受到与生活联通的学习氛围。幼儿往往能在这样熟悉而快乐的情景下逐渐调节情绪,放松身心,活泼好动的天性得以宣泄。而且只有当幼儿处于情绪愉悦状态时,才能激发他们的学习兴趣。

2. 有助于激发兴趣,促进语言发展

童谣常常带有浓厚的地方色彩,诙谐幽默,音节和谐,形式简短,词句通常浅白而简练,里面有大量的拟声词、儿化音和重叠词,读来朗朗上口,符合幼儿的生理和心理特点,幼儿容易理解,在感受童谣情趣的基础上学习相应词汇,通过自己的方式表达、表现,在学习过程中不断汲取语言养分,使自己对语言的认知越来越丰富,从而为语言的运用打下坚实基础。而且幼儿在念唱民间童谣中根据它强烈的韵律自然而然地学习并体会到一种良好的语感,这对于将来的语言发展助益无穷。

3. 有助于伙伴合作,促进人际交往

童谣中有大量是游戏歌,需要和同伴边唱边游戏,甚至也需要一个群体一起合作参与活动才能展开。在日常活动中将这些民间童谣吸纳进来,整合进活动的方方面面,将增加幼儿和伙伴交往、互动的机会,使他们在合作活动和游戏开展中学会合作和协助。特别是民间童谣中含有诸多游戏规则,幼儿能在这样直白、鲜明、愉悦的游戏场景中自然而然地遵守,并学会和他人的合作、交往和互助,卓有成效地促进他们人际交往能力的提升。

4. 有助于传播传统文化,促进全面发展

民间童谣具有几千年传播历史,包含了丰富的历史底蕴和文化传统,并

且它具有歌戏互补的综合性特色。在幼儿园活动中吸收民间童谣做素材，能让传统文化瑰宝重新焕发生机，并获得合理的传承和发展。同时幼儿在接触和学习这些综合性文化元素过程中也能在身心愉悦的情境下，得到全面的锻炼和发展，从而促进幼儿的全方位发展和进步。

总之，童谣是儿童文学百花园里最为纯真的一朵，正以它无穷的魅力深深地吸引着每一个孩子，为孩子提供了一个感知生活、热爱生活、发展自我、培养情商的平台，让孩子们有了认识世界、认知环境以及对外交流的窗口。因此，在今后的童谣教学实践中，我将继续努力，让童谣成为幼儿生活及家庭互动的一部分。

(作者为上海机关建国幼儿园园长)

以新时代体育观践行马克思"人的全面发展"理想
——徐汇区第一中心小学成立"东方体育日报中队"

刘晓艳　黄海君

为纪念无产阶级的革命导师马克思诞辰200周年、领会马克思主义体育观和新时期全面健康的国家战略,东方体育日报社、徐汇区天平街道党工委、上海社会科学院文明办于2018年4月28日下午,在徐汇区第一中心小学举行全市首家"东方体育日报中队"(以下简称"东体中队")揭牌典礼。天平德育圈和街道团委这场筹备半年的活动,得到了徐汇区教育局的鼎力支持。经各方调研、推选和比较,徐汇区第一中心小学四年级三班红领巾中队,以体教结合成绩显著、家庭阅读《东方体育日报》意识强烈、课堂讨论体育议题热烈、学生课外探究运动项目历史兴趣浓厚等因素脱颖而出,获得冠名。

揭牌典礼和演讲,由天平德育圈主持人、天平街道党工委副书记李琼主持。徐汇区第一中心小学校长陆培贤女士致欢迎辞。她说:"在这春暖花开的美好时节,我们迎来了'东方体育日报中队'。我很荣幸地代表徐汇区第一中心小学的全体师生,热烈欢呼这一新生事物的诞生。我校成立于辛亥革命后的1912年。一百多年来,我校师生励精图治、报国为志。如今,我校作为天平德育圈的主力单位,积极发挥自身红色资源优势,有效推进核心价值观培育工程,也获得了一批有高质量的德育成果。同时根据新的发展形势,我校需要更多社会正能量的输入;东体中队的成立就是个富有创意的崭新探索,希望不久可以看到新的收获。少年强则中国强!我们都希望孩子们全面发展,其中体育是重要法宝。我校在橄榄球、排球、武术和健美操等具体运动项目上也不懈投入,并取得了积极成效。我认为,《东方体育日报》

的到来,将极大地拓展我校师生的观察视野和体育素养。我们将以东体中队为抓手,不断地促进学校体育工作迈上新的台阶。"

东体中队的红领巾中队长徐诚鸿同学在演讲中介绍:"今年5月5日是马克思诞辰200周年,我探寻了马克思主义体育观的相关信息,来和大家分享"。

徐诚鸿说:"马克思、恩格斯在解放人民的斗争中为社会主义事业作出了巨大的贡献,相同的,在体育方面,他们也同样有着独到的见解与思想,影响着后世的人们。马克思在马克思主义经典学说领域实践过程中,针对体育的发展问题,阐述了一系列基本思想,提出:体育发展是人的全面发展的重要组成部分,体育权是人权的一项基本内容,体育权的扩大意味着人权的进步,体育实践应该成为人类生活的一个基本组成部分。总的来说,马克思对于体育发展持肯定态度,并且针对发展提出的基本观点对于现世发展有着举足轻重的重要发展意义。"他还说:马克思、恩格斯提出的相关体育观点,有利于在现实社会主义社会下不断深化体育领域的发展,如敬爱的习近平主席也在第十三届全国运动会上指出,"要加快建设体育强国,弘扬中华体育精神、体育道德风尚",鼓励我国体育事业不断进步。

徐诚鸿还表示:"少年强则国强,我们是新时代的主人,把握着时代的脉搏。我们应当紧随潮流,顺应时代趋势,贯彻十九大的精神,顽强拼搏,吃苦耐劳,争做时代的弄潮儿。"随后,徐汇区第一中心小学的施文娟老师、沈树蕙同学和天平德育圈优秀志愿者代表、园林工程师管敏晖先生也都作了热情洋溢的讲话。

天平德育圈发起人、上海社会科学院王泠一博士在演讲中强调:"今年也是马克思、恩格斯的《共产党宣言》问世170周年。在祖国黎明前的漫漫长夜里,徐汇区第一中心小学的老校长韩慧如同志就曾九死一生地传递和传播《共产党宣言》的思想与理想。然而《共产党宣言》在中国最初传播的时代,中国人被诬蔑为'东亚病夫'。如今在中国共产党的领导下,中国已是体育大国,并正在迈向体育强国,全民健康战略轰轰烈烈地得以推行。就让我们跟随《东方体育日报》,去见证体育强国的历史征程、去见证体育让生活更美好。这是我们的光荣,也是我们的使命。"

典礼上,东体报记者刘晓艳和东体报资深读者钱林先生,还从陆培贤校长手中接过荣誉证书,被授予"东方体育日报中队"名誉辅导员的称号,将指导中队活动。

徐汇区教育局副局长于东航先生,代表区教育局向东体中队的成立表示热烈祝贺,还向一直以来关心、投身、支持徐汇教育的各界人士表示了衷心的感谢。他表示,中国梦中也包含少年梦,而身体健康、品德高尚是少年梦非常重要的组成部分。一直以来,一中心小学克服了场地小等不利因素,为学生提供了非常好的体育活动项目和平台,像橄榄球、健美操都非常出名。可以说,一中心的体育教育工作代表了天湖学区乃至徐汇基础教育在体教结合方面的发展高度。

应邀出席揭牌典礼的东体报总编杜旻表示,《东方体育日报》作为一家享有社会亲和力的新闻媒体,除了要做好报道,也要承担更多的社会责任。东体中队成立后,《东方体育日报》将加强和一中心小学、天平德育圈的合作,将自己的优势资源注入学校和社区,做好服务,履行社会责任。他还以自己的成长案例与在座的学生进行分享。他表示,自己从小就非常喜欢体育运动,体育运动也助他养成了好的性格和习惯,并帮助他成长。他指出,体育运动不仅仅是为了拿好成绩,更重要的是培养拼搏和不服输的体育精神。作为学校和家庭,除了要关注孩子的学习成绩外,也要关心他们的身体健康和德育教育,在这方面,体育运动能提供很好的帮助。杜旻表示,东方体育日报中队成立后,要派记者进行跟踪报道,挖掘故事。同时,也要把天平德育圈这个品牌向社会各界推广,将好的经验传播给更多的人。

(作者单位:东方体育日报社;徐汇区天平街道团委)

高安路第一小学举行全国首家新民周刊班挂牌仪式

余思易

在六一儿童节来临之际,徐汇区高安路第一小学四年级(6)班的孩子们迎来了一节别开生面的"阅读开班"课。说这节课之所以特别,是因为授课老师不同凡响:上海社科院王泠一博士;新民周刊杂志社社长兼总编刘琳以及副总编钱亦蕉和杨江三位资深媒体人;孩子们的大家长、上海市人大代表滕平校长;来自天平街道,心系孩子们德育发展的年轻德育人和社会各界精英组成的"课外辅导员"们。主持这堂课的,是正在负责上海各区、各行业志书编撰的市地方志办公室党组书记、主任洪民荣博士。如此教师团队,或许给大学生、研究生们上课也是绰绰有余,在此,他们却汇集在了小学的教室里。而孩子们阅读的书本也不同于往日孩童们的读物——包罗社会万象、民生百态的《新民周刊》被摆在了孩子们的课桌上。

课堂开课了,孩子们首先给洪博士戴上了红领巾。洪博士先一一为孩子们介绍了这些特别的"老师们"。洪博士在祝孩子们六一节快乐的同时,也赞扬了老师们的辛勤付出。洪博士表示,学校和媒体都承担着育人的责任,只不过学校是教书育人;媒体则是出版育人。而两者结合起来,想必能发挥出一加一大于二的作用,所以也应当感谢高一小学和《新民周刊》为孩子们提供了一个非常好的机会。

之后,孩子们的大朋友,新民周刊班的名誉班主任王泠一博士对小朋友们说出了有关新民周刊班的发展目标——多读书,提高思维能力和写作能力,更好地了解世界。王博士的话,不仅是对同学们的谆谆教导,同样道出了社会对初升的"小太阳"们的殷切期望。而阅读精品,仅仅是学习的第一步。王博士还鼓励孩子们在《新民周刊》的不同栏目里寻找自己感兴趣、有思考的内容,多和家长、老师们交流。在语言和思维碰撞中,小小读者们潜移默化地学习书刊,学习文化。但是,通过阅读,我们直接获得的仅仅是信息,这些信息中或许有些内容会成为知识,但这些信息同样也会被我们遗忘。这,还称不上是文化。文化,往往诞生于看似无关的元素之间的结合:水和谷物、觥筹交错间交流的结合酿造了酒文化;再遇上雄黄和清明,便成了新的文化。囫囵吞枣似地将所有的文字吞咽,又怎会产生文化呢?我们今天倡导孩子们阅读,是为了让他们将《新民周刊》中的新闻、信息和观点与自身的思考理解一同发酵出新文化,是为了让孩子们获得新的积极元素。

教育专家们通过实践和比较已经发现:在不同年龄段的读者中,《新民周刊》对于小学四年级的孩子们有着特殊的意义。四年级的孩子们刚刚接触作文没多久,正是需要素材的时候。孩子们的生活经历总是大体上相似的,这也让孩子们写出来的作文总是大同小异。阅读和素材无疑是作文的基础,而《新民周刊》的内容深入浅出,囊括了诸多社会热点、时事新闻,正是一本阅读材料的"百科全书"。而让孩子们阅读《新民周刊》,也是许多关爱孩子们成长的热心人士所做出的积极尝试。为此,上海社科院文明办等各方,已经为新民周刊班的相关事宜筹备许久。

从1998年试刊开始,《新民周刊》已经走过了20年的发展之路而深受欢迎。值得一提的是:14年来,复旦大学国际文化交流学院留学生之间盛行阅读新民周刊之风,成就了课程"新民周刊导读"的佳话。留学生们常说,他们通过《新民周刊》了解到了一个无限可能的中国。同样,我们相信高一小学的孩子们也能通过《新民周刊》了解一个丰富多彩的世界。而在阅读的过程中,他们也有着诸多"课外辅导员"的陪伴,这些来自社会各界的辅导员为孩子们创造了一个与各行各业的精英、长辈们交流研讨的机会。这些来自五湖四海、各行各业的长辈们会成为孩子们将知识转变为文化的催化剂,亦会是孩子们阅读、理解时的指路明灯。

在王博士为孩子们阐述了对新民周刊班的期望之后,新民周刊班举行了揭牌仪式。学校分别邀请徐汇区委政策研究室主任张健慈、上海环境物流有限公司高级工程师黄长缨、《新民周刊》的副总编钱亦蕉和杨江为新民周刊班揭牌。之后,高一小学的校领导滕平校长、朱海燕书记和宋霞峰副校长,分别为刘琳总编、洪民荣博士授予七彩发展战略顾问证书;为课外辅导员黄长缨、黄海君、赵国明、管敏晖授予课外辅导员证书;为王泠一博士、《新民周刊》编辑金姬授予名誉班主任证书。确定了名誉班主任、辅导员和顾问之后,新民周刊班这一新生集体正式宣告成立。

两位高一小学的同学杨承龄和翁黏懋分别在仪式上演讲,为他们的同学、老师们分别介绍了高安路第一小学校长滕平的教育理念和《新民周刊》这本新闻刊物。

即将毕业的五年级杨承龄同学对滕平校长的教育理念做了深入研究:她将滕校长的教育理念总结为两个字:留白。育人要留白;育师,同样要留白。中国传统书画艺术中无物胜有物的境界,成了对滕平校长教育理念最好的总结。于家长,学会放手留出孩子们兴趣的空间并正确引导;于教师,合作共享留出足够的空间让每位老师发挥自身的潜能和智慧;于学生,则是培养、鼓励他们寻找自身的兴趣,让他们在自由的环境中不断学习和探索。滕平校长这样谈留白:"教育,只有符合孩子的身心发展规律,才是最好的教育。我们要给孩子留白,而不是补白,学会放手,给孩子一片天空,让学生不断发现自己的精彩。"而高安路第一小学丰富多彩的活动和各项课程则给予了孩子们充分发挥的机会——由不同学科的老师带领孩子们进行不同的社会考察,走访各类展馆;由不同领域的老师设计多样化的综合实践课程,研究出新的教学模式;由不同方面的活动吸引孩子们在参与的过程中寓教于乐,全面发展。而孩子们也在留出的空白上画出了七彩的童年:学校的布谷鸟合唱团屡获佳绩;以校友名字命名的小姚明篮球队捷报频传……

而《新民周刊》的忠实读者滕平校长仍未满足于眼前的成就。"如果孩子们在成长中遇到困难,在高一小学没有幸福、快乐的成长,我作为校长就需要继续努力。"学校仍在丰富教育方式的路上砥砺前行,如联络各方资源创立新民周刊班;让孩子们走出校园与复旦校友共剪纸;设立乐高、英语戏剧等与时俱进的新课程。而学生在独立思考、完成这些"未来课堂"课程的过程中锻炼了思维、想象和创造能力,为他们进一步学习、认知世界打下了扎实的基础。或许对于孩子们来说,新民周刊班的设立是他们课堂的衍生,是学校教育的又一新尝试,或许孩子们会感到习以为常。然而在阅读的同时,学习刊物上的知识、信息,培养阅读的兴趣,养成思考、钻研的习惯,训练自身的思维和能力……诸多超越了课堂的积极改变,将在阅读之际润物无声地帮助孩子们茁壮成长,甚至令他们受益终生。

而四年级6班与《新民周刊》的渊源,则来源于班级中热爱《新民周刊》的翁黏懋同学。在小翁同学眼中,《新民周刊》是"有温度的城市心灵港湾"。他是在二年级暑假里开始喜爱《新民周刊》的,并执着地向同学们不断推荐周刊上刊登的佳作。不久前,小翁同学幸运地获得了参观新民周刊杂志社的机会。细心的小翁同学记下了《新民周刊》发展的历史,为同学们讲述了1998年创刊以来的发展,也简单地介绍了几位在场的资深媒体人。在小翁同学眼中的《新民周刊》又是怎样的呢?朱国顺先生波澜老成的文眼;荣誉室内的累累硕果;每期周刊抓人眼球的标题和封面;窗明几净的办公区域……红领巾小翁同学口中的,似乎并不是什么感人至深的故事,抑或是跌宕起伏的发家史,但却是新闻人的日常,是创刊20年来不变的操守和坚持。或许,是新闻人让孩子感到了温暖,在字里行间中读到了这座城市的温度吧。

而教室里的气氛,在刘琳总编致辞时升至高潮。刘总编在致辞中询问了新民周刊班同学们的理想:如成为画家、程序员、篮球运动员、媒体记者,甚至是美国总统——这是许多孩子给出的回答,而更多的孩子则是在默然思考。或许,对于10岁左右年纪的大多数孩子来说,谈理想或许为时略早。毕竟,"你的理想是什么"这个问题的答案,或许就出现在明天,又或许会需要一生的时间来解答。

许多新闻人总是会提到一个词:"新闻理想"。新闻理想又是什么?或许很难相信,无数新闻人的理想是坚守,是时常通宵赶稿,是无法按时用餐,是随时随地保持着敏感,不断准备跑新闻——似乎记者并不是一个安定的工作。而刘琳总编在和孩子们的诉说中认为,这正是记者行业的魅力所在:"去别人去不了的地方,见别人见不了的人,经历别人经历不了的事情。一个记者的一辈子常常能见证普通人的几辈子的故事。"这样的魅力,无疑是吸引无数年轻人选择这一行业无怨无悔的原因之一,但更重要的,是对文字力量的信仰,是对社会道义的担当。确实,人类社会不断进步的各个阶梯上,道义的担当总是需要文字来记录的。

"我们相信文字的力量是强大的,我们用文字记录这个时代,我们相信自己能为社会尽绵薄之力,就像萤火虫的光芒,虽然微弱,却也是光。我们因为这份职业,比别人能幸会有智慧的头脑。在一个个新闻当中直接感受温暖或者残酷,作家说过,世界上最伟大的事情一件是传播,一件是记录,记者可以同时做这两件事情。"这是刘琳总编对新闻理想的深情解读。时代总是在前行,每一位忠诚于事业的记者对新闻理想的解读总是不一样又不离其宗的。如老一代新闻人邵飘萍追求"铁肩担道义,妙手著文章";而范长江认为:"一个记者,如果能为一个伟大的理想工作,那就是值得鞠躬尽瘁、死而后已的。"而当今社会,同样有着万千新闻人用行动演绎着自身的新闻理想。"文字记录时代"或许是对记者行业的总概括;而阅读这些记录的孩子们,不知不觉中将接过时代的旗帜,继续前行。

似乎要求这些四年级孩子们去读懂理想有些过于苛刻;而毫无疑问,《新民周刊》中的许多深度内容对孩子们将是一个挑战。然而同学正少年,也非急于读懂《新民周刊》的一切,他们的人生才刚刚开始,时间之于他们是充足的。但有一点似乎不难理解:越早接触周刊内容,养成阅读的习惯,越是令孩子一生受益。正如洪民荣博士所言:"高一小学是名校,《新民周刊》是名刊,两相结合,一定能形成一个名牌,形成一个知识的名牌,教育的名牌。"时代在进步,从前报纸刊物是作为少数群体的读书人的专利,如今却飞入寻常百姓家;而今天,新民周刊班的成立将阅读摆上了孩子们的课堂,谁又说得好孩子们会给我们带来怎样的惊喜呢?

(作者为高一小学校友、美国爱荷华大学留学生)

党建引领 育德育心
——南洋中学党的建设成果初探

杨承龄

上海市南洋中学是国人自主创办的第一所新式中学堂、老牌的重点中学，文化底蕴深厚。学校一直坚守"知行并进，为己积福、为家增光、为国桢为天下肇和平"的育人思想，恪守"俭朴、好学、自主、求实"的校训，继承"爱国荣校、科教救国、依法治校、人文和谐"的办学传统。在新的历史时期，南洋中学挖掘百年历史，传承红色基因，以党建引领学校建设、学生教育，取得了丰硕成果。

一、百年南洋的爱国情愫一以贯之

1. 南洋中学之百年历史

辛亥革命推翻了传统的君主专制制度，传播了民主共和的新理念，推动了中华民族的思想解放，一大批爱国教育家应运而生，其中蔡元培和王培孙就是教育救国的杰出代表。1897年，王培孙就读于南洋公学（现今的交通大学）师范院，1900年，他接办叔父王维泰创设的育材书塾（南洋中学的前身），担任堂长、校长，提倡新学。第二年，蔡元培作为南洋公学的总教习，和王培孙一起，以南洋中学为阵地，带领学生走上了教育救国的道路。南洋中学不同于以往的教会学校和私塾，它的创立没有信仰上的被迫选择和捆绑，它在建立之初就设立了班级授课制和学校章程，并制定了校长、老师、学生的职业准责。南洋中学从创办之日起，就带着炙热的爱国情愫。

在南洋的校友中有近代卓越的外交家顾维钧、"亚洲摄影之父"郎静山、文学泰斗巴金等名家,有23位中外院士、40余位高校校长,大思想家胡适先生也与南洋中学的渊源颇深,与他同批"放洋"的70人中,曾经在南洋中学就读的有11人之多。1928年4月22日,胡适在南洋中学开讲《中国的几个基本问题》,提出"照照镜子,照出我们自己的百不如人……叫我们生一点羡慕,起一点惭愧……";国父孙中山先生当年也曾在南洋中学演讲劝剪辫,他讲打倒满清、宣传革命。

2. 南洋中学之文脉传承

建校伊始,老校长王培孙就致力于新式学校的建设,建校第二年的1897年,学校就将章程公告在《知新报》上,广泛招生并诏告世人,人文和谐、法治办学。在南洋中学新校园里,每个角落、每个景点都有着深切的意义,一草一木都倾注了南洋情、南洋景,体现了南洋特色的历史文脉,也是设境导学的一部分。

南洋中学党委书记陈宏观的核心理念是:设境导学、坚持环境育人的价值,校园的一草一木,一墙一窗都有一个精彩的"中国故事"。"最初的设计图只是几幢横平竖直的教学楼,几易其稿,才最终让校园的每个角落都会说话"。改扩建后教学区的三栋建筑与校门中轴对称,形成"中"字形,寓意"中不偏,庸不易"的中庸之道;生活区的宿舍楼呈"人"字形,寓意以人为本、立德树人;历史风貌保护区的"南中博物馆"呈"品"字形,寓意品格风骨、品行为人;老校长王培孙铜像和22位院士校友的画像则体现了南洋人对教育事业的孜孜追求;校园西北角的先驱园寓意爱国情节、革命精神薪火相传;百年碑廊令人抚今追昔,以碑为鉴,不忘爱国荣校。从这个角度来看,陈书记不愧是灵魂工程师。

不仅文脉凸显,科技景点同样可圈可点,"鸟语花香"、声控音乐水车、荷塘景点、风能太阳能电站、雨水废水蓄水灌溉池、共鸣装置、生态暖棚等40余项景点,涉及新能源、环保、生物发酵技术等方面,不仅具有科学性、新颖性、可观赏性,而且可参与、可研究,不仅是科技成果的展示,也是实实在在能教学、能使用的科技设备,促使学生"动手实验",加深了学生对科学知识的思考和理解。

3. 南洋中学之文化积淀

1912—1926年间,学校就建成了因藏书丰富而闻名遐迩的南洋图书馆,建成了设有理化生实验室、阶梯教室的科学馆,专为学生实习、实验之用,科学馆的规模和设备在那时的中学里已经极为罕见了。当时学校理科教学中的"实验教学""实习教学"已享誉沪上,而如今学校倡导的科技教育、心理健康教育和足球运动等特色项目在全市享有盛誉。

二、党建引领学校建设

1. 红色基因已经融入南洋血脉

上海市南洋中学建校历史悠久,革命意识浓厚。1911年,辛亥革命爆发,许多就读于南洋中学的学生,投身革命行动,成为真正的革命战士。朱少屏、王兆澄、钱立华、林一青、张耀先、俞昌准、熊达人、沈传智、严庚初、童桂华被称为"南洋十烈士",他们是救亡图存、为国桢干的杰出学生代表,现在南洋中学高一学生每年都会去南京雨花台祭奠英烈。在1941年9月学校就成立了中国共产党的地下党支部,至1949年5月上海解放,共有72名党员建立了进步组织"学艺社",为中华人民共和国的成立贡献了力量。现在,师生们去龙华烈士陵园,在"五四"运动99周年、共产主义青年团建团96周年之际,探访共青团主要发源地渔阳里团中央机关旧址,举行佩戴团徽仪式等,都是缅怀历史,不忘先烈,践行社会主义核心价值观,传承革命精神的具体事例。

2. 党的建设引领新时期学校发展

在党委书记陈宏观老师的眼中,党组织是一个学校的精神灵魂。如果说学校的显性指标是校长来把握的,那么隐形指标一定是党组织来把握的,比如推动改革、制度建设、组织建设、校园文化、德育工作等,书记有责任意识,党建就能无处不在。

在党建理论建设和实践方面,南洋中学积极探索"党建双覆盖、共建双联动、团建双行动"的理论。"党建双覆盖"即基层党组织在年级组和学科组纵横双向覆盖的组织设置。包括在教师中发挥先锋模范作用,在年级组里发挥骨干作用,在学科组里发挥学科优势;"共建双联动"则是团结学校的民主党派,建统一战线;"团建双行动"指的是一方面团支部的活动,另一方面团员带动学生参与的志愿活动。学生代表大会就是学生团建工作的成功范例。南洋中学的学代会每年举办一次,学代会讨论通过提案,经过学校讨论后采纳合理建议实施。

在党建双覆盖的带动下,学校学科党小组根据各自学科特点,深入开展项目研究、岗位业务学习和教学研讨,推动了教研组内教师专业发展。在双语教学、创新试验、教学分析、学习共同体建设、竞赛指导、校本教研、校本课程、课件制作、学科网站和党员博客建设等课题和项目上取得一定的突破。

3. 著书立说填补中学党建空白

南洋中学党委长期以来十分注重党建工作的实效性,在持之以恒的不断探索中总结党建工作的实践成果和亮点,近 5 年,南洋中学先后和商务印书馆、上海人民出版社、复旦大学出版社、华东师范大学出版社、学林出版社合作出版育德类书籍五套六册。

例如,南洋中学编辑出版了《设境体验知行并进——中学心育实务 ABC》,从中学党建心育发展特色、心育融合实践、心育支撑体系等方面,展示了南洋中学心育建设方面的成果,提炼了现代学校开展心理健康教育的四个基本规律:根植中国文化,打下心育工作牢固根基;尊重发展规律,提升心育工作科学水平;各类教育融合,促进心育工作发展;校园社会结合,构建心育工作平台。此成果得到有关方面高度肯定。2018 年 7 月 11 日的《东方教育时报》,用整个版面详细介绍了《中学心育实务 ABC》一书。

而《勿忘风雨》一书是在南洋中学的红色历史背景下,由学校组织老师、校友们编写的一部人物志作品,书中记录了南洋中学 66 位校友的爱国故事,让学生在文字的海洋里与这些学长们隔空对话,把历史上真实、生动的故事记录下来,再与习近平总书记提出的社会主义核心价值观相结合,把社会主义核心价值观的 24 个字的内涵落小落细落实,真情实感,有血有肉。在师生一致努力下,学校德育心育教育受到广泛关注,2017 年学校德育案例被教育部评为全国中小学德育工作优秀案例,引起社会的广泛关注。自2017年来,仅新华社上海要闻就曾3次报道学校育人工作,总点击量超过127万次。

三、党建引领初高中一体化教育取得丰硕成果

南洋中学的创始人王培孙是我国近代著名的爱国教育家,他东渡日本考察教育,立志以"教育救国"为夙愿,在他主持南洋中学的数十年中,做到了几个坚持:坚持"独立务实"的治校精神,不矜才使气,不为名利虚荣所转移;坚持"爱校护校"的真切情怀,宁愿清苦自奉,节衣缩食以助学;坚持"身敦力行"的育人思想,广延良师,厚植基础,学以致用,注重学生德智体全面发展。这些百年前的教育理念在21世纪的今天得到了更好地完善和发展。

1. 初高中一体化形成综合优势

2014年,作为徐汇区"十二五"的重要项目,南洋中学初高中一体化实施,实现多维共享,一体双赢。

一体化是管理上的一体化,人、才、物管理上的一体;双赢是灵活运用文件和规则开展工作。南洋中学在办学思想、招生、学校规划、奖项评审、教师招聘、职称申报、整体改扩建、重大活动、学校制度建设、教师队伍建设、教学常规管理、特色共建、学生德育工作等方面统一行动。具体来说:全面实施五个统一,即办学思想统一、人事管理统一、办学特色统一、管理机制统一和两校行动统一;四个加强,即加强两校领导班子的整体意识、加强对南洋初级中学教育教学督导、加强对教师的校本培训以促进教师专业发展、加强教育资源共享以利于提高学生素质;三个系列,即办学特色成系列、教育内容成系列、学生培养目标成系列;两个支持,即特色班招生与初高中生源衔接和特色项目招生政策支持。

依托南洋一体化管理优势,南洋初中不仅于2015年创建成为徐汇区第二批新优质项目学校,更获得全国首批体育工作示范学校、全国青少年校园足球特色学校、上海市航空科技教育示范校、上海市安全文明校园等诸多称号。《上海教育》4月刊,用3个版面报道了题为《南洋初中:初高中一体化

下的优质之路》的评论文章，从科技教育、教师培养、一体双赢三个方面，详述了在实现一体化之后的南洋中学的优势。

2. 科技和创新形成独特校园文化氛围

一直以来，科技教育是南洋高中的品牌，而环保科技也是南洋初中的传统特色。南洋一体化管理后，南洋初中以"融合课程的航空航天特色教育建设"项目为突破，整合初高中科技师资力量，利用社会资源，开设以航空航天特色为主线的拓展课和微课程，从而在进一步统整原有的"语言类、学科类、技能类、艺体类"课程的基础上，重构以"科学与技术""体育与艺术""人文与科学素养""国际合作与交流""校园社团"为模块分类的课程框架，以学生科技素养和创新能力培养为目标形成"三个突破"：一是教育空间的突破。校本课程的实施充分利用社会资源采取"走出去"的策略，在校外航宇科普中心和国家科技创业孵化中心"火柴人科创基地"以及上海市航海博物馆都有南洋初中师生的身影。二是上课人员的突破。拓展课程不仅有学校教师授课，还外请包括南洋高中的教师、航空航天系统的专家、科创公司的社会精英等。三是教研组结合学科特点，编写具备航空航天或科技素养为主线的校本教材，并以专题讲座的形式在校内授课。紧紧围绕科技教育，南洋初中进一步形成了颇具特色的德育和校园主题活动，比如展开的"育太空种子，美化南洋校园，做有责任的人"德育系列活动、"拥抱梦想，飞向太空"科技节及"放飞科技梦想，点燃智慧火花"科技英语节都获得学生欢迎，校园里也形成了具有科技特色的校园文化氛围。

3. 传承体育文化形成南洋百年之特色

南洋中学素来注重体育教育，以矫文弱之弊，且素有成效。南洋先辈的早期探索尤其值得后人尊敬，如早在1921年南洋中学体育会就得以成立，翌年组建足球队，从最初的五六人亦无专门教练，经过勤习苦练、延聘名师指导，水平飞速提高，曾多次击败上海第一商业学校、江苏省立第二师范学校，战平沪上圣约翰附中。当时，球队中张邦纶、韩龙海、万象华、曹秋亭等名将云集，一时名声大震。经过近百年的孕育、熏陶和积淀，如今足球和体育特色早已成为南洋中学的一部分。在上海青少年校园中，南洋初、高中球操类项目一直属于一流强队,且在历年市区体育联赛和专项比赛中多次取得好成绩,桥牌特色也是名声在外。如南洋中学足球队获得了2018徐汇区中小学校园足球联盟杯赛初中组、高中组冠军;南洋高中在"2018全国百城千县万乡全民棋牌推广工程"全国桥牌通信系列赛中获得第一名,南洋初中获得第二名;2018年徐汇区阳光体育大联赛校园啦啦操比赛,南洋初中健美操队荣获初中组一等奖;而在同时进行的阳光体育大联赛中学生足球比赛中,南洋初中足球队获得联盟组冠军;在6月的2018全国全民健身舞蹈大赛暨"解放日报杯"上海市学生健身操舞大赛中,南洋中学的"青春梦炫健美操队"用动感炫丽、活力四射的舞步,秀出了青春与时尚,获得大赛初中组一等奖。看看南洋学子的矫健身影,如果用先贤梁启超先生的话来形容,那就是"少年强则中国强"啊!他如果能够感知,也一定会为南洋喝彩的。

享受到优质教育是一种快乐,能够在家门口享受到优质教育则是满满的幸福,百年南洋中学是中国人自主图强的缩影,这些成绩靠的正是常年不懈的坚持,是一代代南洋人的传承,百年名校,必有其文化之精髓。就读于南洋中学是个人也是家庭的喜事,我想,自己作为一名南洋人,更应该向南洋中学的学长以及校友们学习,更好地把南洋精神传承下去,做一名对国家有用的、真正的南洋人。

(作者单位:上海市南洋中学,原高安路第一小学)

天平德育圈集会
隆重纪念马克思诞辰二百周年

王泠一

2018年4月23日,徐汇区天平街道党工委、上海社科院文明办、南洋模范初级中学联合举办"天平德育圈纪念马克思诞辰200周年座谈会"。会议得到了徐汇区相关学校的积极响应,高一小学、向阳小学、徐汇区第一中心小学和徐汇中学的红领巾们,代表各自学校做了精彩的演讲以及合唱演出。会议由天平街道团委具体承办,这是继去年红领巾们集体收看十九大开幕式后的又一重点安排。

天平街道党工委副书记、天平德育圈主持人李琼同志主持了会议。英语老师、南模初中许晓芳校长在欢迎辞中指出:"马克思有很多名言,对我来说启迪最深的就是'外国语是人生斗争的一门武器'。这门武器,还是我们党和人民争取民族独立、国家自由的不二法宝。这几天的朋友圈里,都在流传叙利亚驻联合国代表用英语控诉美、英、法对其国家首都大马士革无耻轰炸的图文和视频。有评论说,叙利亚的今天就是我们国家的昨天。99年前,南洋中学的杰出校友顾维钧在巴黎和会上,用法语控诉日本帝国主义的侵略,要求收回山东。虽然当时的中国代表团赢得了同情但并没有收回在山东的主权,后来就爆发了五四运动。"

她明确向红领巾们说明:"五四运动,为中国共产党的成立做好了思想上和组织上的准备。其中,思想上的准备就是以上海、北京为基地的马克思主义的传播。在上海,陈望道先生翻译了《共产党宣言》。今年也是《共产党宣言》出版170周年,完成这部不朽篇章时,马克思才30岁;后来他又撰写了《资本论》三卷本、《德意志意识形态》等光辉巨著。马克思主义和列宁主义,就是世界被压迫民族的指路明灯。中国共产党人一贯强调,把马克思列宁主义的普遍原理和中国的具体实际相结合。如今,我们拥有了习近平新时代中国特色社会主义思想。习总书记的著作已被翻译成世界各主要语种的文字,受到了世界各国人民的广泛拥护。"所以,许晓芳校长还提议:"天平德育圈,应该进一步推动习近平新时代中国特色社会主义思想和十九大精神的传播。"她的提议,得到了热烈的响应。

一直注重红色基因传承的机关建国幼儿园张敏薇园长在听取了孩子们的演讲之后,在点评中深情地说:"今天十分欣慰地看到了3位机关建国幼儿园的校友——杨承龄同学演讲自己调研的南洋中学党建特色,徐诚鸿同学讲述他的中队寻访新四军旧址和在旧址发生过的革命故事;王悦灵同学参加了天平德育圈主题歌的演唱,她还参加了向阳小学的鲁迅兴趣小组。这说明,我们的红色基因教育是有效的。今天,我们纪念无产阶级的伟大导师马克思诞辰200周年,也是把这项工作很有效地推进一步。希望同学们像我们一样永远跟着党走,今天在天平德育圈、在徐汇教育的土壤上努力成长努力追梦,来年在新时代报效伟大的祖国。"

一贯注重理论素养的市人大代表、天平街道党工委书记高路,在最后总结中说:"今天我们在南模初中隆重纪念无产阶级的革命导师马克思诞辰200周年,我觉得意义非凡。这是天平德育圈的大事,刚才同学们的演讲都很精彩,让我感觉到少年强中国就强,相信你们在今后的学习生涯中,还会接受更多的马克思主义教育。刚才还很高兴地见证:天平街道团委和上海市第八人民医院团委结成精神文明伙伴关系。希望两家团委今后能够发挥各自的优势,更好地为群众服务。"

高路书记还谈了自己的体会。她说:"天平社区是一块具有浓厚红色基因的热土。很多革命战争年代的杰出共产党人,他们当然是坚定的马克思主义者和共产主义战士,他们曾经生活或者工作在天平社区。如南模中学第一任地下党书记夏禹龙同志,就是突出的代表。他晚年还一直在研究马克思主义的中国化。因为马克思主义不是僵化的教条,是发展着的活的灵魂。"她还强调:"随着党的十九大的胜利召开,中国特色社会主义已经进入新时代。我们需要更加精确地学习、深入地掌握习近平新时代中国特色社会主义思想,这是我们事业成败的基础,也是我们全体共产党员、共青团员和少先队员精神上的钙。我相信,在习近平思想的指引下,天平社区一定会像党领导下的其他地区一样，不断从胜利走向胜利。"

关于文化自信，高路书记很自豪地告诉大家并提议："天平社区不仅文化资源深厚，而且我们还有文化自信的底蕴。有不少工作已经形成了可以代表徐汇的发展亮点。如，我们有名家坊、我们有创邑邻里汇、我们有京剧传习所、我们有天平德育圈……天平德育圈成立5年来，得到了各个学校的积极响应和各位校长的大力支持，我代表天平街道党工委、办事处深表感谢！5年来，德育圈各学校取得了一批丰硕成果，今天纪念马克思诞辰200周年的会议就是一个很好的展示。今年，还是改革开放40周年；明年，更是中华人民共和国成立和上海解放70周年，因此，提议孩子们今后在假期里进行必要的调研。"最后，高路书记感谢天平街道党工委，同时也是徐汇教育党工委的老领导王纪远书记。因为他经常鼓励大家把马克思主义的普遍原理和发展中的实际工作相结合，并从中吸取精神养料和思想力量；他也经常鼓励大家办好天平德育圈，并总是期待天平德育圈的最新成果。

我在会上也对红领巾和与会者们做了回顾性的介绍。我告诉大家：徐汇区以前叫常熟区；我们集会的南模初中原来则是南模高中，也被南模学子公认为其母校的发源地。这个地方就是如今的天平社区当年的马克思主义传播阵地，南模地下党支部也是当年常熟区党组织的骨干力量，是黎明前捍卫革命真理的红色堡垒。值得铭记的是：南模地下党支部的第一任书记，恰巧是上海社会科学院的老领导夏禹龙研究员，他后来成为全党著名的马克思主义专家，并很早就提出了马克思主义中国化的课题研究任务，他自己也在全国率先研究邓小平理论。我曾经在10年前的五四青年节陪伴夏老前来这里，给团员高中生们讲过理想信念和南模革命斗争的话题。现在他去马克思那里报到了，所以，集会也是对他最好的告慰。

(作者为本书主编、天平德育圈发起人、
上海社会科学院上海国际经济交流中心研究员)

文明观察篇

文明初案論

梦的共振：从芝麻开门到"一带一路"

金 姬 王泠一

现在中国60后和70后的童年，是电视都未普及的年代。那时中学的图书馆里都有一个流转率极高的多卷本——《一千零一夜》，那是阿拉伯文明献给世界的神话"天方夜谭"。其中，经过惊涛骇浪在海湾避风港隐秘山洞前、打开财富之门的密语，就是神一般的"芝麻开门"！神话中凭此密语打开财富之门并且获得人生幸福的勇士叫阿里巴巴。无论遇到什么困难，哪怕是战争还是海盗，阿里巴巴都充满着智慧、乐观和无畏的勇气。有意思的是，改革开放之初的魔都曾经流行一首吉他伴奏的歌谣——《阿里巴巴是个快乐的青年》。再后来，一个叫马云的快乐青年所办的公司名号就叫"阿里巴巴"。当然，勇气是起跑线上的英姿，打开财富之门的关键还在于掌握"芝麻开门"这样的密语。在中国梦的新时代，同样做着中东梦的阿拉伯智库精英们把新密语理解为"一带一路"。下面，我们就来看看中阿智库精英关于梦的共振吧。

一、智库之约

2018年新年第二个周末的魔都，记者所遇见这场东方色彩浓郁的头脑风暴要远远精彩于任何沙漠风暴。而这场主题聚焦"一带一路：中国与中东合作的新机遇"论坛，由国家高端智库上海社会科学院和国际顶级智库布鲁金斯学会多哈中心联合举办。对中国以及上海的各大高校来说，布鲁金斯学会都是口碑很好的学术合作伙伴。布鲁金斯学会创建于1916年，由1916年成立的政治研究所、1922年成立的经济研究所和1924年成立的罗伯特·布鲁金斯经济政治研究学院合并而成,取名于学会成立时的理事会副主席、圣路易斯市企业家、华盛顿大学董事会主席罗伯特·布鲁金斯。1986年,上海社科院开始同布鲁金斯学会交往。

从历史上看,它对每一届美国新政府都会提出国际局势分析报告,尤其对民主党政府影响巨大,甚至有36位资深研究员先后在奥巴马政府中任职。布鲁金斯学会同时在国会进行院外活动,向国会施加影响,如近期质疑特朗普突然单方面调整耶路撒冷地位。2005年,布鲁金斯学会顺应全球化趋势制定其新的战略:发展成为全球性智库。为此,于2006年分别在卡塔尔和北京建立了布鲁金斯多哈中东中心和清华桑顿中国中心,2012年又在印度新德里建立了印度中心。这些海外中心的成立使研究人员更加广泛,使学会的研究领域和研究推进的国际化程度更加深入。

而此番在上海社会科学院举行的"一带一路:中国与中东合作的新机遇"论坛,涉及中东研判的智库阵容就极为强大。如由上海社科院西亚北非研究中心和国际丝路学院具体邀请的重量级国际嘉宾就有布鲁金斯学会多哈中心主任塔力克·尤素福、约旦前能源部长易卜拉欣·赛福、世界银行北非经济研究局局长(原突尼斯央行行长)穆斯塔法·纳布利、黎巴嫩前经济与工业部部长纳赛尔·赛义迪、新加坡国立大学中东研究所所长何安胜等。而中方出席论坛的重量级嘉宾有外交部原副部长、中国中东学会名誉会长杨福昌,中国社科院西亚非洲研究所前所长、中国中东学会会长杨光,国家开发银行研究院副院长黄子恒,清华大学国家发展战略研究所教授丁一凡,上海社科院党委书记于信汇教授等东道主的智囊们。

这些高端智库人员不仅履历丰富、和政府联系密切,而且穿梭于中东各国,掌握彼此诉求,更主要的是具有和平与发展的使命感,愿意一起来缔结共同的梦想。

二、梦想之源

根据新加坡国立大学中东研究所所长何安胜的研究,中国沿海与中东阿拉伯世界的航海贸易从元朝就开始了,那个时候美国还没有诞生。他的研究心得显示泉州就是历史上中国的海上丝绸之路窗口,它把中国和其他国家联系在一起。当时有很多穆斯林商人,他们把从商特性,包括东南亚国家做生意的方式融合在泉州这个地方,今天这个身影依然尤存。除此之外,海事博物馆有很多当年穆斯林留下的墓碑。1978年,中国重新回到全球贸易怀抱,在邓小平的倡议下,泉州也是中国大陆第一个通向国外贸易的窗口和门户。何安胜,这位在阿拉伯世界享有极高声誉的著名学者还认为,泉州穆斯林的存在对于中国来说是长期可续签的资产,可以继续让它成为"一带一路"的重要资产。如今阿拉伯的冶炼炼油者已在泉州常驻,历史在不断重演!从这个角度看,泉州既是中国的,也是阿拉伯的。

  历史很丰满,现实的挑战依然严峻。2011年,西方偏执狂式鼓捣出来的所谓"阿拉伯之春",其恶果就像潘多拉之盒释放的魔鬼一样挥之不去。就在上海社科院论坛的前夕,突尼斯再度爆发大规模的街头抗议冲突,警方逮捕了1000多名有暴力冲击行为的青年抗议者。说到底,还是西方口头承诺的投资和援助全部落空,失业率和基本物价连续多年居高不下,政府财政开支日益紧张、短缺。在这个当年"阿拉伯之春"的首发之地,因为缺乏公共产业和私人投资,公务员成了最好的就业岗位。目前,突尼斯各类公务员人数高达400多万,占就业总人口的20%,其工资总额占国家财政支出的比例也高达14%。可是,只有1000多万人口的突尼斯,哪需要这么多公务员呢?而非公务员的就业者,平均每月工资为120美元,养家糊口是十分艰难的事情。但就是这样,突尼斯人仍然有梦想!

  论坛上,穆斯塔法·纳布利甚至如此表白:关于这个白日梦的问题,今天就是如何对中东做梦,为什么我们在充满噩耗、梦魇一片的中东还有做梦的权利?这是我们想要期许的。为了在噩梦当中苏醒,必须有所希望并注入人间。怎么创造一个新的希望?只有提供一个另外可行的道路才会给人们新的希望,这就是为什么人们在追寻着这一点。虽然说起来容易,但做起来并不是特别简单。所以必须要德高志远、勇于做梦,才能有向前的勇气,这就是中国领导人提倡的"一带一路",这也就是我们中东人对接中国的梦,把这个梦做大做强,就能让这个梦想照进现实。

三、王健之问

上海社科院西亚北非研究中心主任王健研究员,也是历史所的负责人,他曾经多次到中东和地中海国家实地考察,对于中国和阿拉伯世界的贸易往来和文化交流的历史了如指掌。但在论坛上,他提出了这样的宏观问题:中国和阿拉伯国家在2013年贸易是2 400亿美元,当时提出一个计划,10年以后达到6 000亿美元;事实上到2014年,确实达到了2 500亿美元。但是到2016年由于石油价格下降,中阿之间的贸易降到1 700亿美元。即中阿之间,能源贸易占了非常大的比重,而一旦油价下降,贸易总额就下降。他请教在座的特别是来自中东的智库嘉宾,有什么好办法在能源之外弥补贸易总额下降,促进中阿之间的贸易增长?

王健之问以及中东梦,其实是不可回避的战略性课题,立即引发了双方智者的热烈回应。布鲁金斯学会多哈中心的纳德尔·卡巴尼研究员就讲到基础设施背景,已经有越来越多的"一带一路"基础设施项目在中东铺开,在这个区域可以发挥更加鲜明的作用。包括如何来进一步作为一个桥梁把中国、中东、欧洲构建一个连接;包括中国企业和金融机构广泛参与,具体涉及铁路、公路、航空、电力、卫星基站等等方面;另外有更加广泛的合作,比如运营(管理),致力于实现双赢、共赢式的合作。他认为,中国和阿拉伯世界能很好地部署和实施"一带一路",因为它也是当今人类历史上最大规模的倡议。他还看好彼此主要城市间的经济贸易繁荣。

中方专家则提出开展多样化的金融合作,并积极推动人民币国际化进程。中国和中东国家虽然都是发展中国家,彼此合作也属于南南合作的范畴,但是中阿之间的合作有一个与其他国家开展南南合作最大的不同,或者说最大的优势,就是都有相对来说比较充裕的资金。中国和中东国家的主权财富基金加在一起,占全世界主权财富基金总额的70%,这是一支非常巨大的金融力量,除此之外,双方还有大量的民间资本,这样一种金融方面的优势,使中阿在合作的时候可以克服很多障碍。在金融方面合作,已经有了很多成功做法。对此,杨福昌也强调:丝路基金、亚投行、中国和阿联酋设立的投资基金增加,这些都是合作亮点,有了这样强大的金融支持,中阿双方在实体经济领域的合作就有了非常重要的保障。

四、发展之匙

除了金融合作,阿拉伯专家认为旅游业也能擦出火花。纳赛尔·赛义迪就指出:旅游业也是"一带一路"倡议所关注的重要维度,中东旅游业正在发展,中国的中产阶层在崛起,中国的中产阶层希望能够进入海湾合作委员会的区域,特别是到迪拜和波斯湾旅游,中国入境到迪拜的数量来说,已经排在第二位了。

对于大宗商品贸易如何减轻对石油交易的依赖,阿拉伯智库强调比较多的新领域是可再生能源,即从合作角度推动可再生能源技术和商品的研发,在产量方面,能够实现经济可行性。如对蓄电池业务要进一步提高可行性,阿拉伯世界就可以提供重要的研发帮助,进一步朝全球价值链迈进一步;作为全球价值链的一部分,中国也已是发起者。而不断推进国际价值链扩大,是中阿双方的共同愿景。

来自中国国家开发银行的统计则显示:该行国际业务已经实现了3 327亿美元,覆盖了115个国家和地区,在"一带一路"沿线国家已设立了7个代表处、22个海外工作团队,累计发放1 858亿美元款项,涵盖新能源、矿产、交通和基础设施以及产业园、装备、农业、民生领域。而对于阿曼、埃及、阿联酋、科威特、沙特等中东国家的贷款余额已达到70多亿美元,其中90%都是在近期发放的。为进一步深化中阿金融合作,开发银行正牵头发起并推进设立中国、阿拉伯银行联合体,加强与中阿同业理念的交通,逐步发挥其本土客户资源的经营优势。

对于中阿经贸合作的蓬勃势头,于信汇教授是这样评价的:刚刚召开的党的十九大,习近平总书记代表中共中央提出了未来五年中国外交发展总的路线、总的思路,就是坚持和平发展的道路,构建人类命运共同体,这就包括了积极发展中国和中东各国的关系,积极发展中国和中东各国的合作。从智库合作探讨的角度:一方面需要思考如何在新形势下借助于当前"一带一路"的契机,使中国和中东各国经贸合作能够进一步发展,走向一个新的台阶。另一方面,也需要思考如何与中东各国开展更加密切的合作,在中东地区共同努力创造出一个有利于社会经济发展的、和平稳定的环境。这样一个重要课题,既是与当下这一地区重要的发展形势相关联,又与中国和中东地区在快速发展之后如何走向更加健康稳定的发展前景有关系,所以也值得我们长期跟踪,长期关注相关的发展和变化!

(作者单位:新民周刊社;上海社会科学院)

在上海，见证中医的神奇和良医的密码

黄 祺

在上海，即便不去看各种统计数据，普通人也能感受到老人真的是越来越多了。老人多，膝骨关节炎这种主要因年龄引起的疾病也就特别地多。地铁站、商场里、公园中，碰到行走困难的老人是高概率事件，就是笔者家里的老人，也是常常抱怨腿脚疼痛，不能走太远。中国3亿60岁以上的老人中，有80％被骨关节疾病困扰。膝骨关节炎就是一种非常常见的、引起老人行走、上下楼梯困难的骨关节疾病。这种病虽然不会危及生命安全，但却严重地影响着老年人的生活质量——腿脚痛，老人生活就很难自理，更别提出门散心、融入社交，久而久之，缺少运动和心理上的困顿，会影响老人其他方面的健康。膝骨关节炎没有所谓的根治方案，临床治疗目标主要是缓解疼痛，改善膝关节功能，恢复心理健康，提高生活质量。

一、一种独特的中医推拿手法

在上海，一种独特的中医推拿手法，因为对膝骨关节疼痛效果明显，收获了一大批粉丝。旁观这种名为"坐位调膝法"的推拿手法，身为外行的小编真的是云里雾里：患者坐在一把普通的椅子上，医生双手在疼痛的膝关节处按按、推推；医生按住某个位置，要求患者起立，然后又坐下，几经反复；起身和坐下间，有的患者瞬间破涕为笑，令人诧异不已。

一位病人的治疗时间一般只需要几分钟，推拿结束后，医生要病人马上站起来走几步。病人会发现，之前的疼痛大大减轻，关节也变得灵活了。

目前,推广应用这种推拿手法的是上海中医药大学附属岳阳中西医结合医院推拿科龚利主任医师带领的膝关节疾病推拿团队。这位看起来斯斯文文的中年医生,是一众阿姨妈妈患者心目中的super star,候诊病人一致评价:医术高超、人和气、还帅。

几分钟的推拿就能明显缓解疼痛、改善症状,这科学吗?多年来,不少人向龚利医生提出这个问题。为了排除病人主观因素对疗效评价的影响,龚利团队几年前开始招募膝关节炎患者进行临床研究,通过三维步态数据采集系统,评价治疗前和治疗后病人步态的变化和关节活动范围的变化。这些数据有力地证明,"坐位调膝法"明显地改善了病人症状。

一按一推间,改善病痛,中医"性价比"高的特点,就体现在这些独特的治疗方式中。不过,龚利医生一再强调,"坐位调膝法"有严格的适应征范围,比如膝骨关节炎患者同时还患有韧带损伤或者半月板撕裂等疾病,就不能采用这种手法治疗。因此,在接受中医推拿治疗前,医生会给患者做详细的诊断,在明确了病情后,才会给适合的病人用这种手法。

二、手到病除源于背后十年功

看中医推拿医生治病,简直就是武侠小说里武林高手即视感,如今国外很多中医粉丝,也是从推拿开始认识传统中医。事实上,就像中国传统文化中"医食同源",武术和医术也有相通之处,而推拿从古至今历来是中医防治疾病的三大法宝之一。

说起武术和推拿的相通,龚利医生的从医道路,也要从这武侠开始说起。报考上海中医药大学之时,老师告诉他推拿系要学武术,当时电影《少林寺》正风靡全国,龚利心中的武侠梦也正燃得火热,于是就满心期待地进了推拿之门。不过,这推拿可以说是中医各门学科中最苦的一门,除了跟其他专业一样要啃古文大部头,还要每天六点半起床练功。易筋经、少林内功……大学5年练过的功夫,不仅给龚利打下了体质和力量的基础,也为他将这些传统武术精华融入推拿奠定了基础。

龚利医生所在的岳阳医院推拿科,是海派中医流派丁氏推拿传承的主基地。龚利在继承丁氏推拿流派手法基础上发展了"坐位调膝法"。丁氏推拿流派其实是个新名字，2012年在上海市申报流派传承研究基地时，将上海的一指禅推拿学术流派和滚法推拿学术流派两大推拿学术流派合并，按照上海中医流派命名的习惯称为丁氏推拿流派，因为这两个流派都与清末的丁凤山有传承的渊源。

推拿曾被称为医家小道。但自20世纪50年代以来，国家医疗管理部门对推拿疗法甚是重视。上海市卫生局1956年创办推拿医士训练班，后改为上海中医学院附属推拿学校，当年的推拿学校共培养出了600多名推拿专业人才，遍布全国各地，丁氏推拿流派也被传播到大江南北。随着上海中医药大学几十年来推拿专业人才一代代的培养和输送，丁氏推拿逐渐成为国内影响力最大的推拿学术流派。

有着26年临床一线的经验，龚利医生在继承传统推拿流派手法的同时，将康复医学的理念应用到推拿临床实践中，以患者的功能康复为首务，在手法治疗的同时强调患者的主、被动功能锻炼。他在保持对"腰椎间盘突出症、颈椎病、颈性眩晕、腰椎滑脱、小儿肌性斜颈"等治疗优势的基础上，开展了四肢关节疾病的推拿治疗研究，逐步形成膝骨关节炎"辨筋论治"与"以痛为俞""坐位调膝法"推拿治疗特色。

三、推拿医生：熊猫一般"珍稀"

粉丝越来越多，龚利医生名声远扬，不过他现在却把更多的精力放在了培养学生和到社区普及健康知识，因为在龚利看来，这两件事是做医生的本分。今年，是公益活动"健康行走计划"的第11个年头，11年前，龚利发起这个活动，医生们进社区、开讲座或办义诊。

随着老龄化程度的加深，老年人的膝骨关节疼痛变得很普遍，龚利希望这些公益性的社区科普活动，能够让老人们掌握预防疾病的常识，不要被错误的信息误导，及时接受正规的治疗，提高自己的生活质量。"中医讲究治未病，预防比治疗更重要。"现在，"健康行走计划"从上海走向了全国，龚利团队将推拿及相关适宜技术推广应用到广西、浙江、云南等多地。

作为上海中医药大学岳阳临床医学院推拿教研室主任与硕士研究生导师,龚利还培养了大批的新生代推拿医生。这位帅帅的中医老师上课水平也是一流,"听龚老师的课你绝对不会有走神的时间,他的讲课,每一句话都精彩,错过就太可惜了",他的学生曾这样评说。作为上海市住院医师规范化培训中医针灸推拿专家组长,龚利还负责上海市针灸推拿学科住院医师规范化培训工作。很多人可能不知道,经过严格学习和训练的针灸推拿专业医生,和熊猫一样属于"珍稀品种"。"近5年,上海市专科医师规范化培训的推拿医生,不超过20人。"龚利介绍。

近几年,年轻人学习针灸推拿的热情正在升温,但从数量上说,学习的人还是太少。龚利医生说,在针灸推拿面前,年轻人感叹"理想很丰满,现实太骨感"。他说,一些年轻学生由于自己或者家人受益于针灸推拿治疗,感受到这种中医疗法的神奇,对针灸推拿充满好奇。可是,看到一本本古文书,还得清早练功,立即吓跑了一批。而且,由于对技术与体能的要求,女生一般不会选择推拿。这样一来二去,选择坚持学习推拿的学生不多,学成后,面对辛苦的工作和收入情况,又会有一批医生逃离。"媒体都在关注儿科医生少,我们针灸推拿医生更稀缺呢。"龚利医生感叹道。

四、融汇古今,推拿也在发展

"中医现代化",在中国是一个热门的话题,褒贬有之,争论从未停歇。"作为一种医学学科,中医总是要向前发展的,这就是我理解的现代化。"龚利介绍,中医在教学中,已经大量地借用现代的客观评价的技术,来完成中医技术的传承。比如,过去教推拿的老先生带徒弟,会说"十字箴言":均匀、持久、柔和、有力、深透。现在,中医推拿教学已经有一套客观评价的技术,来保证学生手法的力道是不是"有力"、要达到多少力、力要用到哪个位置,等等。有了这些客观评价的手段,医术的传承可以从"形似"——模仿动作,转变到"神似"——效果相同。

龚利团队开展的科研,主要围绕着"手到病除"4个字:为什么能手到病除?怎样才能手到病除?怎样更好地手到病除?他说:"手到病除说起来是简单的一句话,其实是我们推拿医生很高的境界。"

科研上,他主持的"手法结合功法治疗膝骨关节炎的规范化研究"等省市级课题8项,以第二负责人参与国家自然基金等各级科研课题研究8项,第一作者与通讯作者共发表论文41篇。龚利作为主要参与者,研究成果先后荣获国家教育部科技成果二等奖、上海市科学技术一等奖、中国中西医结合学会科学技术二等奖、中华中医药学会科学技术奖二等奖等。

(作者单位:新民周刊社)

茹素：关于生活方式转向健康安排的个案分析

高永良

　　茹素(不含蛋奶)已经快两年了，像我这样的素食者，生存在当下并不容易。现在的筵席几乎都是荤腥，很少素食。筵席越高级，素食越少，炒个时蔬也会加入开洋、火腿丝或者干贝。我是一家企业的高管，迎来送往是免不了的。一桌菜基本上只有一两个素菜，所以我一般都是事先吃好素食餐，再去作陪。在饭桌上还经常被这样的问题困扰："你为什么吃素？""你是佛教徒吗？""好多名人都吃素，是不是富贵自残呀？"等等，不胜其烦。

　　以前，我和大多数国人一样也是食肉动物。喜欢吃海鲜，喜欢吃牛排，喜欢吃刺身，特别喜欢吃大闸蟹。曾经一顿吃过7只大闸蟹，还有一次一顿吃了30多只生蚝。

　　大约3年前，我经历了人生的重大变故。在一年的时间里，或近或远一共有7位亲友相继辞世，平均俩月不到就要参加一次大殓仪式。其中4位因心脑血管疾病，3位因癌症；年龄最大的75岁，最小的41岁。这令我感到非常困惑：现在生活条件好了，医疗水平高了，人们为什么反而活不过他们的父辈？医生给出的解释也是似是而非、互相矛盾。我不是学医的，对此更加束手无策、一筹莫展。

　　我喜欢读书，习惯在书本中寻找答案，每到周末都会去逛书店。因我的爱好是社科类书籍，所以当看到一本保健类的书被人随意丢弃在社科类图书架子上，我心里还犯嘀咕：谁这么不守规矩乱丢图书？保健类图书鱼龙混杂，大多不可信，所以我很少阅读这类书籍，不过这本书的书名吸引了我：《教你远离心脏病》。信手一翻，发现这本6年前出版的书竟有一个颠覆性的结论。如果书中的结论是正确的，那么早一点发现这本书，就可以挽救更多的生命。我急忙买下这本店里仅存的,还有点破烂的书,准备回家好好研究。后来的一系列经历都证明,就是那个周末、那个下午、那家书店、这本书——决定了我后半生的人生轨迹。

《教你远离心脏病》的作者之一——美国医生杜怀特·朗德在实施了超过5 000例心脏外科手术后,发现了心脏病产生的真正原因:"美国早在1900年农业革命以前,关于心脏病的记录是非常罕见的。然而,自从美国人的饮食由蔬菜和蛋白质改变为处理过的全谷物类食物后,美国大众开始遭难了。为了与这些所谓的新疾病(心脏病发作、中风、老年痴呆、肥胖症和糖尿病)作斗争,医学界开始了追寻疾病的症状,而不是寻找诱因的工作。今天,低脂肪和低胆固醇理论已经被大肆地提倡了。市场的营销者们从低脂肪教条里获得了巨大的利润,却没有为普罗大众指引一个正确的方向……究竟是什么造成心脏病的?炎症。"

一个健康的心血管系统,血管的内壁是很平滑的、有弹性的。但是低脂肪高碳水化合物饮食造成我们身体内的血葡萄糖升高,进而直接刺激胰岛素的产生增加,使得葡萄糖合成脂肪储存导致肥胖,脂肪细胞促使炎症化学物质的产生增加。炎症化学物质导致血管发炎,血管壁黏稠增加,并失去了扩张性,血管不能随着血液流的增加而调节,限制了血液的畅流,生成血栓,最终造成心脏病发作。

吃低碳水化合物饮食是减少炎症的最大秘密!淀粉可以给衬衫上浆,也可以给动脉上浆,"淀粉和精制糖对身体造成比我们想象得更多的伤害"。

是"糖"导致了心脑血管疾病!这是一个闻所未闻的理论,我周围没有一个人相信。为了验证这个理论,我就拿自己的身体做试验。我在饮食中剔除了大部分的糖和淀粉,包括糖果、巧克力、果汁、可乐、米、面、馒头、面包、饼干、土豆、薯条等等所有高糖、高碳水化合物食品。刚开始效果并不明显,但两周后,奇迹发生了。我的体重大概以每天一斤的速度下降,十几天减重约10斤,腰围也缩小了2寸,体检报告也验证了各项生理指标都趋于正常。

事实证明,糖是肥胖最主要的原因,肥胖导致血管发炎进而阻塞,糖才是心脑血管疾病的罪魁祸首!这个发现是令人振奋的,它彻底改变了人们长期以来对低脂肪高碳水化合物饮食的错误认识。

不过在戒糖、戒淀粉一段时间后,我突然感觉身体的抵抗力下降了。感冒发烧频发,从以前的每年一两次,演变成2个月里连续2次感冒发烧。因为剔除了糖和淀粉,所以日常饮食以肉蛋奶为主。按理说,补充了更多的"优质蛋白"(动物蛋白),身体应该更强健才对。可是事与愿违,吃得越多,身体抵抗力反而越差。通过验血也发现,对恶性肿瘤、自身免疫和血液系统等疾病的诊断有重要作用的T淋巴细胞亚群数值异常,提示了身体存在免疫功能紊乱。

周围的人也开始质疑我的饮食方法,有好心人劝我放弃低碳水化合物饮食,劝我一定要吃米、面,其中最误人的一句话就是"人是铁,饭是钢"。直觉告诉我,戒糖、戒淀粉肯定没有错,这是避免心脑血管疾病最有效的方法,导致身体免疫失衡一定另有原因。

通过大量的阅读,终于在良莠不齐的保健类图书中,我找到了一本奇书:《中国健康调查报告》。这是一本石破天惊的书,是中国疾病预防控制中心、美国康奈尔大学、英国牛津大学20多年合作开展的、有史以来规模最庞大的关于膳食、生活方式与疾病死亡率的流行病学研究的巅峰之作。

研究结论惊世骇俗:"过量摄入动物蛋白,尤其是占牛奶蛋白87%的酪蛋白,能显著增加癌症、心脏病、糖尿病、白内障和老年痴呆症等的患病概率。而更令人震惊的是,所有这些疾病都可以通过调整膳食来进行控制和治疗。"

"身体生长实际上与摄入的总蛋白质有关,其中动物蛋白和植物蛋白的效力是相同的。"但是,"动物性食物摄入最多的人,慢性病最多。即使摄入的动物性蛋白的量相对比较少,也会造成不良的后果""动物蛋白的摄入与家庭的癌患病率有显著的相关性""酪蛋白可促进任何阶段的癌细胞生长,而来自小麦和大豆等植物蛋白质,就算摄取高单位也不会致癌。"

"牛奶喝越多,骨折率越高;植物蛋白的摄取量越高于动物蛋白,越不会出现骨折。""以植物性食品为主的膳食,所有的Ⅱ型糖尿病都可能被预防。""肉类蛋白质摄入量比较高是造成肾结石的主要原因"……

"当传统的素食国家开始变得富有,开始摄入越来越多的奶制品、肉制品和精制的植物性食物(如饼干、曲奇、苏打水)时,心脏病、糖尿病、脑卒中、阿尔茨海默症、肥胖、癌症也随之而来。纯天然的以植物性食物为主的膳食能够抵抗这些疾病。"

《中国健康调查报告》一书中大量的调查和实验数据表明,植物蛋白才是真正的优质蛋白,动物蛋白是导致各种西方式疾病的原因。书中"提供了强有力的证据,它无可辩驳地证明:我们完全可以通过调整饮食来防治心脏病、癌症和其他西方式疾病"。抱着试试看的心态,我改变了饮食结构,开始成为一名素食者。通过一年左右的茹素实践,我惊奇地发现,在没有任何药物治疗的情况下,T淋巴细胞亚群数值竟然恢复到了正常水平,同时其他各项生理指标也继续向好。

茹素至今快两年了,其间我再也没有感冒发烧过,即使像去年冬季流感大面积爆发,办公室里的几十名员工几乎"全军覆没",有5位重感冒同事还围绕在身旁,我竟安然无恙,这在以前是不可想象的。曾经长期困扰我的、在换季时皮肤过敏的顽症也不治而愈;反复发作的食道炎也没有再发生过;记忆力明显提高,健忘症状基本消除;口气清新,没有便秘;在台上讲课讲一下午都不觉得累,体力和精神状态几乎与20年前差不多。

《中国健康调查报告》揭示了动物蛋白与癌症等疾病发病率存在正相关,但是动物蛋白是通过破坏人体免疫系统间接致癌,还是直接导致癌症等疾病,或者两者兼而有之,我不得而知。即便如此,茹素给我带来的好处是显而易见的,如今我已经成了一名坚定的素食者。

浸淫了数十年无神论教育的国人似乎缺乏了敬畏之心,对"一桌千命"早已熟视无睹。对素食者也大多不理解甚至心存偏见,似乎素食者成了另类,其实人类本身就是素食动物。人类的生理结构与食果动物几乎完全相同,与食草动物十分相似,与食肉动物则相差甚远。人类的消化系统、牙齿构造,以及身体机能等都与食肉动物完全不同。科学家和博物学家林内曾说:"将人体里里外外的生理构造与其他动物比较一下就知道,水果和多汁的蔬菜才是大自然赐予人类的食物。"

冥冥中我被引导成了素食者,我想这也是福报。

(作者为职业经理人)

复旦留学生：
以中国人的视角触摸上海

要 英

2018年是"新民周刊导读课"开设第14周年，复旦大学国际文化交流学院高级文化进修班春季迎来13位留学生，与往年一样，他们大多数为在读汉语专业本科的大学生兼中国政府奖学金获得者，如安塔夏、尹娜瑛、松田亮辅等，也有孔子学院奖学金获得者白雪花。多才多艺的白雪花是第八届"汉语桥"世界中学生中文比赛总决赛季军，弹得一手好钢琴，活跃在复旦echo合唱团在上海的各种舞台上，易梓星曾以火辣劲舞激情歌喉夺得2017年度复旦达人秀冠军。在我的课堂上，这些年轻学子以《新民周刊》为媒介，以中国人的视线触摸上海，感知中国，放眼世界，感受到另一种文化与制度的冲击，他们克服了学习上的困难，在不知不觉间也拉近了与中国以及与彼此的距离。以下是部分学生的学习感言。

一、易梓星（英国）：发表演讲时，我哭得少了

这个学期我选讲的文章有《天啊，没推特，总统可怎么办？》《从游戏网瘾到人生活法》《外长王毅解读"中国风格的大国外交之路"》《无神论者霍金》《构建网络空间命运共同体》《从巴西之子到阶下囚》《AI从银幕上走出来的科技》《莫迪对华的"新思维"》《对抗健忘症》《漫威Marvel，电影界的灭霸》《预测，谁笑到最后》等。

我觉得本学期，我遭遇了一些困难，主要是给自己施加的压力太大了。上《新民周刊》课的第一天，我非常期待，因为期望有机会看非常有意思的文

章,能学到一些新的事情,提升阅读以及口语能力。我认为这门课尤其在口语方面会帮我有自信。不过第一次去发表演讲的时候,嗓子哑了,流眼泪了。我感觉到了尴尬,想要躲避,不想继续上这门课了。对于我算是一种折磨:不能完美地表达自己的意见,也认为拖我们同学的后腿,浪费老师的时间。我知道问题出于我是个完美主义者,到目前为止,我自己的要求非常高,对自己很严格,再说,失败的时候,残酷地责怪自己,从来没允许自己缓口气,每一个星期实在害怕去上课。当然,仅仅指出自己的错误没有用,要知道怎么解决,否则这些问题一直继续下去,这种包袱越来越重。

那么,我采取了什么措施呢?

首先,我听了老师给我们的建议。我记得老师对那些想要挑比较长或者有点复杂的一篇的学生说怎么发表演讲。整理笔记以后,应该将所想说的内容分成部分,接下来,上课的时候,问同学他们对哪一个部分感兴趣,就说那部分,如果时间够的,可以多说。重要的是减轻自己的压力,用语言让同学明白我到底在说明什么,及留意剩下时间让同学说。后来我能概括得好一点,因为看文章的时候,总是关注有多少个部分,有没有重要性,从此,虽然我说的内容仍然很多,可是压力确实稍微小一点,同学也能听懂,我没有滥用说话的时间了,雨过天晴。

其次,早一点准备好。这样一来,我能有时间领悟好文章的内容,考虑好自己的意见,还有准备好想提出的一些问题。有一次,我的朋友建议我选比较简单的文章,因为她为我惋惜。但是当时我认为他的话很难听,因为我选话题的原因不是基于文章简不简单,短不短,而是因为我以兴趣为主。我选了连英语说明也有难度的,这对我来说很有意思,俗话说"欲速则不达",但我也觉得应该挑战自己的发展有多少可能性。在这个方面我没有遗憾,得到了启发。

最后,多听。这个课有很热烈的对话,让我们互相了解想法或者从不同的角度想问题。我们班的同学关系变得更加密切,很佩服他们每一个礼拜勇敢地说出他们的看法,我要向他们学习。他们提的问题不好回答,有时得反省自己,我究竟怎么看?例如,尹娜瑛在讲《扔石头的小男孩》时,说到一个男孩总是向一个女孩扔石头,原因竟是他喜欢那个小女孩。尹娜瑛问了我们:什么算是初恋?在此之前,我没有想好,但当天我决定了从我的角度来看,第一次跟别人有感情,甚至是婴幼儿的时候也算初恋。我这么认为,因为世界上存在着许多种爱。孩子不是能爱到很深刻的程度吗?

其实,我想探索自己的认识很有用,这样能够知道自己的看法。尽管我受了一些挫折,也相信获得了心得,非常感谢有这样的机会。

归根结底,即使发表演讲时我还是感觉不舒服,至少我也哭得少了(呵呵)但是现在才知道,在朋友之间的话我怕什么?我需要付出坚持不懈的努力,也许将来有一天我要发表正式的演讲,感觉就会是轻车熟路了。

二、尹娜瑛(韩国):《新民周刊》讲离我们很近的社会上的内容

一个学期,我选讲的文章有《为了孩子的视力》《国人境外游易被坑?》《一道留住男人的菜》《不系安全带的奔跑》《我的朋友不是人》《游客的凝视》《从电影里看到未来》《苏州面馆的四大规矩》《诺奖的尬舞时刻》《丝竹悠扬间,再听中国故事》《性犯罪和性骚扰,如何才能防范?》《上海地铁"不宜建造"的百年奇迹》《扔石头的小男孩》等。

时间过得很快,转眼间就过去了一个学期。一开始上《新民周刊》这门课的时候我很担心,没有信心,一直想着不知道我能不能好好过一个学期。因为我没有读过很多的报纸,没有看过很多的新闻,而且平时我对政治、社会方面完全不感兴趣。第一次准备上课的时候选文章我感到很难,读一篇文章读得很慢,理解得也很慢。但是把这篇文章拿到课堂上去,跟老师和同学们一起讨论一起想之后,对不明白的跳过去的部分也明白起来了,没考虑到的部分也提出来了,也越来越了解到了同学们及各国的不同的看法和想法。上课的时候老师给我们讲的一些关于文章的故事也很有意思。逐渐,准备文章的压力变小一点了,而变成有点儿有意思了!每次准备一篇一篇文章的时候都能想象得出——"啊,这样的情况下这个同学肯定会说这样的一句话!"通过《新民周刊》这门课,我们班级里的同学们之间的关系变得更亲密了。因为我们现在班里的同学虽然大部分是上个学期的同班同学,但是没有这么亲密。还有文化班的缺点就是只能听课,不能像以前的语言班

一样在课堂上跟同学们有交流。所以我觉得《新民周刊》这门课在文化班里是必不可少的!

看了一个学期我们讲过的《新民周刊》,讲过了在各个国家里发生的一些事情,也讲过了关于在城市里、农村里发生的一些大大小小的故事。还有讲过离我们很近的一些社会上的内容,比如说上海的地铁发展、滴滴打车、微信支付宝、关于自动驾驶的法律,等等。其中使我印象最深刻的内容是关于《我们渐入无纸币时代了》这篇文章。2017年9月,我来到上海使我最惊讶的一件事情就是所有的人只拿着手机很简单地扫一下二维码就可以付钱。在出租车上、在餐厅里、借共享单车的时候,甚至在路上买便宜的夜宵时候也是!微信支付和支付宝有很多的好处,付钱方便,而且遇到小偷的机会变少,还能省时间。但是也有坏处,遇到黑客的话资金的安全就很成问题,还有如果丢手机的话很麻烦,什么都不能做。有一次,我去全家便利店买东西,但是那里没有网络不能用支付宝,只能用现金,那时候我只拿着手机出门没有现金所以没买到,只能空手回来。其实那天课堂上讨论的时候我第一次想到我在韩国的时候是一直用银行卡来付钱,一年前我在韩国的时候韩国的三星支付有是有,但是还没有很多人使用。前几天我问了韩国朋友,朋友说韩国最近也有很多人用手机支付。在中国的时候理所当然地用支付宝和微信支付,没想到会给我带来这么多的方便,同时已经对这些变得这么熟悉的我有点担心起来了,应该不能这么依靠,还是小心一点为妙。

平时一直想着要多读报纸多看新闻,但是很难把决心变成行动。因为有了《新民周刊》这门课我才能够开始看一些新闻,并且养成了小小的一个好习惯。现在觉得最后一个星期选文章之后读的速度比第一个星期我选文章之后读的速度变快了很多。我的阅读能力有了大大的提高,还有我的词汇量也增加了很多。这个学期结束之后我回韩国要继续读大学,这段特别的学期对我以后的大学生活以及对我的人生肯定会有大大的帮助!

三、安塔夏(乌克兰):我们班的同学好像自动"划分区域"

这个学期我选讲的文章分别是《关于高棉糖的传闻》《不系安全带的奔

跑》《金桥：第一个以"出口加工区"命名的国家开发区》《北京的红墙意识了解一下？听外国人老欧怎么说……》《莫迪对华的"新思维"》《网络文学：这个世界变化太快，一秒不跟进你就老了》《港澳台黑帮，不只存在于电影》《第一次握手》等。

这个学期的《新民周刊》导读课给我以极大的享受。每节课之前我高高兴兴地打开电脑看一下《新民周刊》刚刚出版的一期。

在我看来，这门课程对每个学生的全面发展有了特别大的影响。为什么呢？

首先，我们在选择文章的方面有独立和自由。学生没有什么约束。在丰富多彩的题材中，学生们拿自己喜欢的文章来做演讲。杂志里面的题目包括生活的每一部分。政治、社会、文学、电影、世界新闻、热门话题，有现实意义的题目都有。其实，我自己发现了我们班的同学好像自动"划分区域"。也就是说，每个人根据他本身的兴趣范围来介绍和讨论话题。这样，每个专栏都被涉及。

其次，我喜欢的部分是讲完文章的内容后学生们提各种各样的问题，因而引起有意思的讨论。我们看的文章似乎是个"骨干"。在它的基础上我们开始发展每个人的看法，介绍个人的经验，互相交流。我们班的学生来自四面八方，有乌克兰、日本、韩国、美国、意大利、瑞典、英国、奥地利、菲律宾等。所以，这种讨论和交流方式对不同的国家之间的理解有很大的好处。这样，我对从没去过的国家也有了进一步了解，开阔了我的眼界。

其三，多看看课文或文章是个最有成效的精通某种语言的方法。《新民周刊》中可以找到无数的现代人常用的词语和说法。所以，看这本杂志帮我增长我的词汇，掌握一些语言方面的知识。

作为一个学外语的大学生，我表达时经常遇到一种问题。有的时候比较难说出我的脑子里面的思想和看法。因此，做演讲是一个很好地解决这个问题的办法。我们可以用自己的话来讲话题，还可以加上一些生词，因而提高我们的用汉语来思考的能力。

除此之外，《新民周刊》经常阐明跟中国社会有关的现象。比如说，我了解到了消费"潜规则"、出口加工区、红墙意识、港澳台黑帮、网络文学的意义和影响。可能我以前听说过这些词，可是没有明白真正的含义。因为文章的作者是中国人或常年居住在中国的外国人,所以他们都非常深刻地了解自己描写的现象。通过这种看杂志的方式,我们可以直接从作者那里了解有关方面的知识。正是出于阅读《新民周刊》中《港澳台黑帮,不只存在于电影》引起我对香港、澳门的更大兴趣,我已安排好了暑假的计划,考试一结束就飞到香港、澳门旅游一段时间,再从上海回乌克兰。

说到我们的课,我想说,这种口头表达让学生之间的关系更加密切。我们互相听,提问,回答,也就是说互相了解。有的学生怯场是不可避免的事情。其实,我也不是例外。但是,在同学的支持和鼓励下我的恐惧消失了。

总的来说,我觉得像《新民周刊》导读这样的课是最好的掌握语言和文化的方法。它锻炼我们的全面的能力。

四、胡美琪(奥地利):《新民周刊》导读课让我表明了学知识不必硬着头皮背书本

这个学期我选讲的文章有《下雪的好处》《胖阿姨》《从定量供应到网络生鲜》《我们渐入无纸币时代了》《亲妈你做,陪练我来》《天使》,以及2018年的人与自然、《西城大妈里有位洋大爷》《以文养心,让我们优雅地老去》《看看"定义权"在谁手》《听的就是叛逆》《漫威Marvel,电影界的灭霸》《扔石头的小男孩》等。

从第一次开始就感觉是一节又轻松又有趣的课程。就算不是在课堂上读书,还是有很多收获。

对我来说最重要的是我们对每个人的了解和更好认识同学们的性格。我们讨论的话题丰富多彩。譬如:社会上的问题,文化差异,经济发展,等等。我很感兴趣的是个人的看法和生活计划,比如朋友们是怎么看待计划生育、爱情、有什么工作计划,等等。其实上《新民周刊》导读课是一种分享个人的知识。在《新民周刊》导读课上我们讨论很多我们感兴趣的,但是在日常生活中不会想到的题目。

当然我们会有不同的思想,因为我们是一个国籍丰富的班级,受到不同的教育,观点也就肯定不相似。虽然我们不赞同别人的观点,还是会尊敬别

人的看法。《新民周刊》导读课就表明了学知识不必硬着头皮背书本。再说自己想不到的问题也许别人会提，在这时刻也会发现其实自己也是很感兴趣的。这都是因为每个人的兴趣不一样，提的问题，发起点都不同。

虽然我觉得杂志不太适合我们的年龄，所以有几次找一篇我们感兴趣的文章也有一定的难度。但是我们还是努力地去寻找，结果也可以说是成功了。

我最喜欢的一部分是"城与事"。原因很简点。我对政治、历史等都不怎么感兴趣。我不太明白的是，比如一位作家发表了很多作品，但是人们不怎么看重他，但他去世了以后，大家开始读这些作品。我的看法就是为什么要等一个人去世了以后，他的作品才会有价值。我当然了解读和研究一本书需要时间，不过很多人都在读已经去世的作家的散文、小说等等，所以没有时间去读现在还活着的作家的作品。虽然我知道原因不只在于我以上提到的，但是我也不想太费力去想这些。城与事的故事大部分都有人物存在，他们会提到他们生活中发生的事情，或者也有编的故事。有许多次人们肯定能想象到，自己是故事中的某一个人物。大概很多人觉得这只是有乐趣的文章，没有任何数字和资料。可是我不赞同这种观点。我读完这些文章就会去想我应该怎么做，去想做得"对"还是"不对"，我生活中有没有发生相似的事情，等等。我最感兴趣的就是"人"。人的性格、看法、肢体语言等。在生活里我们天天都需要和别人打交道，没有特殊情况的话这是免不了的。所以怎么样对待一个人，说什么，用什么词语就是一个人的性格的镜子。

我不想去想跟我生活没有特别近的关系的人物和事情。根据《新民周刊》我们能更多地了解世界上有什么问题，但是又解决不了，因为人们就是世界问题、自然灾祸的原因之一。虽然这样说也解决不了任何问题，但是如果自己能改变周围其中一个人，让他更加乐观地生活下去，也这样对待他周围的人，我就不信目前世界上的问题解决不了。

记者的任务就是去记录下一件发生的事情，然后客观地去写下文章。在客观地去写，记者还是能发动读者的思想。比如我选讲的《看看"定义权"在谁手》，里面含着深刻的思考，说的是，现在是知识世界，任何事情都要定义，比如定义疾病、定义死亡、定义犯罪等，而定义权发生在精神方面，人的精神就受控制。而美国的定义权足够大，在美国就是人类文明的方向的定义下,中国文化、中国制度都是落后的,都是有病的,只有被治疗,甚至无药可医,只有死了算了。作者说定义权比政治权的权利更基础,作者请大家关注定义权的非正常操作系统。

大家都知道不好的事情会引起大家的注意力,大家都会去讨论。在一定的程度上也会影响人们的看法。最近最好的例子就是空姐被杀后有关滴滴打车的一系列报道,让人感觉头疼。

想说的很多,总的来说,我很享受《新民周刊》导读课的所有课程和所有时间,我也学到了很多。希望有许多不同的课可以像《新民周刊》的导读一样。

五、李在原(韩国):对《新民周刊》导读课的感情

这个学期我选讲的文章有《中文说得好,不稀奇了》《旅游,不再只有"买买买"》《中东宿命:新武器试验场》《Facebook还有多少惊人内幕?》《中美贸易战是打还是谈》《像逃离北上广一样逃离VR绿洲》《全世界都在抢人,这是咋了?》《漫威Marvel,电影界的灭霸》《一本书和一个国家之间的故事》等。

《新民周刊》导读课是这个学期中唯一有参与性的课,因此感情也比其他的课更多。我没有那么多机会看中国的新闻。所以第一个感觉是与中国新闻机构有关的。

这门课让我想想中国新闻的机构和它的特点。跟韩国最大的差别缘于中国的社会主义制度。中国新闻的种类大部分都是地方报纸。这是当然的,因为中国太大,所以一个新闻社不会担当全国。但是中国有一个机构叫"中共中央宣传部"指导着所有的新闻机构。与此相反,韩国没有那样的机构,所以几个新闻社都以彼此为竞争对象。这就引起一个差别,这就是中国报道速度比较慢,韩国报道比较快。有人会说越快越好,其实不然。新闻的重要特点是稳定性,应该是确定的信息。但是有的时候韩国新闻社太急,发生过热的竞争,报道出现错误。

2014年,在韩国发生一起海洋事故,岁月号大船翻沉。乘客一共476个人,不到200人获救。"岁月号事件"给韩国社会留下了心灵上的创伤。岁月

号下沉的时候,大概过一两个小时才完全消失在大海里。那时候有一个媒体报道船上的每个人被救助完了,以后那个媒体发表了更正报道。但是这个报道不但引起了混乱,而且无疑是雪上加霜,特别是给受害者的家人更大的心痛。虽然有时候竞争成为一个动力,但是对稳定性的要求特别高的新闻媒体来说,第一个要求不是速度,而是准确性。

那些容易被控制的媒体自当也有缺点。新闻是了解外面社会的唯一渠道。控制新闻可能意味着控制老百姓的见识。一看《新民周刊》察觉到的是每周的内容很受限制。比如说,一周主题是关于采用人才的话,几篇文章都差不多,那一周很难决定讲哪篇。

对教学方式来说,讨论绝对是最好的学习发表的方法。来中国之后,虽然生活上用中文交流的机会也非常多,可是这种教学方式能提起丰富多彩的话题。课上的讨论跟生活中的对话有很大的区别,因为常常用的句子有限。况且同学们的国籍都不同,思想和文化都不一样,意见多样。

但是有时候多种多样的成长背景也是一面双刃剑。我最有兴趣的题目是国际社会上的事情。不过我在这节课上不分享这种文章主要有三个原因。第一是有人关于一切的这种事没有什么感觉。有时候文章里的说明不详细,只分享一篇文章不够。这个分享的目的是对同学们说明内容,如果不说一切背景的话,那就不用发表。第二是同学们中也有专家,我需要谨小慎微。最后是政治很复杂,各个国家都有自己的禁忌。问题是我不知道什么题目是哪个国家的禁忌。

虽然那样,通过这节课也学习很多现在的中国。从政治到文化,《新民周刊》的题材种类很丰富,值得课中学习。而且跟同学们交流的机会也多一点。这个学期,班里的同学大多是上个学期的同班同学,我是新同学,来之后最大的担心是跟同学们一起交流。于是,我很感谢这门课。

六、洪迎郁(菲律宾):从乏味无趣开始,到拓展阅读范围

这个学期我选讲的文章有《小费"潜规则"是文化还是陋习?》《老食谱的故事》《格调》(重读)、《天使:2018年的人与自然》《同窗老许》《香椿有毒》

《广场励志老男孩》《深夜收到七旬母亲的微信》等。

我第一天上《新民周刊》导读课的时候我就觉得该课程乏味无趣。在每一节开课之前我们需要在新民周刊网站上选出一篇自己比较感兴趣的文章进行阅读并且分析该文章,最终得出的一些看法和意见在课堂上与同学们分享。从小我是一个非常喜欢读书的人,但是仅限于阅读英文版的文章或者小说,不太喜欢阅读报纸或与新闻相关题材的内容。可能是因为在学校只使用英文教学,并且自己本身不太关注相关社会问题,所以导致我的阅读范围仅限于小说类文章。所以这门课程在一定程度上扩大了我的阅读范围。

在新民周刊网站上的文章大部分都是有关分析社会现象的内容,所以同学们大部分都会选择分析关于社会问题的文章,而我每次都会选一篇简短的小故事。每次发表的时候我也会很少表达我的意见和看法,因为我对社会的知识一无所知。在菲律宾我不怎么关注社会问题,因为菲律宾城市没那么大,而且经济、科学、国家本身的每一个方面都发展得比较慢,所以我没有养成看新闻或者看报纸的习惯。我国不像中国一样,中国发展得特别快。自从我来到上海之后,因为我必须独立,必须学会自己照顾自己,所以我得看新闻。我发现新闻真的对中国人很重要,而我也觉得我像是一位中国人了,因为我也觉得中国的社会问题能影响到我在上海的生活。比如有一些新的法律,或者最近发生了一些不好的事情,我看完文章或者报纸我就可以避免这些事发生在我身上,采取措施保护自己。

除了中国的新闻,《新民周刊》还会有国际方面的新闻。我觉得《新民周刊》有国际新闻很好,这样读者不会限于读关于中国的一些消息。例如我是一位外国的读者,而且我刚毕业于企业管理专业,我必须知道最近最火的一些事情或者有一些最新的法律,我会觉得《新民周刊》对我以后的生活和工作都有所帮助,因为对《新民周刊》的一些国际消息我可以想出很多很有创意的想法。

每个星期读《新民周刊》帮我养成了一个很好的习惯,就是要多多关注社会的一些事情。多谢中国技术发展的特别快,我常常能够更方便更容易地在我手机上或者电脑上看到一些最新的消息。当这个学期的课程快要结束的时候,我渐渐觉得我没有像以前一样会觉得社会问题无聊又无趣,反而觉得社会问题很需要大家的关注。虽然我还是不会去选一篇关于社会的文章,但当我在班里听同学们发表和讨论社会问题的时候,我会很认真地听他们的讲述,结果我渐渐地了解了很多关于社会的事情。我发现《新民周刊》加深了我对社会的看法,我学会了怎么把我在课程里所学到的东西使用到我的生活里。我对社会的一些事就不会像以前那么懵懂无知了。

七、松田亮辅(日本):《为什么会有"精日"这种异类?》让我明白了中国人的想法

这个学期我选讲的文章有《父亲的深夜举动》《安全屋:合法吸毒?》《小费"潜规则"是文化还是陋习?》《在日本拾金不昧记》《一道留住男人的菜》《格调》(重读)、《游客的凝视》《近处的风景》《为什么会有"精日"这种异类?》《越长大越孤单》《打不打滴滴,成了女青年的新问题》《我曾参加三次高考》等。

我想谈以下参加《新民周刊》导读课的主要收获,我觉得基本有三个方面。

第一,能够提高自己的中文口语水平。我在日本学中文已经差不多3年了,所以我以为自己的中文水平达到了一定的程度。但是,来中国之后,跟朋友聊天的时候,经常觉得从自己嘴里说出来的话又生涩又幼稚。虽然比来中国之前的水平提高了一些,但是我很想学到地道的中文,所以觉得自己的水平还不够好。一开始,上课的时候,还是表达不了自己的想法,大家都不明白我所说的到底是什么意思,所以觉得很着急,而且很紧张。但是每周上这个课,我接触了好几篇文章,学会了好几个单词,准备了好几个报告,在课堂上讨论很多问题,通过这个过程,我的口语水平确实提高了很多。多亏这个《新民周刊》导读课,使我无论在学习上还是在生活上都能够表达自己的想法了。

第二,能够明白很多中国的社会问题和中国人的想法。我原来的留学目标是自己亲眼看中国,对中国加强了解。我在大学上中国文化课。在课堂上,老师讲了很多文化。比如说,中国菜、中国人的想法、中国历史,等等,很有意思。但是现在日本媒体对中国的报道大部分是负面的东西,我常常

想:"真正的情况是什么样的呢?"。因此我不想通过日本媒体的报道来知道,而是想自己亲眼去看一看中国的情况。我们在课堂上讨论的那些文章都是中国记者写的,所以理解了不少中国人的想法。

为了准备上课,我总是把一周的刊物上的文章读好几篇,一个学期下来认真读了上百篇文章。虽然在课堂上我讲的文章当然没有那么多,不过,讲的文章里面印象最深刻的一篇是关于中日历史的文章——《为什么会有"精日"这种异类?》。这篇文章的内容是在南京、中日历史中很重要的遗址前,两个中国男性,穿着"二战"日本军服,拿着军刀拍照,他们遭到了很严厉的批评,两人被说成一种极端的历史虚无主义的怪胎。我读这篇文章的时候才知道中国人对中日之间发生的事情怎么想,而且觉得对中国人来说尊重历史是多重要。讨论的时候,沈保罗就说,"精日"听起来奇怪,但却不是个案,在德国,就有一些遭受纳粹屠杀的犹太后人崇拜希特勒。讨论中大家的观点一辈子不会忘,所以我回日本后,还继续看《新民周刊》。

第三,能够接触不同国家的想法。我们班里有很多同学,他们都是从不同的国家来的。比如说美国、英国、韩国等,我每次上课的时候,听到各种各样的想法,很有意思。我在日本一个外国朋友都没有,因此只能通过日本的媒体知道外国的消息。但是我们的世界上,所有国家的关系不是都良好。有时候在国内报道的消息里有一些偏见和恶意。所以我觉得只从国内的角度来看一个事情还不足够,就像知道了一部分一样。从各个角度来看事情是最重要的,而且这样才能了解最全面最真实的情况。

以上是我上这个课的主要收获。我非常希望自己将来能对日中友好作出贡献。作为第一步,回国后,利用这3个收获,我计划向更多人介绍在中国留学的经验,比如阅读《新民周刊》等。我非常希望将来中国和日本的两国关系更友好,民间的偏见全部消失。

八、白雪花(美国):通过看"城与事"栏目,我从作者的眼里看到了中国老百姓的日常生活

这学期我选讲的文章有《雪落合肥》《我接妈妈住新房》《东南亚游,爱游

的理由》《我们渐入无纸币时代了》《让自动驾驶跑在法制的轨道上》《BBC这部纪录片让你"云吸猫"》《游客的凝视》《导师眼中的师生关系：君子之交》《苏州面馆的四大规矩》《越长大越孤单》《送了一瓶波尔多》《漫威Marvel，电影界的灭霸》《深夜收到七旬母亲的微信》等。

在这个学期上《新民周刊》导读课的过程中，我读了无数的文章，听了很多同学的报告，也参加了多次讨论。《新民周刊》有很多值得赞同的地方，但是我觉得对我来讲影响最深刻的就是"城与事"。"城与事"这个部分的文章都是中国老百姓写的，详细地向读者解释中国不同地方老百姓的日常生活和风俗习惯。世界的新闻在各个国家的媒体上都能看到，但是中国老百姓的故事只能靠中国人讲，所以我认为这个部分有非常大的价值。

我读的第一篇《新民周刊》的文章叫《雪落合肥》，是安徽省合肥市叫王蕊的一位动车工作人员写的。这个作者说到了他对雪的看法，也提到了，从小到大他的工作跟雪的密切关系。他向读者解释合肥下雪时的工作情况。下雪的时候，他马上去火车站扫车上和轨道上的雪，为了预防结冰。这个工作很艰苦，但是作者最遗憾的是不能跟家人一起欣赏下雪的风景。我觉得这篇文章特别有意思，因为我之前对动车人员在中国的工作情况完全不了解，所以这篇文章开阔了我的视野。

我接下来要解释的文章叫《送了一瓶波尔多》，作者叫安谅。这篇文章讲的是两个好朋友的故事，也同时解释了中国的一些送礼习惯。故事里有一个叫老傅的人，为了得到他的一个领导的肯定以及表示感谢，他在国外的时候买了一瓶红酒送给他。虽然他的原意是认真的，其他同事发现这件事情之后都嘲笑他，说他这个算腐败的行为，所以老傅没有得到他本来想要的效果。因为在美国送礼这件事比较随便，我从来没接触过这样的情况。我们初中和高中经常给老师送礼物，工作中也偶尔把礼物送给同事和领导，所以我一直认为这个是正常的。读了这篇文章以后，我才意识到两种文化对送礼的不同认识。

我要解释的最后一篇文章叫《我接母亲住新房》，作者名叫铁万钢，来自青海。春节快到了，作者在帮他母亲从村子里搬家到城市，希望她晚年的日子过得更舒服，更愉快。母亲的新房有空调、马桶、电灶以及很多作者认为应该让她开心的东西。但是刚好要过春节了，母亲有点想家，所以心情没那么好。后来,作者给她做村里过春节经常吃的一道菜,也认真地听母亲说一说往日时光的故事。当他们在一个新的地方产生了"家"的感觉,母亲也开心起来了。这篇文章让我更加了解了春节对中国老百姓的重要性。我读了这篇文章以后想起了美国的感恩节,今年是我第一次在国外过节,没有跟家人亲戚一起过节就像那个母亲一样难过。

这个学期以来,通过看"城与事"的文章,我从作者的眼里看到了中国老百姓的日常生活。我这次留学从很多不同方面体验到了中国文化的特点,《新民周刊》就是其中之一。中国就像拼图一样,了解到不同老百姓的看法和经历就可以更靠近了解到整个中国。如果每个人至少每个星期看一次这样的文章,我觉得我们会变成更包容、更有耐心、更通达人情的人。

九、附其他五位同学所选讲的文章目录

1. 沈保罗(韩国):《平昌之平》《从只生一个好到全面二孩放开》《从巴西之子到阶下囚》《特朗普的战争》《中兴的至暗时刻》《马克思在伦敦》《每次远航都是恋爱模式的重启》《一次非凡的点火》《记者调查:为何司机也对滴滴不满》等。

2. 徐艺慧(瑞典):《在城市寻找野趣》《姐时代:从顶起半边天到女人天下》《旅游,不再只有"买买买"》《亲妈你做,陪练我来》《游客的凝视》等。

3. 安东尼(意大利):《会嘎汕胡的歪果仁》《老食谱的故事》《BBC这部纪录片让你"云吸猫"》等。

4. 桑巴(美国):《姐时代:从顶起半边天到女人天下》《用相机寻找40年印记》等。

5. 安井竜也(日本):《不要因流量而去吃人血馒头》

(作者单位:复旦大学国际文化交流学院)

旗忠村：回眸那股
将改革进行到底的劲儿

赵 韵

说到马桥的改革开放，旗忠村绝对是绕不过的话题。当年，村办企业能取得显赫的经济效益，尤其是在村党支部的带领下，走集体富裕的道路，这是难能可贵的，旗忠村成了上海郊区农村发展的先进典型。

一、我们在那里见到了周宝娟

旗忠村党总支书记周宝娟说，你们想知道旗忠村当年的改革成就，应该要采访老书记高凤池，他才是带领旗忠走向改革，脱贫致富的功臣。然而，我们百般辗转，联系各方，老书记依然不愿意接受采访，他的意思是，这些都已过去了，不值一提。同我们原先了解到的一样，老书记依旧是那么低调，不张扬。

无奈之下，我们只能先行前往旗忠村，想参观一下村史馆，再到周宝娟那儿碰碰运气。旗忠村的村委会设在光华路沿线的一个小院子里，绿植环绕，鸟语花香。据当地村民介绍，旗忠村发展最为巅峰的时候，前来参观的人群络绎不绝，这10幢别墅便作为招待所和引进人才的员工宿舍。两年前，村党总支和村委会等部门搬来此处办公。

"你们想了解什么呢？"周宝娟爽朗地开口，"我也不是土生土长的旗忠人，你们想知道改革的那段故事，我肯定是说不出的。这样吧，我带你们去见见当时马桥电缆厂的老总，他应该比较了解情况。"至此，我们终于松了口气，也总算能写出30多年前旗忠改革、翻天覆地变化的故事了。

二、穷思变：抓住机遇谋发展

提起 20 世纪七八十年代的旗忠，上至乡镇领导，下至普通村民，甚至隔壁村、隔壁乡镇的村民，都连声道"穷"。穷到什么地步呢？"那时候还叫旗忠大队，我们称它为被爱情遗忘的角落。因为太穷了，周边的女儿都不愿意嫁到旗忠来，旗忠的单身男青年特别多。"出生在俞塘村的周宝娟，正是当年的"隔壁村女儿"，提起那时贫穷落后的旗忠村，周宝娟记忆犹新。

"我们当时是公认的穷村，人称马桥乡的西伯利亚。交通十分不便，改革开放初期，全村只有进出两条泥路。全村只有一部电话机，还是个分机。平时也没什么人和外面联系的，很闭塞。"顾德勤则说。

80 年代初期的顾德勤还是个初出茅庐的小伙子，也是一路跟着高凤池创办电缆厂，带领旗忠脱贫致富的班子成员之一。回忆起这段峥嵘岁月，顾德勤感慨万千。

"十一届三中全会以后，改革开放是个大话题，大家也都跃跃欲试。当时要求每个生产队都要办队办企业，为响应这个号召，大家就开始行动起来了。"

然而，创办企业真的那么容易吗？原先大家都是脸朝黄土背朝天的农民，也没受到过什么高等教育，说办企业就能办起来？

当然没那么简单。顾德勤告诉我，当时周边的乡镇都刮起了办厂之风，但大多效益不佳，走了很多弯路。"那时候办过瓶盖厂、石膏厂，还卖过纺织器材，甚至还开过化工厂，现在想想当时也没有什么污染不污染的概念，心有余悸啊。"顾德勤说。

改革的春风刮来，村民们瞬间怀揣无限希望。然而，几番尝试之后，收效与预期有着不小的落差。此外，周边的其他乡镇生产队也出现了很多问题，市场环境并不理想。在这个时候，时任旗忠村党支部书记的高凤池提出，想要开办电缆厂，村委成员也有些质疑的声音。

"当时周边乡镇也有开电缆厂的，效益并不理想。我们如果再开，起步已经晚了，又没有什么好的契机，所以反对声音不少。"顾德勤说，"后来高书记说了一句话,我印象特别深。他说,现在改革开放刚开始,市场其实是无限大的,主要就是看你的能力,付出和收获是成正比的。你不做,别人也在做。可能是因为穷怕了,现在有这么个翻身的机会,那时候高凤池在村里挺有威信,说话也比较有感染力,大家就想着,那就干吧!"

三、变则通:功夫不负有心人

1990年12月15日的《解放日报》头版头条刊登了一则名为《骏马奔腾——马桥乡改革启示录》的长篇通讯,对马桥的改革发展史作了详细报道。其中,更以很大的篇幅记录了旗忠村,尤其是马桥电缆厂创办初期面对的困难。当时新当选村支部书记的高凤池带着支部成员,下决心改变家乡贫穷落后的面貌。第一件事,高凤池带领成员们去叩响上海市科协技术咨询部的门。由于交通不便,他们要先骑自行车,再搭长途车,调市区公交车。终于,几位裤脚管还沾有泥土的农村年轻干部怯生生地来到了咨询部办公室。当时接待的同志都震惊了,想,你们这群年轻人,空口说改革,连项目意向都不明确,来咨询什么?碰壁是意料之中的事儿,用高凤池的话说,"旗忠村的办厂之路,就是从坐冷板凳开始的"。

好在功夫不负有心人,这群淳朴的农村青年一次次叩响科技部的门,半年后,科协的职员也被他们打动,给予了不少支持。"整个村齐心协力,全村劳动力划分清楚,一部分人继续搞农业,还有果园、副业队这些,其余的都去搞工业。村里统一集资,每家出500元。当时大家也不富裕,500元也不是小数目,但大家都没二话的。"回忆起当时热火朝天的景象,顾德勤依旧那么激动。

电缆厂办起来了,但更多的问题摆在了旗忠村民的面前。首当其冲的就是交通的不便。对于当时的旗忠村来说,别说私家车了,就是公交车也几乎没有,厂里的销售员都是骑着自行车往来市区进行销售的。当时电缆厂的产品主要销往市区的一些五金公司,销售员往往要骑上半天的自行车。等到了客户办公室,早已汗流浃背,灰头土脸,说话间还带着本地口音,又不会说普通话,连上海话都说不清楚,因此,有时还要遭受"市里人"的冷眼。

改革开放初期,市场还有些不规范,尤其是人们对农村改革的不理解以及普遍对乡镇企业有偏见和不信任,使电缆厂的经营变得举步维艰。"农村改革铺天盖地,自然也会存在一些不规范的,这样一来,社会上就会对乡镇企业存在误解和偏见。尤其是像我们做的是电线,万一有什么问题,是存在安全隐患的,所以当时市区里很多公司对我们都还有疑虑。"顾勤德说,"能不能按时交货?产品质量能不能保证?运转资金能不能保障?这些都是客户提出的问题,而我们就是要通过实际行动,一一向他们证明,我们是严格规范的乡镇企业。"

就这样,一线生产职工对产品质量严格把关,一丝不苟;销售员不惧风雨,四处上门宣传推销;送货员争分夺秒,甚至征用了村里种田用的四台拖拉机,务求按时将货物送达。旗忠村民们各司其职,团结一心,很快便打响了马桥电缆厂的品牌。

四、通则久:改革开放再出发

从1985年到1988年,是马桥电缆厂最辉煌腾飞的时候。村办工业从生产普通电线到一般电缆,从初级电缆到高级电缆,经济效益迅猛增长。然而,就在这百尺竿头想要更进一步的时候,新的问题又出现了。

马桥电缆厂在经过"船小掉头快"的阶段之后,很快跨到上规模、上水平的台阶,这对原材料的需求也愈来愈大。1988年,马桥电缆厂一年所需电解铜达到了1万吨,而这时上海市一年的计划数也只有7万多吨,一些城市企业因缺乏原材料而部分停工。而"没爹没娘"的村办企业更不可能在上海市的计划数内染指。

在似乎是不可逾越的原材料缺口面前,旗忠村党支部做了紧急动员,除了一名支委留守值班外,其他同志随供销人员一起,投入市场的海洋去寻觅。电缆厂的数十名供销员每人根据落实的采购任务,去云南个旧、安徽铜陵、河北邯郸、保定,几乎跑遍了全国所有的铜矿。此外,旗忠村还专门设立了一个废品回收站,发动村民,从中寻找铜原材料。"缺乏原材料,我们就无法生产,企业就要面临停产,但大家在困难面前都无所畏惧,当时党支部成员天天大江南北地跑，村民们也合力，几乎没有休息日的，从早上7点天亮工作到晚上7点天黑。也就是通过这段时间，电缆厂在其他同类企业中脱颖而出，一下子发展起来。"顾德勤说。这一年，旗忠村不但全部解决了自己的困难，使工厂站稳脚跟，还支持了有关城市企业2000吨原材料。

马桥电缆厂的成功使旗忠人的积极性无比高昂了起来，利用电缆厂的平台，与电缆相关的配套工业如变压器厂、开关厂等也渐渐开办起来，形成了遍地开花，欣欣向荣之势。"当时我印象最深刻的是有一家很小的，专门生产缠电缆的盘子的一家小工厂，一年的利润也可以达到1000万元。"顾德勤不无自豪地说："那时候的1000万元可不是个小数字啊！"

村办企业能取得如此大的经济效益，尤其是在村党支部的带领下，走集体富裕的道路，这是难能可贵的，旗忠村成了上海郊区农村发展的先进典型。《解放日报》头版头条刊登了马桥乡改革的事迹后，引起了中央的重视。1992年，邓小平到南方时来到旗忠村，称"这里的小学，是农村最好的小学，这里有全国最幸福的儿童"。同年，江泽民来旗忠村视察后说：我到过许多国家的农村，有这样气派设施的还不多。1993年9月，朱镕基视察后说："旗忠村把农民的房子全拆了，再集中起来盖，用地比原来盖房子的地还节省，房子周围还有一点绿地。他们靠乡镇企业赚钱，很多农民都比较富裕。"朱镕基多次夸奖说，这里是"开天辟地第一家"。

成功的背后是什么？在顾德勤看来，最重要的还是天时地利人和。对交通闭塞、经济落后的旗忠村来说，在最困难的时候乘上了改革开放的东风，让村里有了更多的出路，也就有了更多的发展机会。这时，年轻的党支部书记高凤池站了出来。他虽然没受过高等教育，但对家乡的热爱和带领家乡人民摆脱贫困的决心，让他带领村民闯出了一条康庄大道。而最重要的是当年，村民们团结一心，众志成城，扭成一股绳的劲儿；是家家户户二话不说，掏钱集资创业的劲儿；是起早贪黑，骑着自行车奔波于市区的劲儿；更是勇于开拓，将改革进行到底的劲儿。

(作者为上海明镜文化传播有限公司图书报刊部总监)

改革开放初期上海的"青年服务队"

陆静宜　刘　建　李成浩

1980年3月,上海"为您服务——青年服务队"诞生。伴随着1981年春"五讲四美"活动和1982年"第一个全民文明礼貌月"活动的开展,上海的"青年服务队"迅速发展到两万多个,具有早期"中国青年志愿者"的特征,得到了共青团中央和中共中央的肯定与推广。

一、上海"青年服务队"早期的简要发展历程

1979年10月,中共中央提出"社会主义精神文明"的科学理论和行动号召。随即,得到了人民群众特别是广大青少年的热烈响应。1980年春,上海有400多万青少年参加学习雷锋、学习"南京路上好八连"、学习"模范军医"吕士才的活动,"青年服务队"应运而生。"1980年3月,上海自行车三厂诞生了全国第一支青年服务队——'凤凰青年服务队'。"[①]当年3—5月,"上海自行车三厂、江南造船厂、上棉十六厂、上海柴油机厂等许多单位的青年,成立了各式各样的义务服务队,利用业余时间,为工人群众安装水表、电表,维修电器设备,油漆木器家具,理发、剪裁等。财贸系统的许多青年,把各种常用商品送到医院、饭店、里弄,为外地来沪的病员、旅客以及附近行动不便的居民提供方便;房产部门的许多青年,深入街道,为烈、军属修理房屋和各种设备"。[②]由此开始,上海"青年服务队"开始逐步发展起来,大致经历了三个阶段。

第一阶段,至1981年4月18日。上海团市委向中共上海市委和团中央报送《关于组织和开展青年服务队活动的情况报告》:"据上海经委系统十六

个局的不完全统计,各种类型的青年服务队已有六千多个。基建、财贸、郊县一些单位,也相继成立了青年服务队。"

第二阶段,至 1981 年 11 月 27 日。上海团市委和上海市建设委员会联合召开表彰市房修七队新疆路工地青年先进集体大会。团市委书记汪明章在大会上报告此时上海的青年服务队已达一万多个。③

第三阶段,至 1982 年 4 月 6 日,上海团市委向中共上海市委和团中央报送《关于上海青少年参加"全民文明文明礼貌月"活动的情况报告》,此时的上海"全市二万零五百多个青年服务队,三万一千多个'关心小组'"。之后,长期稳定在这个数字的上下。

二、上海"青年服务队"的主要时代特点

1. "为您服务"4 个字,凸显了 20 世纪 80 年代"为人民服务"的时代特点。上海的"青年服务队"的全称是"为您服务——青年服务队"。"青年服务队"在义务服务中,不吃烟茶、不受礼物,他们自豪地说:为您服务,并不是为了得到"您"的报酬。他们的模范行为,对社会上开始滋长的"一切向钱看"的风气,形成强烈的震撼和冲击。

上海团市委一开始就把"青年服务队"活动看作是"学雷锋、树新风、做好事"活动周的传承,在活动中继续大力弘扬"雷锋精神"。1980 年 2 月,上海机电一局团委等基层团组织,开始组织"八十年代到底要不要学雷锋?"的讨论。这个讨论与《中国青年》杂志随之组织的"潘晓来信讨论"一道,努力引导一部分青年走出个人患得患失的小天地。这些讨论,使青年们充分认识到在实现四个现代化的征程中,必须弘扬雷锋"把有限的生命投入到无限的为人民服务中去"的精神,勇于改革、善于改革。雷锋的革命人生观在青年们的心中深深扎根。

2. "青年服务队"的组织形式,是加强共青团基层思想建设、组织建设的有效形式。上海的"青年服务队"是以基层团支部为核心发起组建,以青年中的党、团员为主体的。它吸收了怀有"一技之长"的青年们,为他们表现才能提供了舞台,同时,也加深了对他们的思想和组织教育。那时候,在"青年

服务队"里,既开展"热爱祖国、热爱社会主义、热爱党"的教育(称作"大三爱"),也开展"爱企业、爱本职岗位、爱产品"(称作"小三爱")教育,形成了20世纪80年代加强基层思想政治工作的特色。

上海市纺织、手工、商业、冶金、化工系统的"青年服务队",在为老干部、老劳模、老科学家服务的同时,请他们作报告,讲传统。不少中、老年人为青年人当参谋,传技艺,出现了两代人齐心协力建设"两个文明"的生动局面。

上海市公交公司团委加强职业道德教育,在青年服务队中组织"信誉服务"活动,在公交站头公布"服务公约",设立"乘客意见簿""问询台",请广大乘客监督评判,以提高服务质量。

3."青年服务队"活动不仅局限在志愿服务领域,也进行了广泛而有效的延伸。

一方面,是与当时社会上的主流活动进行了结合。比如,与共青团正在开展的"新长征突击手(队)"活动就很好地结合起来。1978年10月,共青团第十次全国代表大会的工作报告,提出了"为伟大的新长征贡献青春"的口号,并开始组织"新长征突击手(队)"的评选活动。在"青年服务队"起步的时候,1981年5月4日,上海隆重表彰了第二批"新长征突击手(队)",许多"青年服务队"的优秀集体和优秀分子都被评上了"新长征突击手(队)"。上无十八厂青年工人罗大伟,不管刮风下雨、路远路近,坚持利用业余时间上门为用户修理电视机。他还利用调休,自费购买船票,到崇明县的农村去修电视机。工厂团委抓住这个典型,提出"学身边人,做利民事"的口号。1981年3月,上海市仪表局团委授予罗大伟"雷锋式标兵"称号。一个"罗大伟",带出了一批"罗大伟"。至1983年1月,全市工交、基建、财贸青工中,被评为各级新长征突击手的达53 600多人次。

再比如,与随之而来的"青工技术培训""青工文化补习"高潮以及"振兴中华读书活动",也进行了有机结合。1978年恢复高考以来,上海青工学文化、学技术的热潮一浪高过一浪。全市有100多万职工参加技术练兵活动,100多万职工参加各类业余学习和"双补"(补文化、补技术)。这"两个一百万"中绝大多数是青年职工,其中相当部分就是"青年服务队"队员。青工学文化、学技术,推动了"五小"(小建议、小创造、小发明、小革新、小窍门)活动的开展。1982年开展的"振兴中华"读书活动,共有20多万职工参加,绝大部分是青年职工。9 000多个读书小组中,有8 000多个是青工读书小组。抓斗大王、全国劳模包起帆,当年是第一批参加"振兴中华读书活动"的青工;他得到的第一张荣誉证书,是读书先进的证书。"振兴中华"读书活动后来延续30多年经久不衰,成为上海市文化建设的一张"名片"。

另一方面,上海"青年服务队"也扩大到各个领域,形成"万朵红花竞开放"的局面。建工系统的5 000多名青年泥工、木工、漆工,组织起425支青年服务队,利用星期天到全市410所幼儿园修理门窗、桌椅、教具等数万件,有的幼儿园一日间面貌一新。上海市纺织、冶金、港务和黄浦区有11个单位的青年服务队到公园设立"青年艺术服务点",为群众绘画、刻章、剪影、制作盆景等。

尤其是农村的"春耕备耕服务队"这一形式,与正在上海郊区兴起的农村"文明村"建设汇成一股洪流。青浦、南汇、川沙、松江等县组织了近千支"春耕备耕服务队",为生产队修理农具、电器设备和道路桥梁,促进了春耕工作。松江县华阳桥公社印刷机械厂的"青年服务队",还把社员们的短齿铁耙、缺角锄头、卷口羊角56件,带回厂里一一修好,使之重返农田作业。

三、"青年服务队"从上海走向全国

与20世纪60年代的"学雷锋、做好事"相比,上海"青年服务队"具有"有组织""可持续"的首创特点。只有组织起来进行志愿服务,才有持久的力量。由此可以看到,上海"青年服务队"具有早期"中国青年志愿者"的特征。

共青团中央从1980年起,就敏锐地发现上海"青年服务队"的价值,大力肯定与推广上海"青年服务队"的经验。1980年7月22日,上海团市委在自行车三厂召开1 300多名团干部参加的现场会。"大会上,团市委受团中央的委托,向自行车三厂团委赠送一台19英寸电视机,并宣读了团中央给他们的一封信。"

1981年3月5日,共青团中央书记处第一书记韩英在上海与学雷锋先进单位团干部座谈。第二天,他在上海《青年报》上发表署名文章《上海青年要成为建设精神文明的带头力量》。他写道:"上海的青年服务队,就是'学雷锋、做好事'经常化的一种好形式。他们所开展的多种多样的'为您服务'活动,对于改善人与人之间的关系,改变社会风气,起了积极的作用,受到了广大群众的欢迎。"韩英同志还到上海自行车三厂,实地考察青年服务队情况。

紧接着,共青团中央向全国团组织批转上海团市委1981年4月18日《关于组织和开展青年服务队活动的情况报告》。团中央的批语中说:"青年服务队的出现,表明了青年觉悟的提高和社会风气的转变,它给学雷锋、树新风和争当新长征突击手活动提供了一种经常化的好形式。请各级团委在当前的'五讲四美'活动中,在新长征突击手活动中,注意立足基层抓落实,不断总结新经验,脚踏实地为建设高度的物质文明和精神文明而努力。"④

1981年5月3日,中共中央、国务院领导同志来到中南海怀仁堂,同来自全国各地的学雷锋先进青年和先进青年集体代表座谈。这个座谈会由共青团中央具体组织,韩英主持。李先念、方毅、倪志福、彭冲、万里、宋任穷、杨得志、习仲勋、康克清等领导出席。在会上,团中央让上海自行车三厂团委书记龚镇林第一个发言。⑤据龚镇林回忆:团中央书记处书记高占祥赶到他住宿的国务院第四招待所,与他共同斟酌修改发言稿。高占祥要求他一定要背出来。第二天的座谈会,给他讲20分钟,他足足讲了40分钟。缘由是中央政治局委员、全国总工会主席倪志福等领导多次插话,问他问题。所以整个发言时间拉长了。他用了很大篇幅,讲了上海自行车三厂和自行车公司、轻工局系统的"青年服务队"的情况。5月3日下午,在团中央办公大楼四楼举行座谈会,中共中央书记处书记宋任穷和团中央的韩英、高占祥、周鹏程、李海峰、克尤木·巴吾东出席座谈会。宋任穷同志说:上海自行车三厂团员、青年利用业余时间搞"青年服务队",就是改善人与人之间的关系,老工人还主动要做顾问。

1981年5月21—30日,共青团中央在上海召开"第四次共产主义道德教育座谈会"。会议的主题是"研究学雷锋、树新风和'五讲四美'活动的经常化等问题"。5月22日,会议专门安排一天,上午到上海自行车三厂,下午到上海无线电十八厂,组织全国各地代表现场观摩并专题座谈上海青年服务队的"为您服务"活动。对此次会议,共青团中央书记处非常重视,来了3位书记处书记:韩英、高占祥、克尤木·巴吾东。3位团中央书记处书记都再次强调:"青年服务队是一种组织青年常年地、集体地学雷锋、做好事的好形式,应该认真地加以组织和推广。"

四、中共中央肯定和推广"青年服务队"

1982年5月28日,中共中央批转了中央宣传部、共青团中央的关于"全民文明礼貌月"活动总结会议纪要,即中共中央(1982)27号文件。⑥在《会议纪要》和中共中央的批语中,大力肯定了上海的"青年服务队"经验。

中共中央批语是这样写的:"'五讲四美'活动,以及'全民文明礼貌月',学雷锋,义务劳动,整顿交通秩序,卫生运动,青年服务队,军队的'四有、三讲、两不怕',大中小学的《学生守则》,工矿企业的《职工守则》,服务行业的服务公约,农村的乡规民约,科技工作者的科学道德规范等,都是我国人民在建设社会主义精神文明中创造的具体活动方法和形式。"

在中共中央(1982)27号文件的附件,即1982年5月4日中宣部、团中央《深入持久地开展'五讲四美'活动争取社会主义精神文明建设的新胜利——"全民文明礼貌月"活动总结会议纪要》中,有3段论及"青年服务队":

1. 成千上万的青少年和人民解放军战士走上街头,深入住户,开展学雷锋、送温暖的活动。这种助人为乐、不计报酬的共产主义精神和爱国家、爱集体、爱人民的新风尚,冲击着"一切向钱看"的资产阶级腐朽思想和先进人物受讽刺打击的歪风,改善了干群关系、军民关系、民族关系以及成老年与青少年、教师与学生、服务员与顾客的关系。它从一个重要方面体现了党的优良传统和社会主义制度的优越性,其意义是不可低估的。

2. 列宁多次指出,青年不能只限于从小册子上学习共产主义,更重要的是要通过参加公益活动、公共服务和义务劳动,从平常的工作、劳动中来学习共产主义。近一年来,各地在"五讲四美"活动中涌现的成千上万个青年服务队、学雷锋小组以及红领巾卫生街等,都是青少年在实践中学习共产主义,培养良好道德情操的有效方法。各级党委和有关部门要加强领导,使这些活动坚持正常,更富有教育意义。

3. 群众在"五讲四美"活动中创造的新经验,要加以总结、推广,不断壮大活动的骨干队伍。青年服务队、学雷锋小组、贴心人小组、助耕队等形式,要进一步完善和发展,立足基层、坚持自愿、业余的原则,对烈军属、五保户、孤老病残实行定对象、定内容、定人员的"一条龙"服务。

7个月之后,上海"青年服务队"的经验又"梅开二度"。1983年1月7—22日,中共中央书记处委托中央宣传部、中央组织部、中央书记处研究室、国家经委、全国总工会、团中央、全国妇联7个单位在北京联合召开"全国职工思想政治工作会议"。会议在安排发言时,上海团市委副书记范鸿喜作为全国唯一的共青团系统代表上台作大会发言。发言稿全文登载于当年1月18日的《中国青年报》上,题目是《为人民服务 为社会造福 用共产主义思想教育青年——开展青年服务队活动的几点体会》。

综上所述:上海"青年服务队"产生于改革开放初期。上海共青团组织继承和发扬了20世纪60年代的"学雷锋"的传统经验,按照80年代新时期要求,开拓了具有广泛群众参与的新路子。"为您服务——青年服务队",是"树立社会新风尚的带头力量",是"群众性精神文明创建活动"的最初行动。共青团中央深入基层、靠前指挥,将上海"青年服务队"的经验推广到全国。之后,"青年服务队"活动聚焦到志愿服务的制度完善、组织健全方面,并逐级上新台阶。1993年,"中国青年志愿者"正式组建。2008年"北京奥运会"和2010年"上海世博会",中国青年志愿者走向大型国际活动的舞台。

(作者单位:中共上海市松江区委宣传部新闻科;
上海绿庭投资控股集团股份有限公司;
中共上海市松江区委宣传部办公室)

跋一
《改革开放初期上海郊区文明村建设状况回顾》一文的补充

刘 建　余俊俊　朱 辉

2017年10月,《2017年上海精神文明发展报告》刊登刘建、余俊俊、朱辉的《改革开放初期上海郊区文明村建设状况回顾》一文。近一年来,笔者又发现了一些当时的相关记载,觉得不妨做些补充。总背景是:1981年5月21—30日,共青团中央在上海召开"第四次共产主义道德教育座谈会"期间,正是上海郊区"文明村"建设试点起步的时候。共青团中央在对上海"青年服务队"等经验的推广过程中,及时发现、肯定了上海郊区"文明村"建设的试点。具体为:

1. 1981年4月,《上海团讯》刊登《夜访文明村》的文章。这是在中国大地上,第一次见诸报纸杂志上的"文明村"提法。因为《上海团讯》是有刊号的团的刊物,刊号为:沪刊第192号。

紧接着,1981年5月,川沙县花木公社团委、妇联、民兵营作出《关于开展"五讲四美　建设文明村"的决定》,从"文明环境""文明队风""文明家庭""文明青年""文明育苗"(指的是"对少年儿童的培养教育")5个方面着手,开始创建"文明村"活动。

花木公社团委书记杨宝强1981年12月写的《一九八一年度花木公社团委工作总结》里谈道:"'文明村'建设活动也得到了县、市、中央团组织的肯定与赞扬。团中央书记、宣传部长,团市委领导,以及外省市的团干部也分别去'文明村'建设的生产队检查、指导工作,给了我们很大的鞭策和鼓舞。"

杨宝强1982年8月27日写的《团结全社青年,为建设社会主义的两个文明而英勇奋斗——在共青团花木公社第八次代表大会上的工作报告》讲道:"'文明村'建设的活动也得到了县、市、中央团组织的赞扬。团中央书记、宣传部长,团市委有关领导都分别来我社检查、指导'文明村'建设,给我们很大的鼓舞和鞭策。"

这3份档案资料,均存档于上海浦东档案馆川沙馆。这3份档案资料,表明川沙县花木公社青年实践的是:"文明村"+"建设",他们已经提出了"文明村建设"的完整概念,体现了"精神文明重在建设"的初衷。

同时,也表明川沙县花木公社的"文明村"建设,一开始就得到川沙团县委、上海团市委、共青团中央的支持和帮助。

2. 据当时担任川沙团县委书记的吴树福回忆:他当年陪同高占祥、李传华两位领导分别来到花木公社。他特地写信给我们:"李传华不是和高占祥一起来的,李传华比高占祥先到川沙考察。特此补充。"

据当时担任上海团市委副书记的范鸿喜回忆:他当时在上海团市委分管宣传等工作;是他代表上海团市委陪同李传华去川沙的。

时任川沙县委书记倪鸿福亲自接待李传华、范鸿喜一行。

李传华曾担任过胡耀邦秘书。1964—1965年间,他跟着胡耀邦从共青团中央机关到陕西省委工作。中国的社会主义精神文明建设起步阶段,他担任团中央宣传部部长;1983年春,调中共中央宣传部任宣传局副局长、局长。1991—1998年,任中央党史研究室副主任。

3. 杨宝强保留着2003年出版的《花木镇志》。里面有3条关于当年花木公社"文明村"建设的珍贵史料记载,均在《花木镇志·大事记·1981》条目里:

(1) 5月9日,共青团中央宣传部部长李占(传)华来花木人民公社检查文明村建设工作。

(2) 5月24日,共青团中央在上海市召开各省市、自治区团委书记会议,共青团花木人民公社委员会被邀在会上作了题为《把建设"文明村"作为农村"五讲四美"的重要内容来抓》的发言。

(3) 6月1日,共青团中央书记高占祥一行来花木人民公社检查共青团工作。

我们按照逻辑推断:李传华5月9日来花木公社看"文明村"建设之后,布置了一个任务:请花木公社团委在5月21—30日于上海召开的"第四次共产主义道德教育座谈会"上,做一个发言介绍。

《把建设"文明村"作为农村"五讲四美"的重要内容来抓》这个发言材料,现在也找到了,共15页,也存档于上海浦东档案馆川沙馆。据杨宝强讲,这个稿子是他被召集到上海团市委机关里写的。5月24日大会集中,发言的单位较多,花木公社团委的发言后来被作为书面发言。

我们仔细看了这个15页的书写材料,笔迹隽永,写得很细致。尤其对"文明环境""文明队风""文明家庭""文明青年""文明育苗"(指的是"对少年儿童的培养教育")5个方面的创建方向,给予侧重介绍。

为何笔迹却不是杨宝强的呢? 2018年5月间,这一点终于搞清楚了。据当时在团市委青农部的徐敏辨认:"这笔迹是青农部吴学军的。还能认得。"

所以,杨宝强写出初稿;接着,团市委的几个笔杆子加以修改;最后,由吴学军负责誊清。

4. 在上海浦东档案馆南汇馆,我们还看到了高占祥于1981年5月30日在第四次共产主义道德教育座谈会作《总结报告》的记录稿。高占祥说:上海团市委"青工部注意抓文明经商、礼貌待客、文明生产、尊师爱幼等方面的工作。青农部抓开展文明村的活动。少年部开展'洁、齐、美',写'文明信'和发动少年儿童为社会做好事的活动"。

虽然是"青农部抓开展文明村的活动"寥寥一句,却反映了上海郊区"文明村"建设,团中央主要领导知道了,而且是大力支持的。

5. 在《川沙县志》中有记载:1981年6月,团中央书记高占祥等来花木公社检查共青团工作。([注1]《川沙县志》第45页。上海人民出版社1990年出版。)

情况很清楚,高占祥是在"第四次共产主义道德教育座谈会"之后去川沙的,也是在团中央宣传部长李传华去川沙县花木公社之后,他代表共青团中央主要领导再去川沙县花木公社的。

据吴树福回忆:高占祥到川沙主要是看"文明村"。高占祥作风深入,到农户家里去看,与农民面对面交谈。高占祥此行共两天。吴树福和团市委常委、青农部部长沈富根陪同。

后来,高占祥于1983年调任河北省委书记(此时河北省委设第一书记),

他以极大的热忱,投入到建设"文明村"的实践。1984年7月,河北省委宣传部召开"文明村"理论研讨会。高占祥的论文:《把文明村建设引向科学轨道》([注2]中共河北省委宣传部编《论文明村》一书的第7—19页。河北人民出版社1984年出版。)成为该次理论研讨会的主报告。

6. 这是一个重要的情况:在上海郊区"文明村"建设的试点单位刚刚起步阶段,团中央领导就听到了关于"文明村"建设的消息,就去第一线看"文明村"建设了,切实把萌芽状态的"文明村"试点当件事。这是因为,团中央敏锐地关注到"文明村"这一社会主义新生事物,认为它有发展前途。

共青团中央的关注和支持,直接鼓励了上海团市委。6月16日,上海团市委在奉贤县新寺公社南宅大队召开"文明村"建设现场会。会上,川沙县花木公社团委、宝山县罗泾公社团委和奉贤县新寺公社南宅大队团支部,分别介绍"文明村"试点的情况。7月10日,上海团市委青农部印发沪团委(81)农字第3号文《抓好环境美 建设文明村》,通报了团市委在奉贤县新寺公社南宅大队召开建设"文明村"现场会的情况。该文件要求上海郊区各县社(团委)要积极争取党委领导的支持,与有关部门密切合作,抓好试点,以点带面建设"文明村"。

这是中国第一个省市级的"文明村"建设的现场会。

1981年6月18日,上海《解放日报》第一版刊登富根、松鹤的报道:《搞好环境美 建设文明村——团市委在奉贤南宅大队召开现场会》。

这是中国第一次省市级党报报道"文明村"建设。

所以,1981年5月共青团中央召开的"第四次共产主义道德教育座谈会"有个意外的收获,就是为上海郊区"文明村"建设试点与团中央领导到第一线去看、去支持的两者之间,牵了线、搭了桥。

这样,也与我们之前发表的《改革开放初期上海郊区文明村建设状况回顾》一文,连起来了。

1981年下半年,团中央出了一本《团的工作先进经验汇集》,上海郊区团组织的"文明村"建设和"万朵红花赛"两个项目,都上了榜。

7. 1982年1月5—14日,共青团中央在北京召开了团的省、市、自治区书记座谈会。中共中央书记处书记习仲勋到会讲话:"共青团在新时期担负着繁重的任务,党对你们寄予很大的希望。"座谈会由此提出:新的一年里各级团组织更加放手工作,在建设社会主义物质文明和精神文明中打开团的工作的新局面。

1982年1月28日出版的当年第2期《上海团讯》载:团中央召开工作会议,研究1982年团的工作。在"继续广泛开展五讲四美活动"方面,城市的"五讲四美"活动主要抓好三件事:搞好环境卫生,解决一个"脏"字;整顿公共秩序,解决一个"乱"字;提高服务质量,解决一个"差"字。农村的"五讲四美"活动,主要抓好破旧俗,刹歪风,制止赌博、封建迷信等歪风邪气,提倡讲卫生和美化环境,搞好"文明新村"的试点。

可见,共青团中央当时的想法是城镇、农村两头并进,"继续广泛开展五讲四美",包括"文明新村"的试点。此时,团中央已经把农村开展"文明村"建设,提到战略高度来考量。

1982年3月,团中央书记处书记陈昊苏到上海指导"全民文明礼貌月"活动。在半个月里,他直接帮助上海团市委策划、组织了3月13日松江"文明村"建设的现场会,并自始至终成为该现场会的主角。

3月15日,上海团市委在青年宫召开第一个"全民文明礼貌月"活动中期经验交流会,陈昊苏在会上提出:"文明村建设要坚持下去、形成制度。"上海团市委书记汪明章、副书记万学远也都在会上讲了话。

陈昊苏将松江现场会的发言材料带回北京。1982年4月7日,共青团中央宣传部第28期《情况交流》,通篇转发了上海郊区团组织普遍开展"文明村"建设和松江县五里塘公社园中大队花园村生产队建设"文明村"的两个材料。这是团中央在1982年时段唯一的整期介绍"文明村"经验的《简报》。

1982年5月28日,中共中央批转了中宣部、团中央关于"全民文明礼貌月"活动总结会议纪要。在中宣部、团中央的《会议纪要》(5月4日)里,肯定了"文明村"试点。"在着重抓好城市的同时,要把'五讲四美'活动逐步推广到农村,结合实际制定乡规民约,不断破旧俗、立新风,认真搞好文明村的建设。"([注3]《三中全会以来——重要文献选编》(下)第1296页。人民出版社1982年出版。)这是中宣部、团中央层面,第一次肯定"文明村"的文字记载。

仅仅半年多时间,中共中央在(1983)1号、2号文件中,都跟着肯定了"文明村、文明家庭"建设。1983年1月2日,中共中央关于印发《当前农村经济政策的若干问题》的通知(即第二个中央农村一号文件)中指出:"要通过制定乡规民约,开展建立文明村、文明家庭的活动。"1983年1月20日,中共中央《关于加强农村思想政治工作的通知》也指出:"通过制定乡规民约,开展建立文明村、文明家庭活动,改变村容村貌,增强村民团结、家庭和睦,树立社会主义新风尚。"([注4]中共中央文献研究室.十二大以来重要文献选编(中)[z].北京:人民出版社,1986:229.236.)

  由此我们得出结论:共青团中央宣传部1982年4月7日《简报》,团中央高占祥、陈昊苏、李传华3位同志在第一次"全民文明礼貌月"活动总结会议期间的汇报,是中宣部、团中央《会议纪要》里写进"文明村"一段话的主要依据。

(作者单位:上海绿庭投资控股集团股份有限公司;
上海市松江区文明办;上海余天成医药有限公司)

跋二
学从商，有德易行
——记我的创业导师李长虹先生

肖其会

2018年3月初，在上海社会科学院王泠一博士的倡议下，本人很荣幸参加了金山朱泾镇大茫村的惠民活动"外来媳妇创业结对项目"，并幸运地与上海永太服装金山有限公司董事长李长虹先生结对，他也成为我人生中第一位创业导师。

初见老师，印象最深的就是他的平易近人和说话时的温和语气。当我走进永太，走近老师，才真正感受到一位企业家的慈善情怀。

对社会，他讲的是责任：企业与社区周边的关系，在许多地方容易产生矛盾，但永太和老师却和社区周边相处和谐，成为百姓口中的名企和善人。写作此文前我曾问村里的阿婆，觉得永太服装厂老板怎么样，阿婆说：李长虹好人啊，敬老院的第一台电视机就是他送的！他热心公益，尽自己所能帮助社区老人，有一天我从其办公楼下来时，刚好碰见一辆爱心助老送餐车停在门口，经了解才知道，这辆爱心送餐车是永太服装旗下的广缘大酒店为社区老人排忧解难，从2014年2月20日开始，零利润面向全镇65周岁以上老人推出了这项服务，目前已经累计配送助老餐8万多份。从邻里口中还得知他帮助20多名贫困学子完成学业，帮助过10多家贫困户渡过难关。

他乐于助人，有求必应。前几天因我工厂财务缺乏出口产品税务申报常识，导致被税务机构警告，对后续出口产品造成影响，我第一时间想到老师，他的企业有多年的产品出口税务申报操作经验，我给他发微信说明情况，很快得到老师回复，并把他的会计老师电话告知于我，说随时可以了解学习。第二天我带着财务来到永太财务部学习，足足耽误了老师的会计团队半天时间。后来我从会计那得知,老师出差途中还多次关心事情的落实情况,当他了解到我生产中遇到一些问题时,即刻为我出谋划策,提出解决方案,其热心助人的行为深深感染了我。

善行一日易,难的是其多年持续性行善助人,凸显出来的企业家精神和社会责任,值得我们创业者学习敬仰。

对经营,他讲的是诚信:"做生意你首先要守法合规,诚信经营,这样你的事业才能做得起来,还要懂得感恩、回报社会。"一次聚餐中老师的教诲记忆犹新。这么多年,从永太服装到盐城工厂再到江西九江,以及广缘大酒店能得到蓬勃发展,离不开其诚信经营的理念。

对职工,他讲的是良心:近年来,生产成本增长迅速,他却把提升员工"幸福指数"放在首要位置,为员工不断创造更加体面的工作和生活环境,成为企业的重要使命。为员工成立文化阅览室、健身活动室等;走进生产车间,空调风迎面扑来,茶水室的咖啡香味扑鼻;"开中层管理会议时,他经常跟车间管理者讲,若发现有人趴在平车上睡觉,就让她睡吧,不要去打扰她",一位在永太工作过的姐妹这样对我说。前不久老师还"微服出巡"检查江西分厂,因食堂没有按每日菜谱要求给员工烧红烧肉而被他批评教育。诸如此类微小细节,将企业以人为本的管理理念体现得淋漓尽致。

当然,我们这些青年创业者都需要向李长虹这样的优秀企业家学习。但我们到底要从他身上学习什么呢?我想首先应该是学会做人,学他的德与善,学他的诚与信,学他的以人为本,学他的管理创新……因为只有学会了这些,我们的创业梦才不会太遥远!

(作者为:上海海斐欧工艺礼品有限公司经理)

跋三
花开新时代的舞蹈人生

张羽凡

无心插柳柳成荫——我最初接触舞蹈并非是自己主动学习,或是家里人强迫学习,而是因为就读的幼儿园当时仅剩余一个舞蹈班的名额,我自然而然学习起了舞蹈。每周一次的舞蹈课,由上海市青少年活动中心手拉手艺术团前团长——郭子徽老师前来授课。郭老师年过半百,戴一副细框眼镜,由于疾病的原因体型走样,似乎与印象中舞蹈老师的形象相去甚远,但就是这样的一位老师启蒙了我的舞蹈人生,点燃了我对舞蹈的热爱。

郭老师有一面大鼓,平时上课,他就坐在大鼓旁边,一手拿着鼓棒,双手环抱胸前,瞪大双眼环顾教室,好不威严!他恨极了学生偷懒,若是他看到我们有什么不对的地方,会直接将鼓棒丢向你的脚边,好不可怕!有时候真是气急了,他会亲自跑到你身边,用鼓棒敲打你没伸直的膝盖。所以,我每一堂舞蹈课都用尽全力,这渐渐成为一种习惯,也就从未挨过郭老师的鼓棒,此后的成长过程中也少挨了许多"生活的鼓棒"。

幼儿园毕业后,我正式考入手拉手艺术团,中国儿童歌舞学会理事、上海舞蹈家协会理事陆燕卿老师和上海舞蹈家协会理事张海芳教授,分别担任民族民间舞和芭蕾基础训练的老师。我认为,我能够从小跟随优秀的老师们学习这两种舞蹈,是幸运的。

我后来还知道了舞蹈王子黄豆豆。豆豆老师是我国一级舞蹈演员,舞蹈表演艺术家。他曾说"舞蹈是传递民族精气神的艺术"。我虽不曾走遍祖国的大好河山,也不曾接触过少数民族人民,但通过学习民族民间舞蹈,我却真真切切地感受到了山河之壮丽,体验过了各族各地的风俗人情。豆豆老师也说过:"舞蹈也是传递和平与友谊的艺术。"我一直相信:民族的,就是世界的。我曾多次随团赴国外参加比赛和演出,在世界的舞台上表演中国舞蹈,传播中国文化,表达中国思想。每次表演结束,台下都会掌声雷动,还会听到国内少有的像"Bravo"这样的尖叫喝彩声。身为一名中国人,每当这一刻激动的泪水都会夺眶而出,越发觉得能够学习、传承、发扬民族民间舞,是责任,更是幸福。

芭蕾,是欧洲影响力最大的古典舞蹈。在所有的艺术表现形态中,芭蕾最强调仪式感,对体态的要求特别高。我第一次观看的芭蕾舞作品是来自俄罗斯芭蕾舞团的《天鹅湖》,其中"白天鹅"的形象令我至今难忘。似乎一成不变、平稳挺拔的体态会导致视觉上的单调,实则芭蕾舞者在进行动作叙事时,气息、眼神、心绪等等,无不跟随着动势在改变,这是我在长年累月的芭蕾基训学习中的体会。芭蕾舞流行至今的原因绝不是对枯燥生活的点缀,而是一种强有力的生活方式:对过去的传承,对今日的承诺,对未来的向往。如此,芭蕾舞的学习能为其他舞种的学习打下坚实的基础,真真必不可少。

我第一次登台是在"上海之春"的舞台上参演团里的剧目《和谐阳光》,舞蹈中白鸽的形象在蓝天自由翱翔,描绘了阳光下美好、和谐的景象。舞蹈中有个"鸽王"的角色,舞蹈开场时,干冰从台侧漫上台,"鸽王"从升降台升上舞台,唤醒沉睡的鸽群,在一旁扮演鸽群的我羡慕不已。时隔4年,新版《和谐阳光》站上"第六届全国小荷风采"舞蹈比赛金奖的领奖台,这一次,我不再羡慕他人,因为,我已长成"鸽王"。

随着青春期的发育和升学的压力,舞蹈于我在一定程度上由热爱转变为压力。明显地发现,我开始倾向于躲在别人后面、躲进人群里,甚至逃避舞蹈课。我明白这是必经的过程,正如所有的事情并非一帆风顺,所以我坚持,坚持不放弃对于舞蹈最初的热爱。

2018年暑假DMC国际青少年舞蹈大师课来到上海,由中国和美国双方老师联合执教。美方老师教授国际最前沿、最具感染力的舞蹈风格,为上海学舞蹈的孩子开启了全新的舞蹈世界。

比如当代舞的课程学习:当代舞最初借鉴古典芭蕾、现代舞和爵士舞等舞蹈风格,鼓励孩子们即兴发挥,创新创造,带来个性的彻底解放和自我意识的真正觉醒。这里所倡导的自我意识,并不是自私,或是贬义的自利,也不同于读书所感受到的那种自我的渺小、无知,而是第一次真实地感受自我的存在:我的整个身体、身体的各个部位,如何运动?为何运动?眼睛看见什么?耳朵听到什么?心,又为什么而怦怦跳起来?

如果说,学习油画,可以感受到单调的地面其实是五颜六色,那么DMC的学习,让我重新感受到了万物的运动,探索这些运动的轨迹,从而创造自我的运动方式,并勇敢地去实现自我价值,从而重塑世界观,重塑舞蹈观,重塑人生观。

第六届上海国际芭蕾舞比赛恰好也在上海国际舞蹈中心举行,我有幸目睹专业芭蕾选手的实力,能够看到自己的差距,也借此盛会聆听舞蹈界前辈们的教诲。上海芭蕾舞团团长辛丽丽老师说:我们是舞者,更是文化使者,无论是西方芭蕾或是东方芭蕾,作为一门传递情感的艺术,若舞蹈中没有对人性的挖掘,不能走入人们的内心,充其量也就是一项技巧高超的"体育竞技"。

的确,世界舞蹈正在发生翻天覆地的变化,中国国力日益增强,中国舞蹈也在与时俱进。"上海文化"品牌战略已经打响,强调文化交流更加频繁,打造海派文艺高峰。我认为,作为上海舞蹈的一分子,应该具备海纳百川的学习能力,在继承发扬传统的同时,积极吸收外来的、新兴的舞蹈风格,也应该拥有追求卓越的进取精神,不断精进技艺,超越自我,勇于创造。

我舞故我在,舞出我人生;国强舞更强,舞出新时代。

(作者单位:上海师范大学)

图书在版编目(CIP)数据

2018年上海精神文明发展报告/谢京辉,王泠一主编.—上海:上海社会科学院出版社,2018
 ISBN 978-7-5520-2493-7

Ⅰ.①2… Ⅱ.①谢…②王… Ⅲ.①社会主义精神文明建设—研究报告—上海—2018 Ⅳ.①D648

中国版本图书馆CIP数据核字(2018)第240030号

2018年上海精神文明发展报告

主　　编	谢京辉　王泠一
责任编辑	杨　国
封面设计	陆红强
出版发行	上海社会科学院出版社
	上海顺昌路622号　邮编200025
	电话总机 021-63315900　销售热线 021-53063735
	http://www.sassp.org.cn　E-mail:sassp@sass.org.cn
排　　版	南京展望文化发展有限公司
印　　刷	上海龙腾印务有限公司
开　　本	710×1010毫米　1/16开
印　　张	23.25
插　　页	1
字　　数	355千字
版　　次	2018年10月第1版　2018年10月第1次印刷

ISBN 978-7-5520-2493-7/D·513　　　　定价:79.00元

版权所有　翻印必究